Petra Gerster

Reifeprüfung

Die Frau von 50 Jahren

Weltbild

Meinen Freundinnen gewidmet,
besonders Jutta und Andrea

Impressum

Genehmigte Lizenzausgabe der Verlagsgruppe Weltbild GmbH,
Steinerne Furt, 86167 Augsburg

Umschlaggestaltung: Atelier Lehmacher, Friedberg
Umschlagmotiv: ZDF/Kerstin Bänsch
Projektleitung der Lizenzausgabe: Götz Fuchs
Gesamtherstellung: Bagel Roto-Offset GmbH & Co. KG, Schleinitz
Printed in the EU
ISBN 978-3-8289-5001-6

2008 2007
Die letzte Jahreszahl gibt die aktuelle Lizenzausgabe an.

Besuchen Sie uns im Internet:
www.weltbild.de

INHALT

VORBEMERKUNG

Dies ist ein Buch für Frauen meiner Generation. Und für Männer, die mit einer Frau dieser Generation das Leben teilen und wissen wollen, was sie möglicherweise nicht verstehen.

Also für Frauen um die fünfzig oder, wenn wir großzügig sind, zwischen vierzig und sechzig. Ein Alter, das – ähnlich wie die Zeit des Erwachsenwerdens – einen neuen Lebensabschnitt markiert und eine Art zweiter Reifeprüfung darstellt.

Denn der Einschnitt, den die Fünf vor der Jahreszahl bedeutet, ist tief und der Übergang von einer Lebensphase in die nächste alles andere als einfach. Wir können dabei leicht aus dem Tritt geraten, verfallen plötzlich ins Grübeln über uns und unser Leben, fragen uns, wo wir stehen, woher wir kommen, was uns geprägt hat, was charakteristisch ist für uns und unsere Generation. Davon erzähle ich im ersten Teil des Buches.

Das Nachdenken über uns selbst fällt uns zwar leichter als mit achtzehn oder zwanzig, weil wir es nun schon ein paar Jahrzehnte geübt haben und mit dem Gegenstand hinlänglich vertraut sind. Gleichzeitig aber konfrontiert es uns mit der unangenehmen Einsicht, dass die Zukunft immer überschaubarer wird.

Wir kommen also nicht darum herum, uns mit unserem Alter auseinanderzusetzen, was viele von uns bis jetzt vielleicht vermieden haben. Doch anders geht es nicht. Alt werden wir von allein, ob es uns passt oder nicht, und wir tun ja auch einiges dafür, tatsächlich alt zu werden. Es gibt also keinen triftigen Grund, damit zu hadern und das Ganze schamhaft mit uns allein abzumachen. Nein, bei Licht betrachtet, wird vieles leichter. Wir müssen nur offen genug an- und aussprechen, was uns beschäftigt und zuweilen auch ängstigt – das habe ich im zweiten Teil versucht. Für einen Augenblick innehalten und nachdenken über jene Art von Reifeprüfung, die einem mit fünfzig auferlegt wird, ist die Absicht dieses Buches. Die Probleme nicht verschweigen, die Chancen nicht übersehen, das Besondere und Einmalige der heute fünfzigjährigen Frauen schildern, und zwar aus der Perspektive einer, die sich gerade selbst ins sechste Lebensjahrzehnt aufgemacht hat.

Mit fünfzig wird einem ja die größte Leistung abverlangt: Häufig sind die Kinder noch schulpflichtig und die eigenen Eltern- und Schwiegereltern in einem Alter, in dem sie auf Hilfe angewiesen sind, man hat ein reiches gesellschaftliches Leben und nicht selten einen Job. Das alles unter einen Hut zu kriegen, erfordert die ganze Frau. Von vielen Fünfzigjährigen wird bis heute erwartet, dass sie ihre alten Eltern pflegen oder bei sich aufnehmen. Wie gehen sie damit um? Wann kommen solche Frauen, die sich zuerst der Erziehung ihrer Kinder gewidmet haben und sich jetzt um ihre Eltern kümmern, dazu, ein eigenes Leben zu führen?

Natürlich gibt's auch die anderen, die kinderlos geblieben sind, sich auf ein Altwerden ohne Kinder einstellen müssen und merken, dass man neue Freundschaften nicht mehr so leicht schließt wie in jungen Jahren. Fünfzig mit Kindern und fünfzig ohne Kinder – das sind zwei verschiedene Lebenskonzepte, die gestaltet werden müssen. Aber wie?

Es lohnt sich jedenfalls, das Nachdenken über uns fünfzigjährige Frauen. Nur so können wir entdecken, wie reich unser Leben ist, aus welchem Fundus wir jetzt und in Zukunft schöpfen können.

Und auch, wenn jede von uns ganz andere Geschichten im Kopf hat – wir müssen einfach anfangen, sie zu erzählen.

Teil 1 – PRÄGUNGEN

1. WILLKOMMEN IM CLUB: Der fünfzigste Geburtstag

Beim Aufwachen wusste ich sofort, dass die Zeit um war. Die Zeit, seit ich mir am Morgen des fünfzigsten Geburtstags meiner Mutter vorgenommen hatte, mich später genau an meine Empfindungen von damals zu erinnern. Später hieß: dann, wenn ich selber mal, in einer unendlich scheinenden Ferne, in diesem schrecklich alten Alter sein würde.

Nun war es so weit. Ich schloss die Augen und versuchte, mich in mein dreizehnjähriges Ich zu versetzen. Dabei fiel mir zuerst wieder ein, wie «abgeklärt» ich mir damals vorgekommen war, wie sicher in meiner Überzeugung zu wissen, was das Leben bereithielt an Freuden, Frustrationen und Enttäuschungen. Deutlich hatte ich empfunden, welcher Berg vor mir lag, nicht nur die Schule, die zu bewältigen war, das Studium, die Erwartungen von Eltern und Großmutter, die ich erfüllen sollte – und erst die Liebe! Aber ich würde ihn angehen, den Berg, was sonst, hatte ich gedacht, in der unbändigen Hoffnung, unterwegs auf etwas zu stoßen, das mit dem Wort Glück nur unzureichend beschrieben wäre und von dem ich nicht mal sicher wusste, ob es existierte.

Jetzt, am Morgen meines eigenen fünfzigsten Geburtstags, spürte ich nach einem Gefühl: einem Erschrecken vielleicht über die vergangene Zeit, das ja immer auch ein Stück Todesangst ist, einer Melancholie über Verlorenes oder Verpasstes oder einer Freude, es bis hierhin geschafft zu haben, doch da war nichts. Ich wusste nur: Es ist dein fünfzigster Geburtstag, du kannst es nicht ändern, also steh auf und mach was draus.

Aber zuerst waren mal die andern dran.

Die «allerliebste Mama» bekam «50 Küsschen» schriftlich und je einen mündlich von Tochter und Sohn. Die fünfzig dunkelroten Baccararosen vom Ehemann – halb erwartet, halb gefürchtet – lösten zwiespältige Gefühle und die Sorge aus, die Freude könnte mit der üppigen Pracht nicht so recht mithalten – gar zu vergänglich erschien das teure Geschenk und unangenehm symbolisch. Mit fünfzig macht einem die Vergänglichkeit von Jahren und Schönheit nun mal mehr aus als mit dreißig. Zu allem Überfluss fehlte ein geeignetes Gefäß, um die Rosen angemessen zur Schau zu stellen. Ich quetschte sie in eine schlanke Bodenvase, in der sonst um Ostern herum lediglich ein paar Forsythien- oder Kirschzweige lehnen, um die ausgeblasenen Ostereier der Kinder zu tragen. Es tat mir leid um die beengten Rosen.

Später kamen immer mehr Blumen, darunter Sträuße, die so groß waren, dass wir Papierkörbe leeren und mit Wasser füllen mussten. Am Abend sah es in unserem Wohnzimmer aus wie in einer Aussegnungshalle.

Ich hatte mir den Tag im Sender freigenommen und durfte mir was wünschen. Also holten wir die Kinder von der Schule ab und fuhren ins Frankfurter Städel-Museum, guckten Bilder an, aßen Kuchen im Museumscafé, trafen eine meiner Schwestern, tranken Champagner und gingen essen. Alle waren vergnügt, vor allem die Kinder, die lieber durch Museen liefen, als Hausaufgaben zu machen, und von mir eine Entschuldigung bekamen.

Auch ich war vergnügt, denn alle taten, was ich mir gewünscht hatte, und das ohne Diskussionen und ohne Murren. Zudem genoss ich die allgemeine Zuwendung: Meine beiden Schwestern hatten mich bedichtet, in klugen und lebenserfahrenen Versen, der Bruder, Neffen und Freunde riefen an, Telefon und Handy standen nicht still, es kamen Briefe, Faxe und E-Mails ins Haus.

«Willkommen im Club der Gereiften!», schrieb mir Georgia, meine frühere Deutschlehrerin. «Sei nicht traurig, dass Du jetzt fünfzig bist. Es ändert sich nichts. Du bist auch nicht von heute auf morgen alt. Und man sieht das Alter nicht, besonders nicht bei Dir.» Das fand ich charmant, und ich beschloss, Georgia zumindest vorläufig einfach zu glauben.

Sigi, die Freundin und Tonmeisterin, ging die Sache etwas direkter an: «Nun hast Du es endlich geschafft. Du bist raus aus der anzeigenrelevanten Zielgruppe der Vierzehn- bis Neunundvierzigjährigen. Niemand, der Dir noch etwas verkaufen will. Niemand, dem Du noch etwas verkaufen musst. Und das Beste, man sieht es Dir nicht an, großartig!»

War das nun Trost oder eher Drohung? Wie meint sie das: Niemand, dem ich noch was verkaufen muss? Und was ist mit den Nachrichten? Nein, natürlich war es ein Kompliment, ich sollte meine Nichtfestangestellten-Empfindlichkeit mal langsam ablegen und pragmatischer werden – und die Dinge so sehen wie mein alter Freund Peter, der mailte: «Es gibt ja Menschen, vor allem weiblichen Geschlechts, die aus einem solchen Anlass in Trübsal verfallen. Du hast dazu keinen Grund; und ich denke, dass Du auch nicht das Naturell dazu hast – hoffentlich. Also: Genieße die kommenden fünfundzwanzig Jahre, und wie Mao gesagt hat: Große Getreide-Vorräte anlegen, tiefe Tunnel graben und nicht nach Hegemonie streben; in sehr freier Übertragung: Ich wünsche Dir Gesundheit, Harmonie in der Familie und ausreichendes materielles Wohlergehen.»

Das Vorräte-Anlegen leuchtet mir ja ein, ein nur sparsam bestückter Kühlschrank löst in mir gewöhnlich ein panikartiges Knappheitssyndrom aus; das mit den Tunneln verstehe ich dagegen nicht so ganz, und Hegemoniestreben war meine Sache eigentlich noch nie, aber macht nichts, den Wunsch nach Gesundheit, Harmonie und Wohlstand in ein kryptisches Mao-Zitat zu kleiden, ist originell und zeugt, wie manch anderer Glückwunsch, immerhin davon, dass es mir gelungen ist, mir einen interessanten Freundeskreis aufzubauen. Dazu gehört auch mein Uraltfreund Werner, der meinen Beschluss, den Geburtstag im Museum zu verbringen, fast so gelungen fand wie die Gestaltung seines eigenen: «Ich hatte meinen Fünfzigsten seinerzeit» – Werner ist zwei Jahre älter als ich! – «auch ganz weit weg in Brüssel gefeiert, das war sehr schön und bot auch keinen Anlass für künstliche und überflüssige Grübeleien, meist sowieso nur ausgelöst durch unangemessene Kommentare von Gästen und Gratulanten.»

Tröstlich schwang die Saite, die Bodo in seinem Brief anschlug: «... kein einfaches Datum, aber genau genommen ist ja doch nachher alles wie vorher; unsere Schatten werden nur unmerklich länger, und so bleibt uns auch mit mehr als fünfzig noch die Hoffnung, wir könnten sie eines Tages überspringen.» – Aus diesen Zeilen sprach die Poesie der schriftstellerischen Einbildungskraft, von der ich vermutlich künftig eine immer größere Dosis brauche.

Ich badete in Zuneigung. Wie gut ist es doch eingerichtet, dachte ich, dass man nur von denen hört, die es nett mit einem meinen. Auch wenn das eine oder andere Gesagte charmant übertrieben ist, so war ich doch nicht abgeneigt, alles für bare Münze zu nehmen.

Ein wenig Wasser goss mir dann ein Zuschauer in den Wein der Lobgesänge: «Laut *Gong* verdrängen Sie das Älterwerden. Dazu besteht gar kein Grund», schrieb Willy T. streng: «Drei Tage nach Ihnen habe auch ich Geburtstag und werde 82! Mit meiner Frau Christa (78) bin ich im Mai d. J. 58 Jahre verheiratet ... Wenn es mal so weit ist – WENN! –, denken Sie an die Worte von M. Rommel: ‹Weise ist, wer JA sagt zu seinem Alter und die Chance entdeckt, nicht mehr jung sein zu müssen, sondern alt sein zu dürfen.›»

Jawoll, wird gemacht, Herr T.! Wenn es so weit ist, werde ich an Sie denken. Aber wann ist es so weit? Wieso verdränge ich das Älterwerden, was hat der *Gong* da verbreitet, ohne mich zu fragen? Ich habe vergessen, mich drum zu kümmern, erinnere mich allerdings daran, dass ich alle Interview-Gesuche zu meinem Geburtstag abgelehnt hatte, weil ich genau wusste, welche drei Fragen in jedem Fall gestellt würden: 1.) Wie fühlen Sie sich heute, an Ihrem fünfzigsten Geburtstag? 2.) Wie lange wollen Sie jetzt noch die Nachrichten präsentieren und haben Sie schon Pläne für danach? Und nach einer Schamfrist von zehn Minuten käme unweigerlich: 3.) Könnten Sie sich vorstellen, sich irgendwann liften zu lassen? – Das zu verdrängen, müssen Sie mir an solch einem Tag schon gestatten, lieber Willy T.

Auch Kafka hilft da nicht unbedingt weiter: «Jeder, der sich die Fähigkeit erhält, Schönes zu erkennen, wird nie alt werden» – Worte, die mir die DMSG, die Deutsche Multiple Sklerose Gesellschaft, schrieb, für die ich mich engagiere. Dieser Spruch muss stimmen, denn Kafka wurde tatsächlich nicht alt …

Stimmig waren die Zeilen, die mir die Maskenbildnerin Helmtraut F. aus ihrem «Unruhestand» zueignete: «Wer zwingen will die Zeit, den wird sie selber zwingen. Wer sie gewähren lässt, dem wird sie Rosen bringen.» Mit diesen Zeilen flogen die Rosen nur so herein an jenem Tag, und mit jeder Rose mehr wurde mir klarer, dass ich offenbar gerade dabei war, den Zenit zu überschreiten – oder es bereits getan hatte.

Kaum ein Gratulant, der sich einen Hinweis aufs Alter verkniffen hätte, keiner, der nicht tröstende oder ermutigende Worte fand oder einfach aus der Kombination Aussehen/Jahre ein Kompliment fabrizierte. Geben wir es also ruhig zu: Nichts führt einer Frau von fünfzig Jahren drastischer vor Augen, dass ihr etwas Problematisches widerfahren ist, als das heftige Bemühen der Gratulanten, die Sache so fröhlich wie möglich ins Positive zu wenden.

Dass da offenbar etwas ist, was bewältigt werden muss, scheint die Feier-Freude so mancher glücklich fünfzig Gewordener in Grenzen zu halten – plötzlich fiel mir auf, wie viele meiner gleichaltrigen und älteren Freundinnen ihren Fünfzigsten *nicht* gefeiert hatten. Und wenn ich gelegentlich nachfrage, so höre ich, dass es ihnen nicht danach war, dass sie mit der Zahl ihre Probleme hatten, ja, meine Freundin Jutta, eigentlich eine gestandene Feministin, von der ich das nun überhaupt nicht erwartet hätte, gab sogar zu, in Schwermut verfallen zu sein – vorübergehend, Gott sei Dank. Aber ihren Frieden habe sie noch nicht gemacht mit ihrem Alter, sie hoffe jedoch, sich mit der Zeit daran zu gewöhnen, dass sie die Fünfzig überschritten habe.

Wer fünfzig wird, hat also tatsächlich etwas zu bewältigen, egal, ob man sich's eingesteht oder nicht. Doch wer etwas zu bewältigen hat, braucht, wenn man den Brockhaus ernst nimmt, einen Initiationsritus, denn die «Initiation gehört zu den Übergangsriten, die die soziale Identität des Betroffenen verändern oder neu festsetzen, indem sie besondere Krisensituationen im menschlichen Lebenslauf, die bewältigt werden müssen, und den Übergang von einem als abgeschlossen geltenden Zustand in einen anderen markieren; hierzu gehören etwa Geburt, Pubertät, Heirat, Tod, aber z.B. auch die Inthronisation eines Königs».

Den fünfzigsten Geburtstag hat der Brockhaus, haben wir alle vergessen. Geburt und Taufe, die Schultüte, Konfirmation oder Jugendweihe, Hochzeit – und dann soll schon Schluss sein? Den letzten feierlichen Initiationsritus, die eigene Beerdigung, kriegt man ja nicht mehr mit. Dazwischen aber liegen etliche Jahrzehnte, und wer fünfzig wird, befindet sich von Hochzeit und Tod ungefähr gleich weit entfernt.

Das Jungsein hat nach sieben mal sieben Jahren endgültig aufgehört, das Altwerden beginnt. Mit ein wenig Glück stehen den Fünfzigjährigen weitere vier mal sieben Jahre in geistiger Gesundheit und relativer körperlicher Fitness bevor, mit mehr Glück werden es fünf mal sieben Jahre, aber dass es noch sechs oder gar sieben mal sieben gesunde Jahre werden, dazu gehört schon sehr viel Glück, und darauf dürfen vielleicht unsere Kinder mal hoffen.

Die Jugend vorbei, die ersten Falten unübersehbar, die Erschlaffung der Haut, die abnehmende Wirkung auf Männer, die Scheu vor dem Vergleich mit jüngeren Frauen und die unterschwellige Furcht, von Ehemann/Partner/Freund durch ein sogenanntes Zitronentörtchen (Tom Wolfe, *Fegefeuer der Eitelkeiten*) ersetzt zu werden; die wachsende Aufmerksamkeit für Zeitschriftenartikel über die Themen Lifting, Hormonpillen, Kosmetik, die etwas teurere Mode, das Gefühl, trotz allem noch jung zu sein und zumindest Schönheitsoperationen noch nicht nötig zu haben, das ab jetzt zunehmend angegriffen und in Frage gestellt wird – man muss schon ein sonniges Naturell besitzen oder eine große Verdrängungskünstlerin sein, um angesichts einer solchen Häufung von Krisensymptomen nicht in Melancholie zu verfallen.

Es ist nicht daran zu rütteln: Der fünfzigste Geburtstag ist eine Zäsur. Ich glaube, dass man sich dieser Tatsache stellen, die von ihr ausgelösten düsteren Gefühle nicht verdrängen, sondern ausleben sollte, denn erst dann wird man frei für das Positive und Angenehme, das der neue Lebensabschnitt ja auch mit sich bringt. Erst dann kann man aufhören, der verlorenen Jugend nachzutrauern, und anfangen, sich auf die zweite Lebenshälfte zu freuen und mit einem gewissen Erstaunen zu erkennen, dass nicht alles schwerer, vieles sogar leichter wird.

Ebendeshalb wäre ein Initiationsritus für Fünfzigjährige tatsächlich hilfreich, am besten einer, der der vom Brockhaus genannten Inthronisation eines Königs gleicht, denn Fünfzigjährige haben alle Erfahrung, die man im Leben braucht, sie sind die Königinnen der Welt. Die Turbulenzen von Partnerfindung und Partnerwahl sind (normalerweise) vorbei, die Kinder sind entweder bereits aus dem Haus oder groß genug, um zu artikulieren, was man falsch macht bei ihrer Erziehung. Man gerät in ruhigere Fahrwasser, setzt, wenn man klug ist, weder sich noch den Liebsten dauernd unter Leistungsdruck und Erfolgszwang, hat sich etwas aufgebaut, kann seinen Kindern eine unaufdringliche Ratgeberin sein, seine Eltern milder betrachten und die solidarische Freundschaft der ebenso gereiften Gleichaltrigen genießen und endlich auch wieder vertiefen.

Wer fünfzig wird, gehört zum Club derer, die ihr Leben selbst bestimmen und es nicht mehr nötig haben, jeder Mode hinterherzulaufen, jeden Trend mitzumachen, jedem alles zu beweisen. Fünfzig zu werden, das bedeutet Unabhängigkeit, Freiheit, Selbstbewusstsein, eine gewisse Ausgebufftheit, in jedem Fall man selbst sein.

Warum aber gibt es ausgerechnet für diese tatsächlich einschneidenden Wechseljahre des Lebens keinen Initiationsritus? Ich vermute, weil wir Fünfziger-Jahre-Kinder die ersten *jungen* Fünfziger sind. Wer im 19. Jahrhundert fünfzig wurde, war alt – bis in die zweite Hälfte des letzten Jahrhunderts hinein war das noch so. Seit es Menschen gibt, ist man bis vor kurzem mit fünfzig alt gewesen.

Erst nach dem Zweiten Weltkrieg begann in Mitteleuropa so etwas wie ein Verjugendlichungsprozess. Und jetzt, am Beginn des 21. Jahrhunderts, spricht man von «jungen Alten». Wir haben es mit einem historischen Novum zu tun, und darum gibt es keinen Initiationsritus für Fünfzigjährige. Wir müssen ihn uns selbst erfinden, und das Innehalten, Zurückblicken, Vergleichen und Reflektieren in den Jahren der Lebensmitte ist vielleicht der erste Schritt dazu.

Nein, lieber Werner, den fünfzigsten Geburtstag einfach so übergehen kann ich nicht und will ich nicht, und bei den Gedanken, die mir dabei so in den Sinn kommen, handelt es sich weder um künstliche noch um überflüssige Grübeleien. Sie müssen sein, denn von nun an werden meine Schatten länger. Sie eines Tages zu überspringen, hoffe ich, aber wenn daraus eine begründete Hoffnung werden soll, muss ich jetzt irgendetwas dafür tun, und das ist zunächst einmal nachdenken und innehalten.

Aber zuallererst beschloss ich, die Sache offensiv anzugehen, und ich erstellte nun doch eine Gästeliste.

2. FAMILIENKOSMOS: Wie Mutter und Großmutter älter wurden

An jenem Tag, als meine Mutter fünfzig wurde, am 28. März 1968 war das, erwachte ich, schaute in die Kastanien, die grüne Knospen trugen, und dachte mir: Das war's jetzt für sie! Nun würde wohl keiner ihrer Verehrer mehr mit einem Arm voll Tulpen zum Tee erscheinen, wie noch vor kurzem; in Zukunft würden sie nicht mehr gegen sechs Uhr morgens von einem Faschingsball nach Hause kommen, denn nun waren beide Eltern – alt. Mit fünfzig, war ich mir sicher, ist das Leben gelaufen.

Aber es kam anders. Der fünfzigste Geburtstag war nicht der Anfang vom Ende, sondern, wie meine Mutter später urteilte, der eigentliche Höhepunkt ihres Lebens. «Ab fünfundvierzig hatte ich meine besten Jahre!», sagte sie, und obwohl sie das nicht weiter begründete, schien mir klar, warum. Der Krieg, die Bombennächte in Dresden und die Flucht mit zwei kleinen Kindern aus dem Feuersturm lagen lange zurück und gehörten ebenso wie der Verlust des dritten Kindes kurz darauf zu einer Vergangenheit, die den Blick meiner Mutter verdunkelte, sobald sie davon erzählte, nach dem Essen, mittags, wenn wir beide noch allein am Tisch saßen. Der enorme Kraftakt danach, die Aufbaujahre, waren ebenfalls nichts, wovon sie mit Stolz berichtete wie andere ihrer Generation. Eher eine Zeit enormer Anforderungen an sie – oft wohl auch der Überforderung: Die schwierige Ehe mit einem nur äußerlich unversehrten Kriegsheimkehrer, die fünf Geburten in vierzehn Jahren, die Organisation von Arztpraxis und großem Haushalt hatten sie im Übermaß beansprucht und ihre Kräfte manchmal bis zur Erschöpfung aufgezehrt.

Jetzt aber fiel die Anspannung der Nachkriegszeit langsam von ihr ab: Die Kinder waren aus dem Gröbsten raus, die Praxis lief, und meine Mutter hatte plötzlich wieder Energien frei. So widmete sie sich neben der Arbeit in Praxis und Haushalt dem städtischen Theaterausschuss und sorgte dafür, dass man auch bei uns in der Provinz Handkes *Publikumsbeschimpfung* zu sehen bekam, war in FDP und Frauenring aktiv (ein paar Jahre später würde sie das erste Frauenhaus in Worms mitgründen) und machte das Beste aus dem, was eine Kleinstadt an gesellschaftlichem Leben zu bieten hat. Mit fünfzig hatte sie endlich das Gefühl, ihr Leben trotz der täglichen Hektik einigermaßen im Griff zu haben.

Sie lebte gern, und sie lebte schnell. Wenn andere abends vor dem Fernseher saßen, ging sie ins Theater. Wenn zwischen Sprechstunde und Mittagessen eine halbe Stunde Zeit blieb, fuhr sie ins Hallenbad, um ihre Runden zu schwimmen. Wenn mein Vater abends seinen Wein trank, hängte sie «noch rasch» die Vorhänge auf, die sie zwischendurch gewaschen hatte. «Deine Mutter ist so tüchtig!», sagte dann die manchmal mithelfende Großmutter. Und deren Schwiegersohn verstummte angesichts so viel weiblicher Energie. Oder nannte meine Mutter missbilligend «überengagiert».

«Überengagiert» traf den Punkt durchaus. Wir Kinder fanden sie hektisch, heute würde man sagen «gestresst». Aber offenbar hielt ein gewisses Maß an Hektik oder Stress sie jung. Und sympathischerweise war sie weit davon entfernt, irgendeine Art von Superfrau darstellen zu wollen. Im Gegenteil: Sie hasste den Haushalt, Kochen und Backen waren ihr ebenso fremd wie meiner Großmutter, die nie in ihrem Leben etwa einen Kuchen zustande gebracht hat, und auch mein Vater konnte «natürlich» nicht einmal ein Ei in die Pfanne hauen. Dafür, das heißt für die geringen Ansprüche meiner Eltern an die Kochkunst im Allgemeinen und die tägliche Ernährung der Familie im Besonderen, hatte man Personal. Mittags kochte also die Haushälterin, sonntags eine meiner Schwestern, und abends gab's Teewurst und Velveta-Ecken zu übrig gebliebenen Brötchen vom Morgen. Nein, die Küche war nicht die Umgebung, in der sich meine Mutter hätte wohl fühlen können.

Da lagen ihr die Praxis und das Gespräch mit den Patienten meines Vaters schon näher. Ihr eigentliches Feld war die Kommunikation, ihre große Begabung der Umgang mit Menschen. Die Aufmerksamkeit, die ihr von diesen zuteil wurde, wirkte auf sie wie eine Droge, wie ein Lebenselixier. Wenn sie einen Raum betrat, stand sie sofort im Mittelpunkt, das war für ihre Lebenszufriedenheit von existenzieller Bedeutung. Sie hatte «Erfolg», wie man so sagte.

Doch nahm sie die kostbare Währung Aufmerksamkeit nicht nur in Empfang, sie teilte sie auch wieder aus, freigebig und großzügig. Das machte ihren Charme aus. Keinen Charme der konventionellen Art – sie war nicht der Typ Dame, die fein lächelnd mit geneigtem Kopf ihr Gegenüber reden ließ und dabei ihre Weiblichkeit mit Komplimenten und Unterwerfungsgesten unterstrich; sie raspelte nie Süßholz. Ihr Charme beruhte auf ihren markantesten Eigenschaften: der Neugier und der Begabung, zu unterhalten. Langweilig war sie nie. Sie interessierte sich für alles und jeden, und das war in ihrer Gegenwart sofort zu spüren.

Nicht nur der Stress, auch diese Neugier und ihre Freude am Austausch mit anderen ließ sie jugendlicher erscheinen als andere Frauen ihres Alters und war im Grunde die Antriebskraft für alles, was meine Mutter bis zu ihrem Tod unternahm.

Auf alten Fotos wirken ja die Menschen oft älter, als sie nach Lebensjahren waren. Der altmodisch weite Anzug des Vaters, die frühe Glatze mit dem Haarkranz – all das macht ihn im Vergleich zu uns im selben Alter zu einem älteren Herrn. Meine Mutter jedoch kommt mir in ihren auf Figur geschnittenen Kostümen jung dagegen vor, so jung, wie ich mich heute fühle. Ganz anders wieder die Großmutter, ihre Mutter, die mit fünfzig keine Teenager mehr zu Hause hatte wie meine Mutter und ich, sondern tatsächlich schon Großmutter war und auch so aussah: Das immer dunkle Witwenkleid, die von einem Netz gehaltenen, hochgesteckten Haare und der stets melancholische Gesichtsausdruck tun ein Übriges, sie als Angehörige einer völlig anderen Generation identifizierbar zu machen. Weder mit fünfzig noch davor wäre es ihr je in den Sinn gekommen zu flirten, obwohl, nein: *weil* sie Witwe war; sie trauerte Jahrzehnte um den einzigen Mann, den sie je geliebt hatte und der bereits nach Jahresfrist im Ersten Weltkrieg gefallen war. Und diese Trauer hatte sich in ihr schönes Gesicht eingegraben.

Als meine Großmutter fünfzig wurde, am 31. Mai 1942, warfen die Engländer gerade 1459 Tonnen Bomben über Köln ab, drei Jahre bevor sie, meine Mutter und meine Schwestern dann selbst im Feuersturm von Dresden um ihr Leben rannten. Am nächsten Tag, dem 1. Juni, begannen die Nazis in Auschwitz, Juden in großer Zahl zu vergasen.

In Berlin leisteten an jenem 31. Mai deutsche Künstler unter der Schirmherrschaft von Joseph Goebbels ihren «Dankbeitrag für die arbeitende Bevölkerung und für verwundete Soldaten», darunter als Ehrengäste Gerhart Hauptmann und Richard Strauss. Letzterer hatte Jahrzehnte zuvor einer meiner Urgroßtanten, mit denen er in Garmisch-Partenkirchen Tennis spielte, einen Heiratsantrag gemacht, jedoch einen Korb bekommen, weil er bayrische

Kraftausdrücke in seine Rede flocht und ihm, wie man in meiner Familie gern erzählte, beim Essen das Sauerkraut aus dem Mund gehangen habe, «Genialität hin oder her». Das war vor seinen berühmten Opern, aber den *Zarathustra* hatte er wohl schon geschrieben. Die Tante, die sich kurz darauf mit einem anderen vermählte, musste sich, falls sie ihre Entscheidung je bereut haben sollte, angesichts der späteren Nazi-Nähe des Komponisten mehr als bestätigt sehen.

Als meine Großmutter also fünfzig wurde, tobte der Zweite Weltkrieg, sie war bereits vierundzwanzig Jahre Witwe und hatte eine Tochter im selben Alter, die zu ihrem Leidwesen das Studium abgebrochen hatte; nicht nur wegen des Krieges, sondern hauptsächlich um – «viel zu früh!», wie beide immer sagten – zu heiraten, und zwar ausgerechnet einen sehr katholischen jungen Mann aus Mainz, der zu den freigeistigen Dresdner Protestanten schlecht zu passen schien. Der Schwiegersohn war nun als Stabsarzt im Feld, und meine Großmutter ernährte mit ihrem kümmerlichen Fürsorgerinnen-Gehalt und ihrer Witwenrente ihre alte Mutter, die Tochter und die zweijährige Enkelin, meine älteste Schwester. Ich weiß, dass zeitweise gehungert wurde: «Wir haben Kartoffelschalen gegessen», sagte meine Großmutter vorwurfsvoll, wenn wir Kinder am Essen herummäkelten. Nach Feiern wird ihr an ihrem runden Geburtstag nicht zumute gewesen sein, zumal sie, ganz im Gegensatz zu ihrer Tochter, nicht gern im Mittelpunkt stand.

Ebenso wenig wird ihr das Alter, die Zahl fünfzig, bedeutet haben. Es veränderte nichts. Sie hatte mit dem Leben, soweit es die Liebe betraf, an dem Tag abgeschlossen, an dem ihr klar wurde, dass mein Großvater, der als vermisst galt, aus der furchtbaren Marneschlacht an der Westfront in Frankreich nicht wiederkehren würde. Nach Kriegsende war sie mehrfach ins Nachbarland gereist, um nach einer Spur von ihm zu suchen, einem Hinweis, wo genau er gefallen war, einem Grab – vergebens.

Seitdem trug sie Schwarz, viel später erst gemischt mit allem, was sich auf der Skala zwischen Schwarz und Weiß finden lässt. Ich kann mich nicht erinnern, je eine Farbe an ihr wahrgenommen zu haben – bis zu ihrem achtzigsten Geburtstag. Da, 1972 war das, hatten meine Mutter und ich im Damenoberbekleidungshaus meiner Heimatstadt so lange auf sie eingeredet, bis sie seufzend nachgab und einem mokkafarbenen Kostüm zustimmte, das wir elegant fanden und das zu den alten Rauchtopasen der Urgroßmutter passte. Sie trug es ein einziges Mal, zu diesem, ihrem letzten Fest.

«Wenn sie doch nur nochmal geheiratet hätte», sagte meine Mutter später oft, «und ich einen Vater bekommen hätte, dann wäre alles anders gelaufen! Hätte sie nicht ihren verdammten Treuewahn gehabt und wäre ich nicht mit diesem Idealbild von einem Ehemann aufgewachsen, hätte es euer armer Vater nicht büßen müssen.» So aber sah sich der mit Ansprüchen konfrontiert, an denen er nur scheitern konnte: Zuverlässiger Gatte und feuriger Liebhaber sollte er sein, liebevoller Vater, erfolgreicher Arzt und, zu allem Überfluss, auch noch Vaterersatz für sie selbst. Sie wollte gern aufschauen zu ihm, ihn bewundern, von ihm geführt werden. Doch er kam traumatisiert und gebrochen aus dem Krieg zurück, hatte verplombte Viehwaggons mit verdurstenden Juden gesehen und noch vieles erlebt, was vor uns niemals über seine Lippen kam. Nur meine Mutter deutete manchmal an, was in ihm arbeitete, wenn wir nicht verstanden, warum er mit vier gesunden Kindern und einer lebenslustigen Frau so depressiv war und schwieg und manchmal zu viel trank.

So hatten die beiden Weltkriege nicht nur meiner Großmutter, sondern auch meiner Mutter das Leben versaut (das Schicksal der Männer lasse ich jetzt mal außer

Acht), obwohl sie erst 1918 geboren wurde. Das konnte meine Großmutter allerdings nicht voraussehen – ob ein kleines Mädchen einen Vater braucht, um später eine glückliche Ehe führen zu können, das war vermutlich damals noch keine Frage, die sich aufgedrängt hätte. Vielleicht hat meine Großmutter aber auch, klug, wie sie war, darüber nachgedacht und sich dennoch anders entschieden, und zwar so, wie es ihrem eigenen Interesse entsprach. Und das bedeutete: bedingungslos treu zu sein. Einen Liebesschwur, ein Versprechen zu halten, komme, was da wolle. Sie hatte sich die Entscheidung für meinen Großvater schwer genug gemacht – fünf Jahre waren sie verlobt gewesen, fünf Jahre hatte er geduldig auf ihr Jawort gewartet, weil sie sich nicht entschließen konnte: Sie bewunderte seinen großen Intellekt und seine moralische Integrität, aber es dauerte wohl einfach seine Zeit, bis sie sich in ihn verliebte. Und als ihre Entscheidung schließlich fiel, fiel sie für immer.

Die eigentliche Ehe der Großeltern währte nur so lange wie die Hochzeitsreise. Danach war mein Großvater ins Feld zurückgekehrt, hatte sich freiwillig an die Front gemeldet – «Überflüssigerweise!», wie meine Tante Marieluise heute sagt, «dieser Patriotismus, dieses heroische Getue gehörte zum guten Ton, das weißt du doch, für Ehre und Vaterland, wie das damals hieß» –, kehrte noch einmal kurz zurück, um sein kleines Mädchen, meine Mutter, im Frühjahr 1918 zu bestaunen, dann sahen sie ihn nicht wieder.

Meine Großmutter blieb untröstlich.

Und trug jahrzehntelang schwarz. Mit Hut und Schleier vorm Gesicht, «um nicht angesprochen zu werden». Stelle ich mir für meine Mutter als Kind auch nicht eben lustig vor. Warum sie ihr Trauersoll so übererfülle, haben wir sie später – mit einem kleinen Vorwurf in der Stimme – gefragt. Mehr als Treue bis in den Tod sei schließlich von niemandem verlangt. «Das mag sein», pflegte sie darauf kühl zu antworten, mit einem Soll allerdings habe das nichts zu tun. Und was von ihr zu verlangen sei, das bestimme sie selbst.

Sie war die einzige Großmutter, die wir hatten, heiß geliebt und hoch verehrt, aber klar, sie kam mir auch, schon ihrer strengen, dunklen Erscheinung wegen, uralt vor. Dass sie einmal jung und sehr schön war, konnte ich mir kaum vorstellen.

Das sieht man nur auf den wenigen Fotos, auf denen sie immer ein wenig melancholisch blickt. Bei ihren Freundinnen – auf einem Foto halten sich die jungen Frauen ernst um die Taille gefasst, sie mit aufgestecktem Haar und weißer, bis zum Kinn hochgeschlossener, gesmokter Bluse im langen dunklen Rock – ist ebenfalls kein Lächeln auszumachen. Man grinste eben nicht breit in die Kamera, wie wir es heute, auch ohne dass einer albern «Cheese» sagt, fast schon zwanghaft tun. Und war nicht das Leben überhaupt ernster damals, ebenso wie die Liebe, der noch eine schicksalhafte Bedeutung beigemessen wurde, im Leben einer Frau ohnehin.

«O doch, wir hatten so viel Spaß», sagte meine Großmutter zwar oft, oder nein, das klingt so nach Gegenwart, wahrscheinlich sagte sie «amüsiert»: «Wir haben uns derart amüsiert, ja, geradezu Tränen gelacht», zum Beispiel über jene Marktfrau, die meiner Aachener Urgroßmutter auf ihren Einwand, die Bohnen seien «aber bisschen groß», entrüstet «Na, in IHR Muul jon se noch quer rin!» entgegnet hatte, oder über den klugen Pinscher namens Hüti, der die Zeitung bringen und dazu Männchen machen konnte, sie anschließend aber zum Entzücken der Familie nicht hergab, sondern sorgfältig zerfetzte, oder den Kater Peter, der nur deshalb bewundert wurde, weil er sich entweder in die frisch gebügelte Wäsche bettete oder im Bücherregal mit dem Kopf auf der Bibel ruhte – schon als Jugendlicher war mir klar, dass dieser Spaß irgendwie anders war als unserer. Und die Kriterien, nach denen sich mal eine ganze Generation als «Spaßgesellschaft» bezeichnen würde, die hätte meine Großmutter sicher nicht mehr verstanden.

Wie es ihr wirklich in der Zeit ergangen ist, die man als Zenit des Lebens empfindet, als reifer Frau in ihren Fünfzigern also, darüber kann ich nur Vermutungen anstellen. Die Feier, wenn es überhaupt eine gab, wird mitten im Krieg, wie gesagt, höchst bescheiden gewesen sein, und von den Gedichten, die bei uns in der Familie zu solchen Anlässen üblich waren – meine Mutter hat ihrer «Mami» garantiert etwas verfasst –, ist nichts gerettet worden bei der Zerstörung Dresdens. Diesen (offiziellen) Teil der Geschichte kennen wir wieder gut, denn davon hat uns meine Mutter immer wieder erzählt – von ihrer Flucht durch die im Feuersturm brennende Stadt mit den zwei kleinen Töchtern im Kinderwagen und der dritten im Bauch. Auch die Flucht meiner Großmutter nach Westen drei Jahre später, mit nichts als dem, was sie am Leibe trug, und wie sie ihren letzten Schmuck, die Broschen und Nadeln, die am Unterrock staken, bei den Bauern gegen Stücke Butter und Brot tauschte, um auf dem tagelangen Fußmarsch nicht zu verhungern – das ist ins kollektive Familiengedächtnis eingegangen.

Doch für Gefühle oder subjektive Befindlichkeiten war in solchen Überlebensgeschichten kein Platz. Und das ist möglicherweise der gravierendste Unterschied zu meiner fünfzigjährigen Mutter und erst recht zu mir heute: Über das Leben und den eigenen Standort darin nachdenken, über das Alter, über die Liebe, die Vergangenheit und die Zukunft, das kann man eigentlich nur dann, wenn das äußere Gerüst des Lebens festen Halt gibt.

Vielleicht ist auch die Frage, was die so dramatischen vierziger Jahre des letzten Jahrhunderts im Innern meiner

Großmutter verändert haben, ganz irrelevant angesichts der äußeren Verwüstungen. Ja, so würde sie es wohl selber sehen. Ob sie damals noch täglich an ihren toten Ehemann dachte, ob die strengen Falten, die sich in ihrem schönen Gesicht abzuzeichnen begannen und auf das nahe Alter hinwiesen, ihr je zu schaffen machten, ob sie traurig war, dass sie ihren Beruf als Fürsorgerin und damit ihre Unabhängigkeit aufgegeben hatte, und ob sie sich Sorgen darüber machte, wie nach dem zwar bescheidenen, aber doch eher großbürgerlichen Leben in Dresden ihre Zukunft in einer rheinhessischen Kleinstadt aussehen würde, wo sie fortan nur noch die Großmutter sein würde – davon wissen wir Kinder nichts.

Allerdings haben wir auch nie danach gefragt. Wir waren damals selber jung, unser eigenes Leben war aufregend, und die ewigen Kriegsgeschichten hingen uns sowieso zum Hals heraus: Wer im Überfluss aufwächst, möchte nicht dauernd daran erinnert werden, dass die Altvorderen vor wenigen Jahren noch gehungert und vor Angst gezittert haben. Der Krieg, der so viel im Leben meiner Familie verändert und zerstört hatte, gehörte für uns Kinder schon in eine weit entfernte Vergangenheit, die mit uns nichts mehr zu tun hatte.

Für mich als Jüngste lag sie besonders weit zurück: Einmal wurde bei Tisch über das «düstere Mittelalter» gesprochen («Mich hätte man als Hexe verbrannt!», rief meine Mutter dann immer gern in einem triumphierenden Ton), da fragte ich die Großmutter (ich war sieben oder acht), wie es damals so war für sie, im Mittelalter, und ob sie sich gefürchtet hat. Da lachte sie wieder mal Tränen.

Später wollte ich von ihr wissen, ob sie Angst vorm Sterben habe, und sie sagte einfach ja. Tot sein wolle sie gerne, nur das Sterben, das würde sie lieber überspringen. «Und wenn du – als Ketzerin – plötzlich vor Gott stehst?», bohrte ich weiter. «Dann klopfe ich nach der Beerdigung dreimal an die Decke», sagte sie, «dann wisst ihr Bescheid.» Das hatte allerdings schon die Urgroßmutter versprochen, und nichts war passiert …

Als meine Mutter fünfzig wurde, gab es ebenfalls kein Fest. Vielleicht lag es daran, dass im selben Jahr die Hochzeit meiner zweiten Schwester gefeiert wurde. Vielleicht war aber auch die Stimmung zwischen meinen Eltern gerade so, dass ihnen nicht der Sinn nach Feiern stand. Es war eine schwierige Zeit für ihre Ehe. Mein Vater hatte gerade seine Analyse und die Ausbildung zum Psychotherapeuten hinter sich, auch meine Mutter hatte eine Analyse begonnen, die sie jedoch abbrach, weil sich – «Das nennt man Gegenübertragung!» – der Analytiker in sie verliebt hatte. Danach versuchte sie es mit einer Gruppenanalyse. «Alles für deinen Vater!», mit dem sie als Gesprächspartnerin mithalten wollte. Aber da hatte sie ebenfalls im Mittelpunkt gestanden und die Projektionen der männlichen Gruppenmitglieder unbewusst – «Ich konnte ja nichts dafür, dass die anderen Frauen so uninteressant waren!» – auf sich gelenkt.

Es war auch schwierig für mich. Die Herren Freud und Jung saßen stets mit am Tisch, es war viel von Über-Ich und Es die Rede, von Todestrieb, von unbewussten Wünschen, der allgegenwärtigen Sexualität, die alles, einfach alles bestimmte, aber mit meiner eigenen Erfahrung noch nicht allzu viel zu tun hatte.

Meine Großmutter wusste natürlich, dass die Ehe meiner Eltern alles andere als leicht war, und sie betrachtete die ganze Psychotherapie mit derselben Skepsis, die heute kritische Geister der Esoterik entgegenbringen: alles schön und gut, aber letztlich doch nicht ernst zu nehmen. Ein bisschen mehr Selbstbeherrschung bitte und Contenance, dann braucht man keine Psychotherapie, mag sie gedacht haben; ausgesprochen hat sie es nicht. Dazu war sie zu diskret und zu rücksichtsvoll. Sie hat sich auch nie etwas anmerken lassen, wenn gerade Krieg bei uns herrschte. Und meine Mutter, die sonst die Offenheit in Person war und nie mit ihren Gefühlen hinterm Berg hielt, sprach mit meiner Großmutter nicht über ihre Ehe. Ihrer Mutter, die in ihren Augen ja keine Ahnung hatte, was es hieß, verheiratet zu sein, wie viel tägliche Arbeit das war, traute sie nicht zu, ihre Lage beurteilen zu können.

Da jedoch der schwierigste Teil ihres Lebens hinter ihr zu liegen schien, ging es meiner Mutter selbst jetzt immer besser. Als sie es «mit Anstand» zu zwei Dritteln hinter sich gebracht hatte, war sie eher froh als melancholisch. Und immer noch so beschäftigt, dass ihr gar keine Zeit blieb, sich über ihr Alter groß Gedanken zu machen. Zumindest hat sie uns davon nichts mitgeteilt. Doch da sie so gut wie alles mitteilte, was ihr durch den Kopf ging, halte ich es für unwahrscheinlich, dass sie mit dieser Phase ihres Lebens ein Problem hatte.

Nein, vielmehr hatte sie in der Rückschau ja sogar von ihren «besten Jahren» gesprochen. Von Alter keine Rede und keine Spur. Dass ein Kind nach dem anderen das Haus verließ, machte ihr erst recht nicht zu schaffen. Krach gab es dagegen, weil mein Bruder nach dem Abitur *nicht* gleich ausziehen, sondern weiter die Bügeldienste der Haushälterin in Anspruch nehmen wollte. Doch diesen Konflikt, der sich über Monate hinzog und als «Hemdenkrieg» in die Familiengeschichte eingegangen ist – «Wir sind nicht dein Hemdenservice», hatte meine Mutter gezetert –, verlor mein Bruder schließlich. Sie setzte durch, dass sich der Psychologiestudent selbständig machte.

Als zuletzt ich die elterliche Wohnung mit achtzehn verließ, um zu studieren, war keine noch so kleine Melancholie bei meiner Mutter zu erkennen. Ich glaube sogar, sie war froh darüber: Nun – sie war fünfundfünfzig – konnte *ihr* Leben endlich beginnen.

Das sichtbare Alter kam später, und das ist eine merkwürdige Geschichte. Sie begann damit, dass mein Vater starb. Dass sein Tod ein Bruch im Leben meiner Mutter war, hatte mit dem Verhältnis der Eltern zueinander zu tun.

Meine Mutter war zwar eine Frau, die ebenso wie meine Großmutter emanzipiert und freiheitlich erzogen war und auch so dachte und sprach, im Grunde ihres Wesens aber gar nicht so leben wollte. Sie, die nur mit Frauen aufgewachsen war, maß dem Mann als solchem enorme Bedeutung bei. Dass sie meinen Vater zeitlebens mit Erwartungen und Ansprüchen konfrontierte, die er gar nicht erfüllen konnte, wusste sie. Sie erinnerte mich an Scarlett O'Hara aus *Vom Winde verweht*: eine verwöhnte, starke und erotische Frau, die trotz ihrer Eigenständigkeit nie ganz bei sich war, sondern immer vollkommen auf das andere Geschlecht fixiert blieb und sich insgeheim wünschte, vom stärkeren Mann dominiert zu werden.

Es blieb ihr verwehrt. Von Zeit zu Zeit jedoch forderte sie eine symbolische Geste von ihm, mit der er uns und dem Personal zeigen sollte, wer der Herr im Hause war: «Pascha, sprich jetzt ein Machtwort!», hieß es dann unmissverständlich zu seinem (und oft unserem) Leidwesen. «Pascha» war sein Kosename, und das traf exakt den Kern ihrer Beziehung. Ihr ganzes Leben drehte sich nämlich in Wirklichkeit um ihn. Alles, was sie tat und unternahm, tat sie mit Blick auf ihn und seine Reaktion darauf. Und ich glaube, nein, ich weiß, keines ihrer Kinder war ihr auch nur annähernd so wichtig wie er.

Wenn ich eine Art «Familienaufstellung» machen müsste, käme wohl eine kosmische Konstellation heraus: er die Sonne, sie die Erde, wir die übrigen Planeten. Er bildete das Zentrum ihres Lebens, sie kreiste um ihn herum, wahrscheinlich definierte sie sich sogar über ihn. Obwohl die Verbindung nicht glücklich war. Sie passten ja gar nicht zusammen, waren so verschieden, wie zwei Menschen verschieden sein und sich dennoch ineinander verlieben können.

Mit seinem Tod war dieser Lebensmittelpunkt plötzlich verschwunden. Da war sie erst sechzig und sah immer noch jung aus, doch alles änderte sich: Sie beschloss zu unser aller Erstaunen, «endlich alt» sein zu dürfen. Von Stund an verzichtete sie darauf, sich die Haare zu färben. Sie legte ein paar Kilo zu, trank vergnügt allabendlich ihren Rotwein und genoss, all das zu tun, was ihr gefiel. Es war ihr «wurscht», dass sich das Blond nun mit Grau mischte und fast ein wenig schmuddelig aussah, sie ließ sich keine Wellen mehr legen und toupieren, sondern die Haare kurz schneiden. «Wurscht» war ihr auch, dass ihr die engen Röcke nicht mehr passten. Sie kaufte sich weite und sogar Hosen – jetzt erst erfuhr ich, dass meinem Vater Frauen in Hosen nicht gefallen hatten. Wie er überhaupt alles Burschikose, nur andeutungsweise «Männliche» an Frauen abgelehnt hatte.

Plötzlich trug meine Mutter statt Kostüm und Perlenkette Hosen, Pullover und die Haare grau und kurz. Eine völlig andere Frau.

Wir waren perplex. Und erschraken anfangs fast, wenn wir sie nach ein paar Wochen wiedersahen und stets ein wenig mehr gealtert fanden. Dabei war sie gar nicht gealtert, die grauen Haare ließen diesen Eindruck entstehen. Aber das zu hören, ärgerte sie nicht einmal, es war ihr gleichfalls «wurscht». Vollkommen schnuppe. Sie lebte nun, wie sie es für richtig hielt. Ob uns das gefiel oder nicht. Und als ich meinte, sie sei doch noch jung, könne doch vielleicht nochmal einen Mann … «Gott soll mich bewahren!», rief sie da aus, und die Emphase war so echt, dass ich endlich begriff: Sie wollte niemandem mehr gefallen, sie wollte nur noch frei sein.

So hatte sie auch keine Lust, nach der Rolle der Mutter nun die der Großmutter zu übernehmen, und verweigerte ihren Kindern den Dienst an den Enkeln. Dass meine Geschwister ihr das übel nahmen, machte ihr nichts aus. Sie habe vier eigene Kinder großgezogen (die dritte Tochter war noch während des Krieges im Alter von sechs Wochen am Keuchhusten gestorben), einen schwierigen Ehemann gehabt und ein Leben voll harter Arbeit hinter sich – sie habe ihr Soll erfüllt. Man möge sie in Gottes Namen eine «unwürdige Greisin» nennen, wie die von Brecht, in der sie ihren Spiegel fand. Sie sparte auch kein Geld mehr für Kinder und Enkel, sondern frönte endlich ihrer Leidenschaft und reiste um die Welt. Und wenn sie meinen Mann und mich in Köln und später in München besuchte, war sie voller Erlebnisse, erzählte enthusiastisch vom jüngsten Trip nach St. Petersburg und Kiew und verschonte uns dafür mit jenen Mitteilungen, mit denen andere ältere Mütter unsere Freunde nervten: Welche Neuigkeiten in der Heimatstadt die Runde machten, wer welche Krankheiten hatte und wer gestorben war.

Unser anfängliches Befremden verflüchtigte sich bald. Wir fanden uns damit ab, dass wir beim Kinderkriegen aus unterschiedlichen Gründen nicht auf die Hilfe unserer Mütter rechnen konnten und sehen mussten, wie wir allein zurechtkamen. Und arrangierten uns mit der unwürdigen Greisin.

Alle waren überzeugt, dass sie mindestens neunzig werden würde.

Doch wann immer wir mit ihr darüber reden wollten, wie ihre späten Jahre aussehen sollten, wich sie aus. Sie wollte nicht darüber nachdenken. Das Thema Tod war tabu. Wenn wir Geschwister andeutungsweise fragten, ob sie irgendwas regeln möchte, antwortete sie beiseitewischend: «Macht alles, wie ihr wollt. Ihr werdet euch schon einigen.» Und dann vertagten wir die Sache, zumal uns schien, dass wir noch eine Menge Zeit dafür hätten.

Aber es kam wieder anders, als wir dachten. Ihren fünfundsiebzigsten Geburtstag hatten wir groß und fröhlich gefeiert, danach war sie in die Türkei aufgebrochen – und wurde verfrüht zurückgeflogen, am Tropf hängend und in Begleitung einer Krankenschwester. Sie hatte einen Schlaganfall erlitten. Drei Tage später war sie tot. Damit hatte niemand, auch kein Arzt, gerechnet, und sie selbst vielleicht am allerwenigsten («In Wahrheit hielt sie sich für unsterblich», sagte mir ihre beste Freundin nach der Beisetzung). Im Krankenhaus hatte sie noch bei völliger geistiger Klarheit von dem jungen türkischen Arzt geschwärmt, der «ein reizender Mensch» gewesen sei: Er habe sie sogar geküsst – ihre Begeisterungsfähigkeit schien ungebrochen. Keiner von uns hielt für möglich, dass ihr Leben schon an sein Ende gelangt war.

Vier Wochen später kam ihre Ansichtskarte bei uns an – enthusiastisch wie immer und mit vielen Ausrufezeichen beschrieb sie in ihrer großen dynamischen Schrift die Schönheit von Pamukkale und das prächtige Ephesos …

3. LET'S TWIST AGAIN: Kindheit im Wirtschaftswunderland

Was haben Max Schmeling, Hildegard Knef, Martin Walser, Franz Josef Strauß, Herbert von Karajan, Joseph Beuys und Wernher von Braun gemeinsam? Oder Leni Riefenstahl, Willy Brandt, Werner Heisenberg, Albert Speer, Fritz Walter, Dietrich Bonhoeffer, Marlene Dietrich, Jürgen Habermas und der Papst?

Sie alle sind zwischen 1900 und 1930 geboren, in jenem Dreißig-Jahres-Zeitraum, den man im Allgemeinen für eine Generation veranschlagt. Alle gehören also ein und derselben Generation an und sind doch so verschieden!

Und wenn man statt an die Prominenten dieser Generation an die vielen Unbekannten denkt, die ebenfalls zwischen 1900 und 1930 geboren wurden, dann erscheint es – auf den ersten Blick – noch absurder, von einer bestimmten Generation voller Gemeinsamkeiten zu sprechen. Denn was soll schon ein Hamburger Kaufmann mit einer gleichaltrigen bayerischen Metzgersgattin gemein haben? Oder ein katholischer, seit dreißig Jahren verheirateter, mit vielen Kindern und Enkeln gesegneter Handwerksmeister aus dem Schwäbischen mit einer kinderlosen, aus der Kirche ausgetretenen, geschiedenen Journalistin in Berlin?

Wenn ich nur das Leben meiner Mutter mit dem vergleiche, was ich über das Leben meiner Schwiegermutter weiß, einer einfachen Bäuerin, die ein Jahr jünger war als meine Mutter, sehe ich so wenig Gemeinsamkeiten, dass es mir fast abwegig vorkommt, von so etwas wie einer «Frauengeneration» zu sprechen. Auf den ersten Blick hatten meine Mutter und meine Schwiegermutter weder durch ihre Herkunft noch durch ihre Bildung, noch durch ihren Lebensweg etwas gemein.

Und doch gibt es etwas zutiefst Einschneidendes, was beide und alle Angehörigen ihrer Altersgruppe so eng verbindet, dass es berechtigt ist, von einer Generationen-Erfahrung zu sprechen: den Krieg. Die instabile Weimarer Demokratie, die Massenarbeitslosigkeit, Hitler, Göring, Goebbels, die Atmosphäre des Nationalismus und Antisemitismus, die Bombennächte, Flucht, Vertreibung, Hunger, Trümmer, die verlorene Heimat, das verlorene Hab und Gut, die im Krieg verlorenen oder versehrten Liebsten und manchmal auch der verlorene Glaube – diese Erfahrungen haben fast alle Frauen ihrer Generation gemacht, so unterschiedlich sie auch leben mochten.

Auf den Begriff «Generation Trümmerfrau» hat man diese Gemeinsamkeit gebracht. Zu ihrem gemeinsamen Schicksal gehören die Männer, die im Krieg gefallen sind, und die anderen, die zwar zurückkehrten, aber völlig verändert waren, ebenso wie die Spätheimkehrer, die nicht nur völlig verändert waren, sondern auch eine völlig veränderte Welt vorfanden und sich schwer taten, sich in sie einzufügen. Es war die um ihre Jugend und um ihre besten Jahre betrogene Generation.

Während der Jahre, in denen die Männer im Krieg waren, mussten die jungen Frauen allein auf sich gestellt ihr Leben meistern, die Kinder großziehen, mit Not und Entbehrung fertig werden. Gezwungenermaßen lernten sie, sich selbständig und unabhängig von ihren Männern durchs Leben zu schlagen. Als die Männer zurückkamen und wieder ihre alte Stellung des Familienoberhaupts einnehmen wollten, knirschte es in den Familien. Man brauchte kein Familienoberhaupt mehr, schon gar kein geschlagenes, an Körper und Seele verwundetes – niemanden, der den Krieg verloren hatte und mit ihm die Ehre, das Ansehen.

Das Ende des Krieges, das war in Deutschland auch so etwas wie der Anfang vom Ende des Patriarchats. Die Männer wussten es nur noch nicht. Die Frauen ahnten es, aber sagten es nicht, versuchten, es die Männer nicht oder möglichst wenig spüren zu lassen, spielten das alte Spiel des Patriarchats noch mit, obwohl sie es nicht mehr wirklich ernst nahmen. Man schwieg davon.

Man schwieg von vielem, damals, nach dem Krieg. Man schwieg vom Krieg, von deutschen Kriegsverbrechen, von deutscher Schuld. Man schwieg von den Steinen, die in die Fensterscheiben jüdischer Geschäfte geworfen worden waren, vom «Judensau»-Gebrüll, vom Verschwinden der Juden aus dem öffentlichen Leben und aus ihren Häusern, von den Arisierungen und von Auschwitz. Und man schwieg von den alten Nazis, die nach und nach wieder in jene Positionen gelangten, die sie vor und während des Krieges innegehabt hatten.

Das Schweigen fiel leicht, denn man hatte zu tun. Wiederaufbau. Versorgung der Bevölkerung. Integration der Flüchtlinge. Vergessen, was war. Vorwärts schauen, nicht zurück. Mit der alten Disziplin, dem alten Fleiß, der verinnerlichten Ordnungsliebe wurden die Trümmer aus dem Weg geräumt, mit ihnen die Vergangenheit, und auf einmal war Deutschland Fußballweltmeister, erlebte ein Wirtschaftswunder, ein Fräuleinwunder, wurde von den westlichen Siegern als Bollwerk gegen den Kommunismus gebraucht, schloss Freundschaft mit den Feinden von einst. Plötzlich war es so, als ob Deutschland den Krieg gar nicht verloren hatte, ja, als ob diese zwölf Jahre unter Hitler nur eine kurze Episode, ein Irrtum der Geschichte gewesen wären.

In diese Zeit wurde ich hineingeboren. In Worms am Rhein. Es war ein guter Ort und ein guter Zeitpunkt, wie ich heute, ein halbes Jahrhundert danach, sagen kann. Fünfzig Jahre wachsender Wohlstand in ununterbrochener Freiheit liegen hinter mir – welch ein Unterschied zum Leben meiner Mutter und ihrer Generation! Uns wurde wirklich, wie es Altkanzler Helmut Kohl mit seinem Hang zum Pathos einmal ausgedrückt hat, die «Gnade der späten Geburt» zuteil.

Eine doppelte Gnade, wie ich gleich hinzufügen muss. Wäre ich nur ein paar hundert Kilometer nordöstlich von Worms auf die Welt gekommen, wäre mein Leben völlig anders verlaufen. Statt Freiheit die Stasi und die Partei, die immer recht hat. Statt Wohlstand Knappheit, Schlangestehen, Warten auf Zuteilung. Arbeiterkinder wurden bei der Bildung bevorzugt. Ich als Arzttochter hätte da – wie meine sächsischen Cousins – schlechte Karten gehabt.

Wäre ich standhaft geblieben, wenn die Herren von der Stasi mir das «Angebot» gemacht hätten, mit ihnen zusammenzuarbeiten? Ich weiß es nicht. Ich weiß nur, dass wir Wessis vorsichtig sein sollten mit Verurteilungen von Menschen, die achtzehn, zwanzig oder fünfundzwanzig Jahre alt waren, als sie die Verpflichtungserklärung unterschrieben. Und dass wir mit umso größerer Achtung und Respekt jenen Ossis begegnen sollten, die mit schlotternden Knien nein gesagt haben, als sie gefragt wurden – wir Wessis sollten froh und dankbar sein, dass wir in einem Land aufwachsen durften, das keine Helden nötig hatte.

Die «Gnade der späten Geburt» und die Tatsache, in einem geteilten Land aufgewachsen zu sein, das rechtfertigt nun eben doch die Rede von den Generationen. Bei aller Verschiedenheit der Millionen Einzelschicksale gibt es zu jeder Zeit etwas alle Überwölbendes, das den Angehörigen einer Generation und eines Landes gemeinsam ist wie der gestirnte Himmel über ihnen.

Dennoch kann ich natürlich nur über die Erfahrungen in der einen Hälfte des Landes sprechen. Was aber ist es, was die westdeutschen Nachkriegskinder miteinander verbindet? Welche prägenden Ereignisse, welche einschneidenden Erlebnisse teilt die «Generation Nierentisch»?

Dass «wir Weltmeister» waren, war mir, Jahrgang 1955, als Kind natürlich nicht bewusst. Fußball spielte weder für mich noch für die anderen Mädchen eine Rolle. Aber wahrscheinlich hatte das Ereignis trotzdem Einfluss auf das Schicksal der in dieser Zeit Geborenen. Die Fußballweltmeisterschaft von 1954 war Balsam auf die Wunden der geschlagenen, von aller Welt verachteten Nation. Sie hat den Menschen ein bisschen von ihrem verlorenen Selbstbewusstsein und ihrer Selbstachtung zurückgegeben. Erste Ansätze von Zuversicht und Optimismus zeigten sich. Wirtschaftlich ging es steil aufwärts. Die Rückkehr Deutschlands in die Völkerfamilie wurde vorbereitet, es gab erste diplomatische Beziehungen zu Israel, und eine enge Freundschaft mit dem bewunderten Siegerland USA bahnte sich an.

Wirkte sich das auf unsere Erziehung aus? Wurden wir milder, liebevoller erzogen als die im Krieg und unmittelbar nach dem Krieg Geborenen? Meine beiden älteren Schwestern behaupten das. Weniger streng auf jeden Fall. Die körperliche Züchtigung kam bei uns Fünfziger-Jahre-Kindern langsam, aber sicher aus der Mode. Auch wenn mein Volksschul-Klassenlehrer, Herr Z., noch seinen Rohrstock überm Pult liegen hatte («Das ist mein langer Finger!») und dann und wann dem einen oder anderen damit auf die Hände schlug, auch wenn meine Freundin Monika und ihr Bruder zu Hause noch richtig verdroschen wurden (ihr Vater sagte damals immer: «Auf einen groben Klotz gehört ein grober Keil!») – im Vergleich mit unseren älteren Geschwistern hatten wir zweifellos die größeren Freiheiten. Vielleicht kann man sogar sagen, wir hatten die unbeschwerteste Kindheit seit Jahrzehnten!

Die Unbeschwertheit zeigte sich in dem, was unsere Begeisterung hervorrief zu jener Zeit. Für meine erste Leidenschaft reichten zwanzig Pfennig. Dafür gab's am Kiosk ein kleines Päckchen im Spielkartenformat. Darin: fünf Foto-Kärtchen in einer Papierhülle, die man erst aufreißen musste – der spannendste Teil des Vergnügens, denn man wusste nie, was man bekam für sein Geld.

Doch bitter war die Enttäuschung, wenn ich zum dritten oder vierten Mal dieselben reitenden, Lasso schwingenden Cowboys aus *Old Surehand* in der Hand hielt; oder die Massenszene mit den kämpfenden Indianern aus *Der Schatz im Silbersee*, oder den sterbenden Mario Adorf als Schurken in *Winnetou 1*. Schurken, Indianer und Cowboys interessierten uns nicht. Diese Szenen aus den Karl-May-Filmen waren auch nicht viel wert, es gab zu viele davon. Wir waren erpicht auf die großen und edlen Vier, also Winnetou und Old Shatterhand, Nscho-tschi und Ribanna, die beiden Indianerinnen, die für uns die Helden erst interessant machten. Denn was war ein Mann ohne Frau? Wie sollten Männer ohne Frauen Gefühle zeigen? Die Frau an seiner Seite verlieh dem Mann ein menschliches Gesicht, nur so konnte er zum Ziel unserer Sehnsüchte werden. Nein, der tollste Mann und kühnste Held war nichts ohne die eine wunderbare Frau, die ihn liebte. Ohne Frau keine Liebesgeschichte, und ohne Liebesgeschichte konnte uns die ganze Männerwelt mit ihren dauernden Kämpfen den Buckel runterrutschen. Jungs, die sich prügelten, hatten wir auf dem Schulhof, die mussten wir nicht auch noch auf der Leinwand bewundern. Und dass die Liebe im Leben das Wichtigste war, das wussten wir Mädchen von Anfang an, und zwar schon lange vor der Pubertät.

Offenbar wussten das aber die Marketingstrategen der Karl-May-Filme ebenfalls, und die Kärtchen mit den emotionaleren Szenen waren rar und unendlich kostbar. Denn auf der Suche nach den tollen Bildern mussten wir ganz viele doofe kaufen, und das taten wir auch, bis wir unsere Winnetou-Alben voll hatten.

Mit der Liebe war das freilich so eine Sache bei Karl May. Wenn ich es richtig im Kopf habe, war Nscho-tschi Winnetous Schwester und Old Shatterhand versprochen; der Häuptling der Apachen wiederum liebte Ribanna. Die Paare konnten zueinander nicht kommen, dafür hatte ihr Schöpfer und Männererotiker Karl May gesorgt – wie sonst hätten die Freunde auch aufeinander konzentriert bleiben und nach vollbrachten Taten gemeinsam in den Sonnenuntergang reiten können? So mussten die beiden indianischen Schönheiten rasch das Zeitliche segnen, und deshalb gab es eben nur wenige kostbare Szenen mit Frauen; man gewöhnte uns also früh daran, dass unsereins – zumindest in der Kunst oder dem, was wir dafür hielten – schön zu sein, zu leiden und rechtzeitig zu verscheiden hatte, damit der Mann seine Lebensbahn einsam oder mit Blutsbruder unbeirrt weiterziehen konnte.

Die Karte mit dem höchsten Tauschwert, in dessen Besitz ich nach langer Entbehrung und im Tausch gegen viele, viele andere Bilder gelangte, war ein wunderschönes Szenenfoto von Nscho-tschi, die, auf einem Felsen sitzend, Old Shatterhand von unten herauf anlächelt, während er ihr von oben die berühmte Schmetterhand zärtlich-väterlich auf die Schulter legt. Dieses Bild hatte Seltenheitswert, und das Exemplar, das ich eines glücklichen Tages ergatterte, war an den Rändern ganz aufgeraut und an den Ecken umgeknickt vom vielen Anschauen und Bestaunen. Die anderen Trümpfe waren ein Porträt Ribannas und jene dramatische Szene, in der sie todesmutig mit dem Grizzly kämpft. Dass der Grizzly ziemlich ausgestopft wirkte, war nebensächlich. Wichtig war, dass Karin Dor Ribanna spielte – in meinen Augen die schönste Frau der Epoche, zumal sie meiner ältesten Schwester ähnlich sah, wie ich fand. Sie war der einzige Filmstar, den ich je um ein

Autogramm anschrieb, und als der Briefträger es in meinem frankierten Rückumschlag tatsächlich brachte, pinnte ich es mir glücklich übers Bett.

Auch Marie Versini als Nscho-tschi stand hoch im Kurs bei den Mädchen, von ihr hatte ich sogar einen Bravo-Starschnitt mit Reißzwecken an die Rauten- und Girlandentapete meines Kinderzimmers geheftet, direkt über dem Bronze-Kreuz und dem auf Holz aufgezogenen Konterfei vom neuen Papst Paul VI.; beides hatte ich gerade zu meiner Erstkommunion erhalten. Meine Mutter fand sowohl die zur Schau gestellte Frömmigkeit ihres jüngsten Kindes – «Musst du immer in die Kirche rennen, wenn wir spazieren gehen wollen?!» – als auch besagte Zusammenstellung auf meiner Wand äußerst befremdlich, sagte allerdings nicht viel dazu. Später teilten noch Pierre Brice und Lex Barker fast in Echtgröße den Platz mit Papst und Kreuz, Karin Dor und Marie Versini. Damit war die Wand endgültig voll.

Mein Herz aber gehörte ausschließlich Lex Barker, und mit der Wahl zwischen Winnetou und Old Shatterhand kristallisierte sich für uns Acht- bis Zehnjährige die Entscheidung für ein bestimmtes Männerideal heraus. Es kam nämlich durchaus darauf an, ob man nun für Pierre Brice mit den dunklen Wallehaaren und dem niedlichen Grübchen am Kinn schwärmte oder den härteren, männlicheren Lex Barker bevorzugte. Der kam mit seinem Ich-habe-schon-alles-gesehen-im-Leben-Ausdruck in den gegerbten Gesichtszügen (ähnlich wie Gary Cooper, in den ich ebenfalls verliebt war seit dem Film *Ariane – Liebe am Nachmittag* mit Audrey Hepburn) meinem Traum vom anderen Geschlecht sehr nahe. Es gefiel mir auch, dass er nur wenige Worte verlor, aber zur rechten Zeit die Pranke hob, um einen Unwürdigen mit einem Schlag zu erledigen – deshalb hieß er ja Shatterhand. So musste ein Mann sein, so einen würde ich mal haben wollen. Und als meine

Mutter nach der Lektüre eines Lex-Barker-Interviews in irgendeiner Zeitung meinte, er antworte «auch nicht dümmer als andere», bekam ich Herzklopfen vor Stolz und Freude.

Meine Freundinnen teilten meine Liebe nicht, sie gaben Winnetou den Vorzug. Was er für Augen habe, schwärmten sie, wie schön er sei, wie er lächle, so sympathisch und weich. Dass er Franzose *und* Indianer war, ließ ihn gleich noch exotischer und attraktiver erscheinen. Da konnte kaum einer mithalten. Diese Mädchen wählten später in der Schule Französisch statt Altgriechisch und verknallten sich in die hübscheren Austauschschüler aus Frankreich mit den langen dunklen Haaren und viel Erfahrung im Küssen – wir anderen konnten zugucken. Und an allem war Pierre Brice schuld! Während ich niemals einen Mann getroffen habe, der mich auch nur entfernt an Lex Barker und *meine* frühe Liebe erinnert hätte. Aber wahrscheinlich habe ich nicht mal Ausschau nach so einem gehalten – vielleicht ist es mit der frühen Prägung auf das andere Geschlecht ja doch nicht so weit her, jedenfalls, wenn man sich anschaut, wie unsere Partner heute aussehen.

Die Begeisterung für jene Filme hatte noch etwas bewirkt: Ich las sieben dicke Karl-May-Bände durch, meine Freundin Sigrun sogar fünfzehn, und das war «für ein Mädchen», wie es hieß, nicht schlecht.

Dann hatte ich genug von der rauen Männerwelt, den endlosen Weiten der Prärie mit den vielen Riesenkakteen darin, in denen ich erst Jahre später (durch Arno Schmidt) Phallussymbole erkannte, und kehrte gern, wenn auch nur kurz, in die heile Kinderwelt der Enid Blyton zurück, wo es statt Kakteen und Indianern *Fünf Freunde* gab, die alle Rätsel lösten, und *Hanni & Nanni*, die – wie das *Doppelte Lottchen* – schon deshalb ein Erfolg waren, weil sich jede von uns so einen Geschwisterklon gewünscht hätte, um sich nie im Leben allein zu fühlen. Dann war es mit den Kinder- und Jugendbüchern aber allmählich vorbei.

Wir bereiteten uns weiter auf das Erwachsenenleben vor. Die neue Stellvertreterin dieser Welt hieß Barbie, zwanzig Zentimeter hoch und mit Wespentaille, Endlos-Beinen und langer blonder Mähne bis zum Po ausgestattet. Dazu verfügte sie über eine Garderobe im Stil von Jackie Kennedy und winzige Utensilien wie Schminkkoffer, Handtaschen, Pumps und Tennisschläger. Stundenlang wurde diese Puppe an- und umgekleidet und frisiert, wir probierten ihr Kostüme, Abendkleider, Skihosen und Babydolls an, fasziniert von der perfekten Ausrüstung en miniature. Ebenso faszinierte uns die Tatsache, dass Barbie kein Baby und auch kein Kind, sondern eine Frau war. Wir spielten also nicht die Mutter – wir verhandelten auf Augenhöhe, obwohl wir wussten, dass Barbie uns mit ihrem Atombusen und den Stöckelschuhen die entscheidenden Attribute einer erwachsenen Frau voraushatte. Ken, der dazugehörige Mann, interessierte uns weniger, weil seine primären Geschlechtsorgane nur dezent – allzu dezent, unserer Meinung nach – durch eine klitzekleine Wölbung angedeutet, also praktisch nicht vorhanden waren. Kein Vergleich mit den sauber definierten Brüsten von Barbie.

Die Großmutter meiner Freundin Bettina hatte einen Spielzeugladen, deshalb bekam ihre Enkelin alles, was auf diesem Sektor neu und teuer war: Sie wiegte die erste Babypuppe mit «echten» Schlafaugen, sie hatte die erste, die in die Windeln pieseln konnte, was man oben mit einem Fläschchen in sie hineinfüllte, sie führte uns stolz die erste sprechende Puppe vor, die zehn Sätze («Ich habe Hunger», «Ich habe Durst», «Ich will spielen» etc.) herunterschnarrte, wenn man hinten eine kleine Schnur mit rundem Plastikring aus ihrem Hals herausgezogen hatte, und nun eben *die* Attraktion dieser Jahre: Barbie und Ken.

Mit Barbie und Ken spielten wir alle Liebesszenen durch, die wir aus Filmen oder Büchern kannten, oder wir erfanden selber dramatische Geschichten, deren einziges Ziel es war, am Ende die beiden im Kuss zu vereinen. Dass dabei Barbies Busen immer etwas sperrig war und sich ihre Gliedmaßen nicht biegen ließen, störte uns nicht weiter. Es störte uns auch nicht, dass in Wirklichkeit keine Frau aussah wie Barbie. Im Gegenteil, das war ja das Tolle: Sie war viel hübscher als die Frauen, die wir kannten, ähnelte allenfalls Brigitte Bardot, die unsere Eltern so verrucht und sexy fanden. Sexy war Barbie auch, und sexy – das war überhaupt neu damals – das wollten alle werden oder sein, nicht mehr nur schön wie die Diven aus den alten Hollywood-Schinken, sondern sexy und verwöhnt, mit einem Schmollmund wie die Bardot oder Marilyn Monroe.

Mir wurde diese Puppe aus erzieherischen Gründen vorenthalten, meine Eltern sprachen von ihr in einem Ton, als handele es sich um Pornographie, um die scheußlichste Ausgeburt des amerikanischen Geschmacks. Irgendwann gaben sie jedoch auf, wie eigentlich meistens, wenn man hartnäckig und lange genug jammerte, und versprachen, mir meinen Wunsch zu erfüllen. Zu Nikolaus fand ich meine Puppe dann zwischen Mandarinen und Walnüssen im Schuh. Aber welche! Es wäre mir lieber gewesen, ich hätte keine bekommen. Es war eine *Petra,* die deutsche Barbie für Arme. Ich war zerschmettert. Mit der konnte ich mich nicht sehen lassen. Meine Mutter hatte wieder mal bewiesen, dass sie keine Ahnung hatte, was wirklich wichtig war. Mit *Petra* war mein Vergnügen an diesen Puppen dahin, ich legte sie weg und beschloss, mit dem Spielen aufzuhören und erwachsen zu werden.

Es war die Zeit, in der sich junge Frauen wie meine Schwestern die Pferdeschwänze abschnitten, die Petticoats weglegten und Bubikopf zur engen Hose trugen. Zu Hause übten sie mit Handtüchern hinterm Po den Twist zu Chubby Checkers *Let's Twist Again*, und wir übten mit. Wer beim Twisten am weitesten herunterkam und in der Hocke ein Bein ausstrecken konnte, ohne umzufallen, hatte gewonnen. Oder auch, wer gleichzeitig in die Knie gehen und den Oberkörper nach hinten biegen konnte, das war sogar noch schwerer. Eine meiner Schwestern kaufte sich einen Minirock und führte ihn der Familie vor, er war hellgrün wie der Frühling draußen und ließ zum ersten Mal die Knie sehen. Doch statt des Beifalls, den sie erwartet hatte, setzte nun eine endlose Diskussion darüber ein, ob der Minirock an sich vorteilhaft war oder nicht. Und das, obwohl meine Schwester die hübschesten Beine von allen hatte!

Die Freunde der Schwestern kamen ins Haus – von den Eltern «Verehrer» genannt, was wir schon damals ulkig fanden –, wurden begutachtet und danach beurteilt, wie sie sich benahmen. Einer dieser «Verehrer» aber tauchte eines Tages nicht mehr auf, war in Ungnade gefallen, worüber alle in der Familie Bescheid wussten außer mir. Man sprach vor mir nicht darüber, sondern erging sich in Andeutungen, und die Schwester, die mit ihm aus gewesen war, legte sich zu Bett und war krank. Vergeblich zermarterte ich mir das Gehirn, was er sich Schreckliches hatte zuschulden kommen lassen. Unter dem Vorwand, ihre Hilfe zu benötigen, zog ich mit meinen Hausaufgaben an ihr Bett und gab keine Ruhe, bis ich erfuhr, was passiert war. Meine Schwester wand sich zwar ein wenig, ließ sich alles nur langsam aus der Nase ziehen, schließlich entnahm ich aber ihren Worten, dass es irgendwie zu einem Kuss gekommen war, keinem jedoch, wie ich ihn mir immer gedacht hatte, als das Schönste, das Nonplusultra, den Höhepunkt schlechthin, wenn man mit einem Jungen «ging»; etwas muss diesmal anders gewesen sein, obwohl meine Schwester durchaus verknallt gewesen war zuvor. Sie benutzte dramatische Worte wie «überfallen» und «abgeknutscht» und «gegen meinen Willen», sie habe sich nicht wehren können – es sei schrecklich für sie gewesen, ein Schock. Und ich war froh, das erfahren zu haben, denn alles, was man wusste, konnte einen ja selber nicht mehr so unvorbereitet treffen wie meine arme Schwester, dachte ich.

Mit dem Twist begann für uns die Moderne. Rock 'n' Roll war noch ein richtiger Tanz, mit vorgegebenen Schritten, und ohne Tanzpartner lief nichts. Der Twist aber läutete das Zeitalter des Alleintanzens ein, was meine Mutter kurioserweise als einen *Rückschritt* empfand, in eine Zeit wie vor dem Walzer, als man sich beim Tanzen noch nicht anfassen *durfte.* «Tanzen ist doch auch Mittel zum Zweck», sagte mein Vater, nachdem er kopfschüttelnd einen Blick auf eine Party meiner Geschwister geworfen hatte, und meinte, «unerotischer» ginge es ja nun nicht mehr. Und er gab mir die Lebensweisheit mit auf den Weg, dass ein Mann schon beim Tanzen zeige, was er im Bett draufhabe. Natürlich hat er sich so derb nicht ausgedrückt, sondern wie immer die französische Version für Sex benutzt, nämlich «faire l'amour», das fand er romantischer. Klar, dass mein Vater ein Tänzer war. Er hatte übrigens nicht recht, wie meine Lebenserfahrung sagt.

Nach dem Twist kamen die Beatles, Esther & Abi Ofarim und John F. Kennedy. Dessen berühmte Schöneberger Rede «Ich bin ein Berliner» wurde als Single angeschafft und ergriffen abgespielt. Alle mussten zuhören, auch ich, obwohl ich nicht wirklich begriff, was daran so bedeutsam war. Ich wusste nur: Alles, was mit der Mauer zusammenhing, war ein wunder Punkt in meiner Familie. Ein Teil war ja «drüben» geblieben, in Meißen und Freiberg und Jena, ständig wurden Päckchen gepackt und irgendwelche Medikamente in Kaffee und Reis versteckt und nach drüben geschickt. Und an Weihnachten stellte meine Mutter in alle Fenster, die zur Straße gingen, Kerzen und registrierte genau, welche Nachbarn das nicht taten und also nicht an unsere Schwestern und Brüder «in der Ostzone» dachten. «Aber das können die drüben doch gar nicht sehen», sagte ich und begriff von der Antwort nur, dass es darauf offenbar nicht ankam.

Als Kennedy umgebracht wurde, war das für uns, was der Anschlag auf das World Trade Center einmal für meine Kinder sein wird: Ein Moment, an den man sich genau erinnert, auch wenn man noch sehr jung ist und sich kein bisschen für Politik interessiert. Einen Fernseher hatten wir damals noch nicht, so erfuhren meine Eltern beim Frühstück aus der Zeitung vom Attentat. Meine Mutter kam zu mir in den Flur gerannt, als ich mich gerade auf den Weg in die Schule machte, und ich erschrak, weil sie weinte, als sie mir zurief, dass Kennedy tot sei. «Jetzt gibt es sicher wieder Krieg mit Russland», sagte sie, und in der Schule taten wir dann alle sehr aufgeregt und fanden es interessant, vielleicht zum ersten Mal in unserem Leben über ein politisches Ereignis zu sprechen.

Amerika stand in Deutschland hoch im Kurs, jedenfalls in der Bundesrepublik. Die Eltern waren immer noch dankbar für die Befreiung durch die Amerikaner und deren Care-Pakete, sie liebten den jugendlich-smarten Kennedy, der so einen ganz anderen Typus von Politiker verkörperte als unser alter Adenauer, und für uns kam sowieso alles, was wir «salopp» oder «lässig» fanden, von jenseits des Atlantiks: der Beat (auch wenn die wichtigsten Bands, die Beatles und die Stones, Engländer waren), die Blue Jeans, die immer länger werdenden Haare und Coca-Cola.

Letzteres war mir – wie den meisten Kindern – zu meinem großen Ärger verboten, weil es angeblich unserer Gesundheit schadete: «Herzrasen» bekomme man vom Koffein, behauptete meine Mutter, einen «Colarausch» nannte sie das in dem ihr eigenen Hang zur Dramatik. Dieses Wort aber machte die Sache richtig attraktiv. Einmal, wir waren noch in der Volksschule, wagten wir etwas Unglaubliches: Wir, drei neunjährige Mädchen, trafen uns, schick gemacht, heimlich am Nachmittag in der Stadt; ich zum Beispiel hatte eine alte Röhrenhose meines Bruders angezogen, die die Knöpfe vorne hatte, und ich fühlte mich äußerst verwegen darin: Schulmädchen trugen normalerweise Rock, und wenn Hose, dann eine aus Helanca mit Steg und Reißverschluss an der Seite. Wir steuerten die einzige italienische Eisdiele der Stadt an, nahmen an einem fragilen Tischchen Platz und bestellten mit rotem Kopf «eine Cola». Vor lauter Angst, es könne jemand hereinkommen, der uns kannte und uns bei unseren Eltern verpetzen würde, vor allem aber, weil die Kellner uns «Signorina» nannten und spaßeshalber mit uns flirteten, kamen wir aus dem Giggeln nicht mehr heraus. Schließlich verschluckte ich mich und bekam einen Hustenanfall. Das Gleiche wiederholte sich etliche Jahre darauf mit der ersten (und vorläufig letzten) Zigarette. Nur war da mein Gewissen noch schlechter, denn meine Geschwister und ich hatten meinem Vater versprochen, bis zum achtzehnten Geburtstag nicht zu rauchen. Die hundert Mark, die uns für den Verzicht in Aussicht gestellt waren, holte ich mir später trotzdem ab – wie meine drei Geschwister zuvor, die nach ihrem Achtzehnten dann sofort mit meinem Vater ganz offiziell um die Wette qualmten.

Meine Freundin Bettina, die mit dem Spielzeugladen zu Hause, war auch in Modedingen ganz vorn. Sie erschien als Erste mit Minirock im Gymnasium und wurde prompt nach Hause geschickt, um sich «was Anständiges» anzuziehen. Sogar der Vatikan kümmerte sich damals noch um unsere Klamotten und geißelte Miniröcke als frivol und provokant. Und verbot Frauen im Minirock den Zutritt zum Petersplatz. Unsere Lehrer bekamen also Schützenhilfe von höchster Stelle. Aber wir waren nicht mehr aufzuhalten. Mit kurzer Zeitverzögerung liefen alle im Mini herum, mal im Rock, mal im Hängekleidchen à la Sandie Shaw *(Puppet On a String),* wir warfen unsere Strumpfgürtel in den Müll und stiegen auf Nylonstrumpfhosen um (die wir noch bei jeder Laufmasche zum «Aufmaschen» für 50 Pfennige in die Strumpfboutique trugen) – später sollten wir uns sehr wundern, warum einige Männer die ollen Strapse erotisch fanden und uns partout wieder darin sehen wollten …

Was über dem Minirock saß, erregte ebenfalls das Missfallen der katholischen Kirche: Der sogenannte Sexy-Pulli galt als Gipfel der Verworfenheit, lag er doch schockfarben und so eng am Körper an, dass sich unsere schwellenden Formen schön darunter abzeichneten und deutlich zu erkennen war, wer BH trug und wer nicht. Auch darüber konnten wir stundenlang diskutieren. Jutta fand es «ohne» gewagt und stellte bleischwer die zentrale Frage: «Können wir uns das überhaupt leisten?» Wir, mit unserem Babyspeck auf den Hüften. Diese Frage beschäftigte uns Tag und Nacht. Nichts machte uns mehr Sorgen als der Gedanke, dass der Po zu dick und der Busen zu klein sein könnten – nicht mal die nächste Mathearbeit.

Wir hatten deshalb eine eigene Diät entwickelt, und sie hat sogar funktioniert: morgens zwei Scheiben Knäckebrot, abends zwei Scheiben Knäckebrot und mittags so viel, wie wir wollten. Damit konnten wir zwar nicht Twiggy werden, *das* Mannequin (so hießen Models damals noch) jener Jahre, aber das wollten wir auch gar nicht. Twiggy war eher abschreckend: «Sieht aus wie 'ne Hundehütte – in jeder Ecke ein Knochen», sagten die Jungs, und wir hörten es nicht ungern. Dass Twiggy auch den Eltern nicht gefiel, war dagegen völlig unerheblich.

Manchmal hatten wir allerdings die Nase voll von unserer Diät, gingen ins Café und ließen diverse Kuchen auffahren. Danach fühlten wir uns moralisch so am Boden, dass wir uns zur Strafe eine Nulldiät auferlegten, bis uns fast die Sinne schwanden. Der Höhepunkt in dieser Phase weiblichen Masochismus war bei mir erreicht, als ich während so einer Nulldiät einen Tanzstundenfreund zu Hause erwartete, ihn mit zwei Stück Käsekuchen bewirtete und zu seiner Verwunderung nur schwarzen Kaffee und Wasser trank. Sigrun, die exzessiv mithungerte, wollte sogar zu rauchen anfangen, weil man dann den leeren Magen nicht so spüre, wie sie meinte; ihr wurde sofort schlecht, deshalb ließ sie es bleiben. Die Freundin meines Bruders empfahl Appetitzügler, die wir uns heimlich in der Apotheke besorgten, bekamen davon aber Herzrasen und Schweißausbrüche. Natürlich war uns schon bekannt, dass man sich auch den Finger in den Hals stecken konnte, um in der Gier angefressene Kalorien schnell wieder loszuwerden. Und ich glaube, es gab auch in dieser Generation nur wenige Mädchen mit scheinbaren Gewichtsproblemen, die diese Methode *nicht* ausprobiert haben. Wahrscheinlich waren wir gut genährten Nachkriegskinder die Ersten, mit denen der ganze Hungerwahnsinn der Frauen seinen Anfang nahm.

So fiel kurioserweise der Beginn der Emanzipation mit einer neuen Unterdrückung zusammen. In der Mode zeigte sich das aufs anschaulichste: Während wir unsere Körper von allem befreiten, was einengte und zwickte – Korsagen, Hüftgürteln, BHs, Miedern und Unterröcken –, und selbstbewusst Figur und Beine zeigten, mussten wir uns gleich wieder quälen und kasteien, um überhaupt im Mini herumlaufen zu können.

In der BH-Frage gehörte ich zur Fraktion derer, die ihn für überflüssig hielten, was in meinem Fall allerdings keinen Mut erforderte: Einerseits entsprach das dem progressiven Zeitgeist, was mir wichtig war, andererseits besaß ich die Unterstützung meiner Eltern, die BHs in so jungen Jahren aus medizinischen Gründen («Das macht nur einen Hängebusen») ablehnten, und drittens hatte ich gut reden, weil es bei mir so viel gar nicht zu halten gab. Schließlich entschieden wir pragmatisch: Es hatte was Befreiendes, so ein wippender Busen, und sexy war es auch, aber zum Reiten, im Sportunterricht und in der Tanzstunde griffen wir gerne auf den festen Halt zurück.

Als ich mit Jutta einmal im pink- und orangefarbenen Sexy-Pulli irgendwann im Jahr 1967 beim «Einkehrtag für katholische Mädchen» erschien, wo man uns beibrachte, wie der wünschenswerte Lebenswandel junger Mädchen aussah, und uns im Umgang mit dem anderen Geschlecht unterwies, dienten wir gleich als Beispiel dafür, wie man sich als «anständiges» Mädchen *nicht* anzog; und uns wiederum wurde im Laufe der Veranstaltung klar, dass wir hier mit *unseren* Fragen nicht weiterkamen.

Die wichtigste davon lautete, warum Sex vor der Ehe verboten war, warum es so erstrebenswert sein sollte, sich «das» unter allen Umständen für die Hochzeitsnacht «aufzuheben». Die zweitwichtigste Frage war, wie sich die Kirche zur Pille verhielt, die – das ahnten wir schon mit sicherem Gespür – unser Leben wenig später im Vergleich mit dem unserer Mütter komplett verändern würde. Diese Frage beantwortete Papst Paul VI., genannt «Pillenpaul», im Jahr darauf mit seiner Enzyklika *Humanae Vitae,* in der alle künstlichen Verhütungsmethoden – auch für Ehepaare! – für tabu erklärt wurden: «Ehe und eheliche Liebe sind ihrem Wesen nach auf die Zeugung und Erziehung von Nachkommenschaft ausgerichtet ... Was dann psychologisch Trieb und Leidenschaft betrifft, so meint verantwortungsbewusste Elternschaft ihre erforderliche Beherrschung durch Vernunft und Willen.» Verwerflich sei somit jede Handlung, «die entweder in Voraussicht oder während des Vollzugs des ehelichen Aktes oder im Anschluss an ihn beim Ablauf seiner natürlichen Auswirkungen darauf abstellt, die Fortpflanzung zu verhindern, sei es als Ziel, sei es als Mittel zum Ziel».

Diese Enzyklika ist bis heute uneingeschränkt gültig. Für meinen einst so katholischen Vater war hiermit das Maß voll. Das, sagte er bitter, könne er als Arzt nicht mehr verantworten, und trat aus der Kirche aus. Auch meine Mutter schäumte vor Wut über das Edikt eines «Zölibatären», der ihrer Meinung nach «keine Ahnung» hatte, wovon er sprach. Und wir – wir fühlten uns allein gelassen mit den Fragen und Problemen unserer Pubertät. Für Jutta und mich und viele andere verschwand mit dieser Enzyklika ein Stück unseres Vertrauens in die Kirche, ihre Autorität und ihren Schutz. Die Zeit der Ablösung begann, unsere Kindheit ging zu Ende.

Zu Ende ging auch die Nachkriegszeit. 1968 war, wie bekannt, eine Zeitenwende, die Europa und Amerika gleichermaßen veränderte, und man kann nicht behaupten, dass wir Jüngeren das nicht mitbekommen hätten. Schon uns Dreizehn-, Vierzehnjährigen dämmerte, dass die studentischen Tumulte weit weg im fernen Berlin Einfluss auf unser Leben haben würden. Wir sahen abends in den Nachrichten zuerst die Bilder aus Vietnam, wo amerikanische Soldaten Agent Orange, ein Giftgas und Entlaubungsmittel, auf den kommunistischen Vietcong im Dschungel warfen, und danach, wie riesige Fahrzeuge in Berlin eine Art Kanonenrohr auf untergehakte Studenten richteten, die «Ho-Ho-Ho-Tschi-Minh» skandierten, um sie mit einem gewaltigen Schwall Wasser außer Gefecht zu setzen. Obwohl wir die Zusammenhänge kaum durchschauten und das Ziel der Studentenproteste für uns verschwommen blieb, wurden doch auch wir vom Geist des Aufruhrs und der Opposition gegen das «Establishment» und den «Muff von tausend Jahren» erfasst. Bob Dylan sang *The Times They Are A-Changin'*, die Engagierten unter uns spielten Biermann-Lieder, sangen *Spiel nicht mit den Schmuddelkindern* von Franz Josef Degenhardt zur Gitarre und hörten Dieter Süverkrüp, Hannes Wader, Hanns Dieter Hüsch und Reinhard Mey auf billigen Kassettenrecordern. Die anderen, die weniger Bürgerlichen mit den längeren Haaren, die angehenden Rock 'n' Roller, sahen die Revolution eher lässig, beschränkten sich auf den Kampf gegen die Leistungsgesellschaft, indem sie auf der «Gammlerbänkchen» genannten Steinumfassung der städtischen Grünanlage herumhingen, rauchten und die vorbeiziehenden Mädchen kommentierten.

Von einem Tag auf den anderen beschlossen wir, in der Schule kein Morgengebet mehr zu sprechen und nicht mehr aufzustehen, wenn der Lehrer das Klassenzimmer betrat. Wir Mädchen hörten auf, vor Erwachsenen zu knicksen. Und die Abiturklasse, der mein Bruder angehörte, war 1968 die erste, die auf die Feier mit den Reden zwischen Lorbeerbäumchen, klassischer Musik und Schulchor verzichtete. Ein Affront sondergleichen. Der Direktor war empört und verletzt, die Abiturienten haben sich ihre Zeugnisse im Sekretariat abgeholt.

Bis zu unserem Abitur und darüber hinaus hielt der antikonservative Furor samt entsprechender Reaktion noch an, und dass es keine Abifeier für niemanden mehr gab unter diesem Direktor, war nur das äußere Zeichen für eine nachhaltig vergiftete Stimmung. Auch die Lehrerschaft war ja gespalten, und die Trennungslinie verlief keineswegs geradlinig zwischen Jung und Alt. Natürlich gab es unter den jüngeren Lehrern mehr Liberale, mit denen wir diskutierten, aber eben auch solche, die gegen den «linken Mob auf den Straßen» wetterten, bis vor kurzem noch ordentlich studiert hatten und nun in Anzug und Krawatte vor uns standen; und dann waren da noch, wie zu allen Zeiten, die typischen Fachlehrer der Naturwissenschaften, die sich nie einen Kommentar zu etwas außerhalb ihrer

Mathematik/Biologie/Erdkunde/Physik abringen ließen und jeden Diskussionswunsch durch Abfragen von Sachwissen im Keim zu ersticken wussten.

Vor allem aber unterrichteten an unserem altsprachlichen Gymnasium etliche Oberstudienräte, die ihr Rüstzeug als Schulmeister in der braunen Zeit erworben hatten und sich dessen nicht schämten. Sie sorgten dafür, dass weiterhin ein wahrhaft autoritärer Geist aus Kaiser- und Nazizeit in den alten Mauern herrschte, verfochten eine Pädagogik der Einschüchterung und der Repressionen, die manch einem von uns bis heute Albträume beschert. Einer von denen, die uns erfolgreich Angst einflößten, hielt zwei Wahlsprüche als pädagogische Maximen bereit, einer griechisch, der andere lateinisch, die er so oft zum Besten gab, dass sie keiner von uns je vergessen wird: «Der nicht geschundene Mensch wird nicht erzogen» *(Ho mä dareis anthropos ou paideuetai)* lautete die erste Lehre und – auf seine eigene Person bezogen – «Mögen sie mich hassen, wenn sie mich nur fürchten» *(Oderint dum metuant)* die zweite.

Wie erstaunt war ich, als ich kürzlich das erste Zitat in Uwe Timms wunderbarer Erzählung über seine Freundschaft mit Benno Ohnesorg *Der Freund und der Fremde* wiederfand – aber in welch anderem Kontext! Was für uns das Trauma der autoritären Erziehung auf den Punkt brachte, das war für Timm, der sich seine Bildung selbst erarbeitet und mit Mühe und Begeisterung über den zweiten Bildungsweg angeeignet hat, ein Spruch, der ein großes Privileg, das Glück vom Lernen in Worte fasst: «Angeregt durch Lehrer – wenn sie denn selbst von ihrem Stoff angeregt waren –, war das freiwillige Lernen fast immer eine Lust, die Lust, sich neu zu finden», schreibt Timm über *seine* Lernerfahrung. Und so klingt denn auch die Übersetzung bei ihm gleich viel netter: «Der nicht geschundene Mensch wird sich nicht bilden.»

Nein, von der *Lust* zu lernen war bei uns in der Schule weniger die Rede. Zum Glück konnte sie uns nicht in allen Fächern ausgetrieben werden. Und dann gab es ja – vereinzelt – noch Persönlichkeiten, die uns tief beeindruckt haben, weil man ahnte, was das Leben mit ihnen angerichtet hatte. So jemand war unser alter Lateinlehrer. Er hatte, wie er sagte, «seine Lektion» gelernt. Freimütig sprach er vor uns über seine Mitgliedschaft in der NSDAP – «Ich war auch dabei, jung und dumm, wie ich war» –, erzählte von seiner Begeisterung, mit der er in den Krieg gezogen war: «Dulce et decorum est pro patria mori – das haben wir geglaubt, und das verzeihe ich dem alten Horaz nie!» Manchmal schlug er dabei in einer Aufwallung von Zorn mit seinem Stock auf das Pult. Doch wenn er dann ganz leise «Ich schäme mich dafür» hinzufügte, hätte man in der Klasse eine Stecknadel zu Boden fallen hören können. Er hatte das Aufstehen der Klasse schon in der Sexta abgeschafft: «Bleibt sitzen, Kinder, und wirbelt nicht so viel Staub auf», sagte er immer. Jetzt konnte er es kaum ertragen, wenn seine gleichaltrigen Kollegen auf alte Prinzipien wie Gehorsam und Unterordnung pochten.

Diese Prinzipien wurden nach wie vor geschätzt, auch von den meisten Eltern. Ein Deutschlehrer, der in der Klasse über uns *Katz und Maus* von Günter Grass lesen ließ, wurde wegen der darin enthaltenen Onanieszene von Eltern mit einem Skandal überzogen und unter Mithilfe des Kultusministeriums derart fertiggemacht, dass er wenig später nicht nur entnervt unsere Schule verließ, sondern auch Deutschland den Rücken kehrte und ins Ausland ging.

Die Trennlinie zwischen liberal und konservativ, fortschrittlich und reaktionär verlief durch die ganze Gesellschaft, und unsere Schule war weit entfernt davon, homogen oder gar voller «Revoluzzer» zu sein. Im Gegenteil, sie galt als sehr konservativ, als eine, in der die «Arztkinder» (zu denen in der Tat fast ein Drittel der Schüler zählte) den Ton angaben, und der war keineswegs links. Die beiden neusprachlichen, reinen Jungen- und Mädchengymnasien konnten ebenfalls nicht gerade als Hochburgen umstürzlerischen Treibens gelten. Als «links» war man bei uns allerdings bereits verschrien, wenn man für Willy Brandt war, da musste man noch gar keine Sympathie für Demonstrationen und Sit-ins und die «Kommune I» haben, und selbst von solchen moderaten Linken gab's nicht viele. Ihnen schien es indessen unbegreiflich, wie man *nicht* von Brandts Ostpolitik, dem Aussöhnungsgedanken, seinem Reform-Mut überzeugt sein konnte, während die anderen wie ihre Eltern vom Ausverkauf deutscher Interessen redeten, vom Verrat an den Heimatvertriebenen – bösartige Hetzer nannten Willy Brandt sogar, auf seine uneheliche Herkunft anspielend, immer noch, wie schon Adenauer, «Herrn Frahm».

Welch ein Aufruhr herrschte in unserer Klasse, als Rainer Barzel diesen Willy Brandt 1972 per Misstrauensvotum stürzen wollte – wir verfolgten das Bundestagsgeschehen live im Sozialkundeunterricht. «Was seid ihr emotional!», rügte der Sozialkundelehrer bei der anschließenden hitzigen Diskussion, und tatsächlich, sowohl die Emotionalität der politischen Debatte, die später in ein verbittertes Freund-Feind-Denken ausartete, als auch der unerbittliche Ernst, mit dem wir diskutierten, sind vielleicht die hervorstechendsten Eigenschaften, die wir von den Achtundsechzigern übernommen haben. Eigenschaften, die zusammen mit einem gewissen Hang zum Moralisieren und zum Missionieren den nachfolgenden Generationen so auf die Nerven gegangen sind, dass die einen sich lieber nachsagen ließen, «null Bock» und keine Ahnung von Politik zu haben, die anderen aber zur konsumfreudigen *Generation Golf* der neuen Spaßgesellschaft mutierten und mit alt- und postachtundsechziger Spaßbremsen wie uns lieber nichts zu tun haben wollten.

Dabei empfanden wir selber uns natürlich nicht als Spaßbremsen, sondern als die vielleicht erste deutsche Generation, die tatsächlich auch den Spaß im Leben zu einem Lebensziel erhob. Fleiß, Ordnung und Pünktlichkeit – das waren die Eigenschaften der Eltern-Generationen, Eigenschaften, die offensichtlich weder mit selbstbewusstem, kritischem Denken noch mit Lebensfreude etwas zu tun hatten und später von Oskar Lafontaine als «Sekundärtugenden» denunziert werden sollten. Wir wollten vor allem frei von Zwängen sein, ganz anders leben als unsere Eltern und, ja: Spaß im Leben haben.

4. SIEBZIGER JAHRE: Die WG als Fortsetzung der Erziehung mit anderen Mitteln

Wir schliefen auf dem Boden. Auf einer Matratze mit Bettzeug, das die Ordentlichen unter uns tagsüber mit einer groben Berberdecke in Naturfarben oder einem Überwurf aus leichtem indischem Tuch bedeckten, einem Stoff in allen Rotschattierungen von Dunkelviolett bis Hellorange, in den wir Mädchen uns auch an heißen Sommertagen hüllten. Vor der Matratze lag der immer leicht verfilzte Staubfänger-Flokatiteppich. Als Tisch für den gemütlichen Teil des Lebens dienten Obstkisten, über die man eine Spanholzplatte legte, angestrichen und lackiert in den Modefarben Orange, Braun, Petrol oder Senf.

Die Obstkisten, die einst Orangen aus Jaffa bargen, gaben diesem studentischen Wohnstil den Namen: Jaffa-Möbel-Kultur. Dazu gehörte unbedingt ein großer Schreibtisch. Wer Platz genug hatte, nahm eine Tür und legte sie quer über jene Böcke, wie sie Maler unter ihren Tapeziertischen verwenden. Das sah eindrucksvoll nach Arbeit aus, vor allem, wenn sich darauf Bücher und Papiere türmten, politische Flugblätter und Pamphlete vom Marxistischen Studentenbund (MSB) Spartakus, vom Kommunistischen Bund Westdeutschland (KBW) oder vom Sozialdemokratischen Hochschulbund (SHB), viele Ausgaben *Kursbuch, Konkret* und *Pardon,* dazu die *Mao-Bibel* und die üblichen Wälzer von Marx/Engels, Herbert Marcuse, Max Horkheimer, Ernst Bloch, Norbert Elias, Robert Jungk, Erich Fromm, *Die Zweierbeziehung* von Jürg Willi, *Die offene Ehe* vom Ehepaar O'Neill und *Summerhill* von Alexander S. Neill.

Der Rest der Möbel – Sessel, Sofas, Stühle, Schränke –: vom Sperrmüll. Oder vom elterlichen Speicher, noch besser vom großelterlichen. Ein Vorkriegsküchenschrank mit Aufsatz in gelbweißem oder hellblauem Schleiflack machte sich toll in einer WG-Küche. Oder ein fadenscheinig gewordener Ohrensessel vom Großvater im Flur neben dem Telefon – wer so etwas in den gemeinsamen Haushalt «einbrachte», hatte Pluspunkte.

Die Zimmer wurden farbig gestrichen, eine Wand meist anders als die übrigen drei, und mit Plakaten geschmückt. Bei den Kunstsinnigen hingen Drucke: Magrittes Eisenbahn im Kamin, Picassos Friedenstaube, Geometrisches von Paul Klee oder Morbides von Max Ernst, alternativ auch Modern-Psychedelisches in Pink und Orange; von einer etwas ausgefalleneren Vorliebe zeugten Jugendstilmotive: Beardsleys Dame mit dem Pfauenmantel zum Beispiel. Musikfans pinnten sich Porträts der toten Ikonen Jimi Hendrix oder Janis Joplin an die Wand, bei Naturwissenschaftlern und Pazifisten war Einstein beliebt, und zwar der mit der herausgestreckten Zunge, bei den Linken grüßten Marx/Engels/Lenin im Profil oder Lenin allein mit Schiebermütze und erhobener Faust, Che Guevara als Siebdruck oder der dicke Mao Tsetung mit Buddhalächeln, je nach politischer Präferenz. Bei den Engagierten fand man garantiert eins der berühmten Plakate von Klaus Staeck: «Deutsche Arbeiter! Die SPD will Euch Eure Villen im Tessin wegnehmen!» oder auch «Würden Sie dieser Frau ein Zimmer vermieten?» als Schriftzug auf dem Bild von Dürers Mutter. Bei den Romantikern schließlich blickte eine schöne schwarze Frau sehnsüchtig gen Himmel, zu den Worten von Martin Luther King, die in großen Lettern über ihr offenbarten: «I HAVE A DREAM.»

Wichtig waren außerdem: leere bauchige Zwei-Liter-Rotweinflaschen mit Bastmäntelchen, auf denen viele abgebrannte Kerzen noch mehr Wachstränen vergossen hatten, Räucherstäbchen für den Abend zu zweit und, abgesehen von den Büchern, natürlich die Plattensammlung, deren Zusammensetzung darüber Auskunft gab, mit wem man es zu tun hatte. Pink Floyd war unerlässlich, die Stones, die Doors, Santana durften nicht fehlen, Elvis war nach seinem Tod wieder O.K., Mikis Theodorakis ein Muss. Die Stereoanlage war oft das Einzige, was richtig Geld gekostet hatte und als Statussymbol akzeptiert wurde. Alles andere musste mit geringsten Mitteln ein Maximum an Wohnlichkeit erzeugen oder was wir damals dafür hielten. Frei von Konsumzwängen wollten wir sein. Antibürgerlich. Das Gegenteil von spießig.

Obwohl fast alle Studentenbuden ähnlich aussahen, obwohl wir alle unabhängig vom Geschlecht die Haare lang trugen, in den gleichen dunkelblauen oder olivfarbenen Parkas herumliefen und uns in die gleichen engen Jeans zwängten – ich habe mich nach dem Vorbild einer Freundin mal selber in eine hineingenäht und kam nur unter größten Mühen wieder heraus, andere legten sich mit ihnen in die Badewanne –, kamen wir uns unerhört individuell vor. Dass wir in Wahrheit eher uniform aussahen, wurde uns nicht recht bewusst, weil wir uns weniger untereinander als vielmehr von unseren Vätern und Müttern unterscheiden wollten. Und das taten wir. Das war Teil jener normalen Emanzipation von den Eltern, die jede Generation vollzieht und die «Abnabelung» genannt wird.

Der Gemütlichkeit von Nierentisch und pastellfarbenen Tütenlampen, die unsere behütete Kindheit in warme, gelbe Lichtkegel getaucht hatten, setzten wir unsere Obstkisten- und Backsteinregale entgegen. Die elterliche Sesselgruppe im Halbkreis um den Fernseher, der wie ein Hausaltar in der Ecke thronte, erschien uns genauso spießig wie der Gummibaum und die Stores an den Fenstern. Wir hatten nichts zu verbergen und brauchten daher keine Vorhänge. Gardinen zur Abschirmung der Innenwelt vor fremden Blicken von außen waren uns verhasst. Die Tulpenvase auf dem Esstisch, die Anrichte, auch Vertiko, Buffet (oder wie bei uns eingedeutscht *Büfett*) und nur bei Avantgardisten schon Sideboard genannt und mit Porzellanfiguren, Kerzenleuchtern oder Fotos im Silberrahmen bestückt, das kostbare Sonntagsservice oder Zinnteller hinter den Glastüren der Geschirrschränke – all diese Versatzstücke bürgerlichen Wohnens waren für uns unmöglich geworden.

Der Bruch zwischen dem Wohn- und Lebensstil unserer Eltern und dem unseren war größer, als er normalerweise zwischen den Generationen ist, denn dahinter verbarg sich mehr als die übliche Abnabelung. Wäre es nur darum gegangen, hätte ich meine Miniröcke getrost noch ein paar Jahre länger tragen können. Ich trennte mich ungern von ihnen, trug sie noch im ersten Semester, bis ein Kommilitone hörbar fragte, wer denn «das nette anachronistische Mädchen» sei …

Da beschränkte auch ich mich auf Jeans und Parka. Unisex war angesagt, äußerlich langweilig, unansehnlich, aber doch aufregend, denn was da allmählich die gesamte Mode eroberte, war vor allem ein Zeichen der sich anbahnenden Befreiung aus alten Rollen und Mustern. Männer und Frauen sind gleich; männliche und weibliche Rollen und Verhaltensmuster sind gesellschaftlich konstruiert, Konvention – und darum für uns nicht mehr gültig. Hier, in dieser neuen Sicht auf das Geschlechterverhältnis, lag der eigentliche Bruch mit unseren Eltern, was sie zunächst nicht sahen. Sie sahen nur, dass sich Männer und Frauen äußerlich immer mehr anglichen. Oft waren sie von hinten kaum noch zu unterscheiden. Für uns war das mehr als eine Äußerlichkeit: Wir wollten nicht mehr auf unsere Körper reduziert werden, nicht mehr das ewig lockende Weibchen spielen, nicht mehr sexy sein – was uns eben noch, in der Pubertät, so erstrebenswert schien. Der Unisex-Look war der einfachste Weg aus der Barbiepuppen-Falle, aber es ging natürlich um viel mehr, um Ebenbürtigkeit mit den Männern. Würde, Selbstbewusstsein und dieselben Rechte im Leben waren nun unser Ziel.

Wie ehrgeizig dieses Ziel war, in wie weiter Ferne es lag, wie viele Jahre und Jahrzehnte Kampf es kosten würde, wie sehr und wie oft wir uns dabei noch selbst im Wege stehen würden, wie tief sich patriarchales Denken in die Köpfe eingegraben hatte, auch in unsere, und wie unendlich schwierig es vor allem für die Männer (bis heute) sein würde, neue Rollen- und Verhaltensmuster zu finden – von alldem ahnten wir kaum etwas. Wir fingen einfach irgendwie an, und wir begannen mit der ersten Änderung dort, wo es am leichtesten war: bei der Kleidung, mit Äußerlichkeiten. So wurden Jeans, Boots und Parka die Uniform einer kämpfenden Generation.

«Was für eine schrecklich unerotische Zeit», sagten meine Eltern, «da muss es einem doch vergehen, wenn die Kerle so aussehen.» Der kleine Unterschied zwischen den Geschlechtern, bei dem bürgerliche Menschen damals noch nicht an das Buch von Alice Schwarzer dachten, sei schließlich – «vive la différence!» – das Salz in der Suppe, eine Sichtweise, der sich auch meine Freundinnen und ich nicht ganz verschließen konnten. Denn mit der «différence» zwischen den Geschlechtern entschwand manch andere Sitte, deren Notwendigkeit – «Formen sind das Schmieröl der Gesellschaft!» – uns viele Jahre lang eingehämmert worden war.

So bedauerten meine Freundin Jutta und ich beispielsweise durchaus, dass uns auf den Partys, die nun Feten hießen, niemand mehr vorgestellt wurde. Wenn man später ins Gespräch kam, wurde man nach seinem Vornamen gefragt, das musste genügen. Und dass einen keiner mehr zum Tanzen aufforderte, bewahrte uns Mädchen zwar davor, erst warten und dann womöglich mit einem Deppen auf die Tanzfläche zu müssen, enthielt uns gleichzeitig aber auch die kleine hübsche Spannung vor, mit der wir früher, in Tanzstundenzeiten, auf die Bewerber gelauert hatten.

Mit den alten Formen ist manches über Bord gegangen, was wir als so übel nicht empfunden hatten. Und wenn mir heute wieder mal einer jener jüngeren Herren im Businessanzug in Flugzeug oder Bahn weder ein angedeutetes Nicken zukommen lässt, bevor er sich in den Sitz neben mir fallen lässt, noch hilft, meinen Koffer aus dem Gepäckfach zu wuchten, und wenn mir dieselbe Sorte Mann am Ausgang die Tür auf die Nase knallen lässt, dann verfluche ich manchmal 68 & Co und was sie bei denen angerichtet haben, die von ihren guten Ideen nicht mal einen Bruchteil mitbekommen haben.

Offenbar hat alles seinen Preis, und offenbar ist ein gewisser Verlust an Formen, Manieren, Höflichkeit und gutem Benehmen der Preis für unsere Emanzipation, zumindest war er es in den zurückliegenden Jahren, obwohl es mir nicht einleuchtet, warum man nicht beides zusammen – gute Formen *und* die Emanzipation – haben kann. Wie wollte ein Mann überhaupt begründen, einer gleichgestellten, ebenbürtigen Frau mit geringerer Höflichkeit zu begegnen als einer nachrangigen oder abhängigen? Nach dem Motto: Wer Geld verdient und Entscheidungen trifft, muss sich die Tür selber aufmachen und den Mantel allein ausziehen? Die Logik wäre seltsam. Übrigens, nebenbei bemerkt: Ich helfe selbstverständlich auch einem Mann aus dem Mantel, falls es sich gerade anbietet. Und die Tür hält man, wenn man kein Stiesel ist, auch als Frau jedem Nachfolgenden auf. Aber vielleicht kriegen wir es ja noch hin, der Kampf ist längst nicht ausgestanden, selbst wenn junge Frauen und Männer heute meinen, die Sache sei nicht mehr der Rede wert und Feministinnen seien inzwischen so überflüssig wie Pferdekutschen im Straßenverkehr.

Wem die Abnabelung nicht weit genug ging, der strebte ins Ausland. Als ich nach einem Jahr Studienaufenthalt in den USA und einer ausgedehnten Rundreise durch Südamerika wieder in mein Konstanzer Universitätsstädtchen zurückkehrte, fühlte ich mich emanzipiert. Erwachsen sowieso.

War ich es? Und: War es eigentlich eine schöne Zeit, die Studienzeit? Manchmal neige ich, wie alle Menschen, rückblickend dazu, sie zu verklären. Aber wenn ich versuche, mich genau zu erinnern, muss ich zugeben, dass ich viele zwiespältige Erfahrungen gemacht habe und dass ich diese Zeit im Grunde genommen kein zweites Mal erleben möchte. Die Uniformität im Äußeren wie im Denken, vor allem aber das autoritäre Gehabe der «antiautoritären» linken Männer überall in den Vorlesungen und Seminaren, in den Kneipen und Wohngemeinschaften, die latente Aggressivität, die einem entgegenschlug, wenn man sich nicht anpasste oder unzeitgemäße Anschauungen vertrat – das alles gefiel mir nicht, widerstrebte meinem Wesen. So stand ich, wie mir oft schien, eher am Rand als mittendrin, und manchmal fühlte ich mich sehr einsam in jenen Jahren.

Doch prägend waren sie für mich wie für alle meiner Generation und für die weitere Entwicklung nötig und wichtig, denn wir wurden nicht nur zum Nachdenken herausgefordert, sondern auch gezwungen, unseren eigenen Standpunkt zu finden. Deshalb möchte ich diese Zeit nicht missen. Nicht zuletzt wegen der Erfahrungen, die ich im Zusammenleben mit anderen in der Wohngemeinschaft gemacht habe. Die WG, damals schon ein nicht mehr ganz brandneues Kürzel für das zwanglose Zusammenleben junger Menschen unterschiedlichen Geschlechts unter einem Dach, war die Fortsetzung der Erziehung mit anderen Mitteln.

Die Achtundsechziger hatten damit angefangen. Sie

wollten das Gegenmodell zur bürgerlichen, spießigen, autoritären Familie erproben. Neue, bessere Familien aus freien Individuen, die aus freiem Entschluss zusammenlebten, sollten ihre Kinder besser erziehen und so eine neue, bessere Gesellschaft verwirklichen. So wurde die WG zum Normalfall der studentischen Lebensform, für uns bereits eine Selbstverständlichkeit, für unsere Eltern etwas immer noch Fragwürdiges, für die Großeltern etwas Skandalöses, aber eines hatten alle miteinander übersehen, auch wir: Fern von der elterlichen Kuratel, wähnten wir uns frei und erwachsen. Wir glaubten, keine Erziehung und keine Erziehungsberechtigten mehr zu brauchen. Dabei erzogen wir einander gegenseitig. Oder versuchten es zumindest.

Als ich 1973 anfing zu studieren, war ich erst einmal in eine sogenannte Bude gezogen. Da rückte mir der Vermieter auf die Pelle. Also Umzug ins Studentenwohnheim, danach erste gemeinsame Wohnerfahrung mit einer Freundin, die jäh endete, weil diesmal die Vermieter, die unter uns wohnten, weder den «Lärm» unseres Plattenspielers noch abendlichen Herrenbesuch duldeten. Ich ging ins Ausland. Nach meiner Rückkehr aus den USA aber, 1975, musste alles ganz schnell gehen. Das Semester begann, und ich bezog ein WG-Zimmer in der Konstanzer Altstadt.

In dieser WG bündelte sich wie in einem Brennglas jene Zeit Mitte der Siebziger, ihre Stimmungen, ihre politischen Glaubenssätze und die Typen, die sie hervorbrachte. Denn meine WG war so individuell und so typisch zugleich wie nur möglich. Deshalb soll hier von ihr die Rede sein.

Ich beginne mit jener Nacht, in der ich gegen ein Uhr morgens nach Hause kam und gleich wusste, was los war: Die Kälte des alten Hauses umfing mich, ich war todmüde, aber jetzt musste ich in den dunklen Keller hinunter, denn ein Blick auf die Ofendienstliste belehrte mich darüber, dass ich, bevor ich die Wohnung als Letzte verließ, hätte Kohlen nachlegen müssen: Ich hatte den Ofen ausgehen lassen, deshalb sollte ich besser dafür sorgen, dass die Bude wieder warm wurde, bevor die anderen aus ihren diversen Kneipen zurückkehrten.

Ich griff mir also eine Zeitung, den Kellerschlüssel und stieg hinunter in den alten, kalten Kohlenkeller mit der Funzel an der Decke und den Spinnweben in allen Ecken. Eine langwierige Prozedur stand mir bevor: Die Asche musste herausgeholt, Papier zusammengeknüllt und so gestopft werden, dass es Luft zum Brennen hatte, dann kam das Holz dazu, nicht viel, kleine dünne Scheite, sie mussten nur den ersten Flammen genug Nahrung bieten, damit die Kohlen, die man in geringer Menge dazulegte, Zeit hatten, Feuer zu fangen. Um schließlich die Glut so zu schüren, dass sie nicht gleich wieder erlosch, mussten nun Kohlen in kurzer Folge nachgefüttert werden, Schaufel um Schaufel, ohne dabei das Feuer zu ersticken – manchmal dauerte es Stunden, bis man den Ofen wieder im Griff hatte.

Ich setzte mich auf das ausrangierte Sofa mit der abgewetzten Samthaut, das frühere Bewohner in den Keller entsorgt hatten, so, dass ich das Feuer im Blick hatte, und sinnierte darüber, woher ich kam und wohin ich ging und wie sich die zweite Hälfte meines Studentenlebens bisher anließ.

Ich wohnte nun im Hochparterre eines alten Hauses von vor der Jahrhundertwende, die WG hatte ihr schönstes Zimmer auf dem Schwarzen Brett angeboten, also hatte ich mich aufgemacht zu einem Antrittsbesuch. Dass ich keinen von ihnen kannte, schreckte mich nicht – neue Leute kennenzulernen, war ich gewohnt nach meinem Jahr in der Neuen Welt. Und dass die WG als «linkes Nest» berühmt-berüchtigt war, machte mir ebenfalls nichts aus, denn nach einem Jahr unter mehr oder weniger ahnungslosen, entweder konservativ-biederen oder gänzlich unpolitischen Collegestudenten in den USA hatte ich einen gewissen Nachholbedarf an Streit und Auseinandersetzung. In Amerika hatte ich indessen gelernt, dass man mit Offenheit und Neugier am leichtesten Sympathien gewinnt. Und so wollte ich den zukünftigen Mitbewohnern begegnen.

Sie residierten in einer Altbauwohnung direkt am Rhein, und von dem frei gewordenen Eckzimmer aus blickte man auf einen komischen Heiligen, der sich grau und steinern auf der Balustrade vor dem Fluss in die Höhe reckte. Da wollte ich wohnen, am Rhein, meinem Fluss von jeher. Nun saß ich aber erst mal in der Küche, die aussah wie alle Küchen in allen WGs zu dieser Zeit, mit aufgehängten Henkeltassen unterm Holzboard und verklebten Gewürzen darauf, hielt meinen Kaffeebecher fest und blickte erwartungsfroh in die Gesichter um mich herum, drei Männer und eine Frau, und ich wusste, das WG-Leben würde nicht ganz einfach werden.

Birgit, die etwas älter war als ich, wohnte im Zimmer nebenan. Sie studierte Psychologie und Philosophie, hatte raspelkurze Henna-Haare, kaute Fingernägel und wusch täglich ihre Kleidung, auch den Pullover, der dann auf Handtücher gebettet den gesamten Platz auf der Waschmaschine im Bad einnahm, weshalb diverse Necessaires und Rasierutensilien auf den Fußboden wanderten.

In den ersten Wochen musterte mich Birgit ziemlich kritisch. Als sogenannte undogmatische Linke und aktive Feministin engagierte sie sich stark in ihrer Frauengruppe. Dort besprach man, nein, «frau», wie sie konsequent sagte, Beziehungsprobleme, analysierte die Machtstrukturen zwischen den Geschlechtern und beriet sich darüber, wie frau sich unabhängiger machen könne von den Typen. Da sie sich gerade von ihrem Freund getrennt hatte, war ihr die Frauengruppe zur Aufarbeitung der gescheiterten Beziehung wichtiger denn je. Außerdem interessierte sie sich für weibliche Selbstheilungsmethoden bei Pilzinfektionen unter Zuhilfenahme von Quark oder Joghurt, lehnte Tampons als künstlichen Eingriff in den natürlichen Fluss des Blutes ab, und nachdem sie den Aluminiumstreifen mit den eingeschweißten Monatspillen in meinem Zahnputzglas entdeckt hatte, bat sie mich zu einer Aufklärungsstunde bei Kräutertee in die Küche. Ob ich mir nicht bewusst sei, was ich mir antue mit der hormonellen Bombardierung meiner Eierstöcke, fragte sie vorwurfsvoll; dass ich mir – langfristig! – die Gesundheit ruiniere und doch schließlich wissen könne, dass die Pharmaindustrie eine Männermafia sei, der Profit bekanntermaßen über Frauengesundheit gehe, und dass ich mich mit der Pillenfresserei nicht zuletzt als willfähriges Sexualobjekt für Männer erweise, die sich bei mir also um nichts zu kümmern brauchten.

Sexualobjekt sei ich aber nicht, widersprach ich, noch nie gewesen! «Wenn schon, dann Sexualsubjekt, bitte schön: Ich pflege selbst zu entscheiden, wann und mit wem ...» Und was die Pille angehe, so sei ich als Arzttochter ... Weiter kam ich allerdings nicht. «Ach so, dann ist ja alles klar», sagte sie spöttisch und ein bisschen mitleidig, das habe sie sich schon gedacht, dass es mir schwerfalle, mich von meiner bürgerlichen Prägung und den damit verbundenen Gewissheiten freizumachen, dem naiven Glauben an Forschung und Wissenschaft und Fortschritt.

«Aber verdanken nicht gerade wir Frauen der Pille unsere Freiheit?», fragte ich: «Wir müssen keine Angst mehr haben, ist das denn nichts? Wenn ich denke, was meine Mutter noch ausstehen musste, nicht nur vor der Ehe, erst recht danach, als sich immer sofort ein Kind einstellte, drei allein mitten im Krieg, und sie nicht wusste, ob ihr Mann zurückkommt …»

«He, wir haben 1976, der Krieg ist schon ein bisschen her, was erzählst du mir denn da für Dönekes?», erwiderte sie spöttisch. «Wir müssen jetzt nicht mehr alles glauben, was Schering uns einredet und es Freiheit nennt, damit wir allzeit bereit sind und die Männer endlich können, wie sie wollen. Du musst mal aufwachen, wir sind ein Stückchen weiter inzwischen, wir Frauen.»

In ihre Frauengruppe lud sie mich nicht ein, ich war für sie keine Feministin, auch wenn ich *Emma* abonniert hatte und *Häutungen* von Verena Stephan las. Feministinnen trugen ihre Haare nicht mehr lang wie ich und malten sich im Gegensatz zu mir auch nicht an.

Jeden Morgen maß Birgit ihre Temperatur, so lernte frau ihren Körper kennen, wusste, wann ihr Eisprung war, und konnte Vorsorge der unbedenklichen Art treffen. Es gab noch andere natürliche Methoden, mit dem eigenen Zyklus vertraut zu werden, so natürlich, dass man nicht mal ein Fieberthermometer brauchte, nur die Finger und einen Spiegel, um zu erkennen, wann frau fruchtbar war und wann nicht: «Die männerdominierte Gynäkologie kann mir gestohlen bleiben!» Das ging mir aber nun wirklich zu weit, so natürlich wollte ich es nicht haben, ich tat ja auch Süßstoff in meinen Tee und benutzte ein Deo, und damit war klar, dass ich ein hoffnungsloser Fall blieb.

Birgit liebte es, die Wohngemeinschaft ab und zu mit neuen Ideen aufzumischen, über die dann stundenlang diskutiert werden musste. Eine davon verfocht sie desto hartnäckiger, je mehr Ablehnung ihr von uns entgegenschlug: Alle sollten ihre Türen aushängen. Das war ihr Lieblingsprojekt. Geheimnisse seien pubertär, Privatheit müsse als ein überkommenes bürgerliches Ideal betrachtet werden, die neue Zeit erfordere einen anderen Umgang mit uns und unserem Leben, wir sollten unsere Verklemmtheit ablegen und unser Leben offen führen – das war ihr Ziel, ihre spezielle Interpretation der Botschaft, dass das Private politisch sei.

Natürlich gab es oft Streit in der WG, und wenn ich bei den hitzigen Diskussionen am Küchentisch zu vermitteln versuchte, warf Birgit mir vor, dass ich die Widersprüche nicht aushalten könne. War ihr Maß an Widerspruch von andrer Seite jedoch voll, zog sie sich in ihr Zimmer zurück und ließ sich ein paar Tage nicht mehr blicken.

Da ich einer streitbaren und diskussionsfreudigen Familie entstamme, fand ich unsere Auseinandersetzungen zwar grundsätzlich akzeptabel, aber manchmal wurde es mir einfach zu viel, mich für alles rechtfertigen zu müssen, für die Männer, die ich küsste, die Filme, die mich beeindruckten, und die Bücher, die ich las: «Wie, du hast nur Literatur des 19. Jahrhunderts belegt – plus ‹Geniekult im Sturm und Drang› –, und das als politischer Mensch und Feministin? In welcher Zeit lebst du eigentlich?», hieß es dann. Oder: «Was, du fährst Weihnachten noch nach Hause, zu Christstollen und Tannenbaum? Wohl nicht abgenabelt von Mami und Papi, unsere Petra.» Wer auf sich hielt, lehnte Weihnachten ab – als hohl gewordene bürgerliche Tradition, als Mischung aus Sentimentalität und Konsumrausch – und verbrachte den Heiligabend in der Stammkneipe, beim Spanier.

Birgit war die entschieden Unkonventionellste von uns allen. Wochenlang tat sie nichts im Haushalt, und wenn man ihr das vorhielt, fragte sie mit ironischem Tonfall zurück: «Sind denn die Frauen mal wieder für Ordnung und Sauberkeit zuständig? Ihr Jungs seid doch schon groß, das könnt ihr doch schon selber.» Dann aber, wenn zumindest einer der Jungs, nämlich Olaf, bereits zweimal tätig geworden war, wenn wir alle trotzig abwarteten, was passieren würde, und sich schließlich das Geschirr in den Himmel stapelte, krempelte Birgit plötzlich die Ärmel hoch, wusch alles ab, räumte auf, putzte und kochte anschließend sogar noch für uns alle. Da fanden wir sie dann direkt liebenswert. Kam aber nur zweimal im Jahr vor. Sonst ging sie den Männern mit ihrer Frauengruppe auf die Nerven. Allerdings ging ich den Männern ebenfalls auf die Nerven, weil ich den Haushalt immer organisieren und durchplanen und meine bürgerlichen Vorstellungen von Ordnung nicht ablegen wollte.

Die nämlich waren verpönt. Dienstpläne waren für Spießer. Bei uns galt die Devise: Jeder sieht, was zu tun ist, und tut es – wenn er denn gerade Zeit hat. Leider hatten wir alle wenig Zeit, und manche gar keine. Nur wo es sich absolut nicht vermeiden ließ, zum Beispiel für die Kohlenheizung im Keller, musste ein Plan her. Und neben dem Telefon lag ein Buch, in dem man notieren sollte, wie viele Einheiten man vertelefoniert hatte. Olaf kümmerte sich am Monatsende um die Abrechnung und bekam jedes Mal einen Tobsuchtsanfall, wenn sich herausstellte, dass wieder dreißig bis vierzig Einheiten nicht aufgeschrieben worden waren.

Die Männer bei uns fühlten sich als die politischen Köpfe; Olaf stand den Maoisten nahe, studierte Politologie und Geschichte und schrieb gerade eine Magisterarbeit über die deutsche Arbeiterbewegung. Morgens las er den politischen Teil der *FAZ* im Bett, weil die am besten und objektivsten über China berichtete, wie er sagte, und wenn seine Freundin da war, bekam sie das Feuilleton. Lieber sah er es, wenn sie schon mal in die Küche ging und Kaffee machte.

Heiner studierte Jura, gehörte zum MSB Spartakus und sympathisierte mit der DKP. Da ich sowohl die DDR als auch die Sowjetunion von Reisen kannte – ein Teil meiner Familie lebte in Sachsen, ich studierte Russisch und hatte schon in den ersten beiden Studienjahren Sprachaufenthalte in Moskau, Leningrad und Wolgograd absolviert –, konnte ich mit ihm streiten. Und er verteidigte kunstvoll, was ich beklagte: Mauer, Überwachung und Zensur als Schutz der Gesellschaft vor ihren Feinden, Schutz nicht zuletzt für jene, die den imperialistischen Einflüsterungen des Westens zu erliegen drohten und ihrem besseren Land den Rücken kehren wollten. Der Weltkapitalismus war auch für den Mangel in den Geschäften verantwortlich, er strangulierte die Wirtschaft im Osten, und überhaupt stünden hier die Kinderkrankheiten eines Systems zur Debatte, das seine Chance erst noch bekommen musste – der Sozialismus war ja nicht das Ziel an sich, sondern lediglich der Übergang zum Kommunismus, dem erstrebenswerten idealen Endzustand der Gesellschaft.

In diesen Diskussionen begriff ich vor allem eines: dass sich mit Sprache alles machen lässt, wenn man sich nur die Deutungshoheit anmaßt. Offensichtliches Unrecht, grobe Mängel, eindeutige Missstände kann man so interpretieren und darstellen, dass der Moralist und Ankläger plötzlich als politischer Ignorant dasteht. Dass und wie mit Sprache Macht ausgeübt werden kann – «Wie, du hast das *Kapital* nicht gelesen?» –, lernte ich weder in der Literatur noch in der Literaturwissenschaft, sondern in meiner WG, in den Vollversammlungen des Asta, in den Kneipen und an den Uni-Büchertischen.

Die Grundsatzdiskussion mit Heiner wiederholte sich glücklicherweise nicht allzu oft, denn Heiner selbst hatte keinerlei Interesse, sich mit einem in seinen Augen abgedrifteten Maoisten, einer nur beschränkt ernstzunehmenden politischen Romantikerin (mir) und einer Hardcore-Feministin herumzuschlagen, die ihn, mit meiner Unterstützung, ständig auf die Pseudoemanzipation der Frauen in den Ostblockländern hinwies, die zwar Presslufthämmer betätigen, nicht aber im Zentralkomitee am Tisch der Mächtigen sitzen durften, weil sie ja nach der Arbeit noch den Haushalt zu erledigen hatten.

Mit Olaf habe ich mich zunächst am wenigsten vertragen. Ich hasste es, wenn er spät nach Hause kam und dann die Stereoanlage aufdrehte, obwohl er wusste, dass ich den nächtlichen Ofendienst schon versehen hatte – wir unterschrieben immer, dass wir Kohlen nachgelegt hatten, so viel Ordnung musste sein bei uns Anarchisten – und längst im Bett lag und schlief. Olaf kam selten allein; wenn seine Freundin dabei war, gab er meistens schnell Ruhe, manchmal aber brachte er Leute zum Feiern mit. Einmal ging es besonders wüst zu, es war zwei Uhr morgens, ich hatte ein Seminar um neun und kochte vor Wut. Ich beschloss, die Party zu sprengen. Stand auf und lief schnurstracks zu Olafs Zimmer am anderen Ende des langen Flurs neben der Küche. So, wie ich war, im geringelten Baumwoll-Nachthemd. Leider hatte mein Auftritt nicht den von mir gewünschten Effekt: Alle waren bester Laune und freuten sich außerordentlich, mich in meinem bizarren Aufzug zu sehen; selten in meinem Leben bin ich weniger ernst genommen worden. Olafs juveniler Geschichtsprofessor setzte sofort sein breitestes Grinsen auf, ergriff meine Hand und zog mich zu der Historikergruppe um sich herum. Olaf rief: «Mensch, Petra, jetzt sei mal locker und komm her, hier ist ein Wein für dich», und eh' ich mich's versah, tanzte ich zu *Summer in the City* von Lovin' Spoonful und amüsierte mich doch noch ziemlich gut.

Von da an lief es besser mit uns. Eigentlich fand ich Olaf sogar sehr nett mit seinen langen dunklen Jesuslocken, die ihm bis auf die Schultern fielen, und seinem braunen Vollbart. Er kaufte gern ein, und da ihm Essen wichtig war, kaufte er bessere Sachen als wir anderen. Zum Beispiel frischen Fleischsalat vom Metzger. Darauf freute sich Olaf dann den ganzen Tag. Wenn er später den Kühlschrank öffnete und nur noch einen kleinen Rest davon vorfand, war der Abend gelaufen.

Ich aß keinen Fleischsalat, aus Angst vor den Mayonnaise-Kalorien, sondern bevorzugte fettarmen Gummi-Edamer, den niemand wollte außer mir, verstand aber gut, dass Olaf wütend wurde.

Den Fleischsalat aß regelmäßig der dritte Mann in unserer WG auf: Michael. Er aß überhaupt viel, kaufte jedoch selten ein und spülte nie. Michael studierte Germanistik und Geschichte im vierzehnten Semester, und ein Ende war nicht abzusehen. Er war freischwebend links und viel zu undiszipliniert, um sich mit irgendeiner Theorie näher zu befassen. Auch Lesen war nicht seine Sache, obwohl er Literatur studierte, er las Bücher stets nur an und benutzte für Seminararbeiten Zusammenfassungen und Literaturlexika. Oder schrieb Seminararbeiten von anderen ein wenig um. Das hinderte ihn allerdings nicht daran, mit Inbrunst über die Texte zu diskutieren. Ich glaube, ich sah Michael («Bin halt ein oraler Typ») immer nur sitzen, reden, essen und trinken oder sitzen, reden, trinken und rauchen. Entweder in unserer Küche oder in der Kneipe. Und wenn er in der Uni war, traf man ihn in der Cafeteria, weil es in der Bibliothek aus irgendeinem Grund nicht auszuhalten gewesen war.

Beim Abendessen in der Küche benahm sich Michael so, dass alle anderen wie gebannt auf seinen Teller starrten, und das amüsierte ihn. Er pflegte sich nämlich nicht eine Scheibe Brot zu nehmen, sondern deren fünf. Die stapelte er so aufeinander, dass sie völlig deckungsgleich wurden. Dann zog er Margarine, Wurst und Käse mit großer Geste zu sich heran und begann, mit affenartiger Geschwindigkeit die fünf Brote eins nach dem anderen zu schmieren, zu belegen und zu verzehren, kaum dass er seine Suada dabei je unterbrach. Anschließend kam sofort die Kippe in den Mund.

Da die Wölbung seines Bauches immer stattlicher wurde und die vielen Gutedel-Viertele sein Gesicht mit dem rotblonden Bart noch roter färbten, nahm Michael sich plötzlich drei Dinge vor, die einen ganzen Mann erforderten: Er wollte abnehmen, das Rauchen aufgeben und Sport treiben – alles gleichzeitig. Darüber konnte er dann wochenlang reden. Das Abnehmen bewerkstelligte er mit Schorle: Statt sieben Viertel Gutedel trank er jetzt vierzehn Schorlen vom selben Wein, wenn wir zusammen ausgingen. Er rauchte zwei lange Abende nicht, sprach aber von nichts als der riesengroßen Zigarette, die einem Zeppelin gleich über seinem Kopf schwebe und ihm das Leben vergälle. Am dritten Abend siegte der Zeppelin. Dass er Sport trieb, hat keiner je gesehen, angeblich war er schon ein paar Kilometer am See gelaufen, wenn wir ihn im Biergarten entdeckten.

Michael hatte zu allem eine Meinung und große Pläne für sein Leben. Die Promotion war das nächste Ziel nach dem Examen und die beste Möglichkeit, sein Leben genauso weiterzuführen wie bisher. Mit Frauen hatte er wenig Glück, trotzdem beriet er andere gern in Lebens- und Liebesnotlagen, denn sein Erfahrungsschatz aus zweiter Hand war in tausend Kneipenstunden bemerkenswert angewachsen. Vor allem für mich entwickelte er eine Art brüderliche Bevormundung, verpackte seine eifersüchtige Kontrolle meines Liebeslebens geschickt in Ironie und Witz und kommentierte stets, was ich tat und unterließ.

Mein neuer Freund zum Beispiel fand keine Gnade vor ihm. Erstens war er mit sechsunddreißig viel zu alt für mich – «Da kommt dein Daddy wieder», pflegte Michael laut durch die WG zu brüllen, wenn ich abgeholt wurde –, außerdem sah er mit schwarzem Vollbart, schwarzer Hornbrille und schwarzem Rollkragenpullover viel zu gut aus. «Geradezu affig», wie Michael meinte, «macht wohl auf französischer Intellektueller, das gefällt unserer Petra natürlich!» Und zu allem Überfluss fuhr er einen großen Citroën. Mit einem Wort: die ideale Hassfigur für Michael. Aber auch Olaf mokierte sich über diesen Typen, der es mir angetan hatte, beanstandete seinen Was-kostet-die-Welt-Ton, in dem er am Telefon nach mir verlangte, und als mich Olaf (oder war es Michael?) vor einem seiner Besuche dabei erwischte, wie ich heimlich das Klo putzte, war ich fällig. Hohn und Spott wurden über mich ausgegossen: «Sind wir plötzlich ein Putzteufelchen geworden, weil der schicke Lover zu Besuch kommt? Ei der Daus! Muss sich unsere Petra ein bisschen genieren für den Dreckstall, in dem sie haust? Hat es wohl gern sauber, der Spießer, kann dir ja eine Putzfrau spendieren, wenn er so viel Geld hat.»

Ich setzte eine stoische Miene auf, erklärte, es gebe tatsächlich Ästheten im Gegensatz zu ihnen beiden, besprühte mich mit Opium, der neuesten Kreation von Yves St. Laurent, dem Geburtstagsgeschenk meines Freundes, und ging aus, um ihn zu treffen.

Als die Geschichte mit dem Citroënfahrer nach einem halben Jahr vorbei war, lobte Michael meine Klugheit und meinen sicheren Instinkt dafür, was beziehungsweise wer mir gut tue und wer nicht, und versprach, mir ein Viertele zu spendieren oder auch zwei, wenn ich mit ihm zusammen ins «Weinglöckle» ginge.

Einmal aber kam es zum Eklat. Olaf hatte ihn mehrfach darauf hingewiesen, dass er – «Herrgottsack!» – endlich das Geschirr spülen solle, Michael hatte es versprochen, war dann allerdings in die Weinstube enteilt – «Nur auf ein einziges Viertel!» –, hatte Bekannte getroffen und die Zeit vergessen. Nun stand auch der letzte Kaffeebecher schmutzig herum, obwohl wir Berge von Geschirr besaßen – jeder, der irgendwann in dieser Wohnung gelebt hatte, war offenbar ohne seine Sachen weitergezogen. Olaf sah rot. Er, der blasse, besonnene Olaf mit dem Jesusgesicht, sah nicht nur rot, er lief auch so an, öffnete das Küchenfenster und begann, Tasse um Tasse, Teller um Teller, verklebt und eklig, wie sie waren, aus dem Fenster zu werfen. Birgit und ich und der gerade mit leicht geröteten Äuglein weinselig heimgekommene Michael standen in der Tür zur Küche und sahen zu wie vom Donner gerührt. Aber Olaf hörte erst auf, als alles draußen und alles kaputt war. Dann verließ er wortlos die Küche.

«Filmreif», sagte Michael, jetzt müsse er sich erst mal von dem Schreck erholen, steckte sich eine Zigarette in den Mund und lief schnurstracks zurück ins «Weinglöckle». Ich ging zum Fenster und sah hinunter. Ein Berg bunter Scherben türmte sich im Kellereingang unter uns.

Anderntags berief Olaf eine WG-Sitzung ein, forderte von jedem 50 DM und kaufte mit Michael zusammen die gebrauchte Spülmaschine eines Nachbarn.

Das alles und wie mein Leben nach dem Examen weitergehen sollte, bedachte ich, als ich das Feuer in unserem gottverdammten Ofen bewachte. Plötzlich hörte ich Schritte im Keller und erschrak zu Tode. Eine große dunkle Frau näherte sich, nein, es war Olaf, der Langlockige, der inzwischen heimgekommen und die Kellertür angelehnt gefunden hatte. Er hatte sich mit seiner Freundin gestritten und setzte sich zu mir aufs Sofa, um seinen Frust loszuwerden. Und da saßen und erzählten wir noch, als der Ofen längst munter bollerte und für viele Stunden versorgt war. Am Ende küssten wir uns und gingen ins Bett, jeder in seins, denn eines war klar geworden, wir verstanden uns verdammt gut und wollten, dass das so bliebe. Also entschieden wir uns gegen die Liebe in jener Nacht und für die Freundschaft, und sie hat bis zum heutigen Tag gehalten.

5. AUF DER SUCHE NACH SICH SELBST: Die bewegte Frau

Natürlich wehte der Zeitgeist in den Siebzigern links. Dass er auch feministisch geweht habe, kann man nicht behaupten. Dazu waren der wirklich kämpferischen Feministinnen zu wenige und der linken Machos zu viele (von denen übrigens etliche beim späteren Marsch durch die Institutionen gerade dank ihres bis heute gepflegten Machotums Karriere gemacht haben). Die große Mehrheit sowohl der Schüler als auch der Studenten war zu dieser Zeit noch sehr von den alten Strukturen geprägt.

Dennoch: Erst die Achtundsechziger haben die Frauenbewegung ausgelöst. Nicht die patriarchalen Verhältnisse der fünfziger und frühen sechziger Jahre waren es, die die Generation meiner älteren Schwestern politisierten und dazu brachten, endlich ihre eigenen Interessen wahrzunehmen, sondern Studentenrevolte und sexuelle Revolution. Denn erst da, wo ständig von Macht und Ohnmacht, von Solidarität und Verrat, von der Befreiung von moralischen Zwängen und spießbürgerlichen Verklemmungen die Rede war – erst da fiel den Frauen auf, dass die Sache irgendwie an ihnen und *ihren* Wünschen vorbeilief.

Und spätestens da merkten sie, dass sie ihre Emanzipation selbst in die Hand nehmen mussten.

Ich war ja nicht von Anfang an dabei. Wir Fünfziger-Jahre-Mädchen waren ja noch in der Schule, als sich die ersten Frauen öffentlich zu Wort meldeten, und bekamen mit: Der Feminismus wuchs als Seitentrieb aus der Studentenrevolte. Auch Frauen revoltierten, demonstrierten, diskutierten, machten dabei allerdings ein paar auffällige Erfahrungen, zum Beispiel die, dass zwar offiziell alle gleich waren in den sozialistischen und kommunistischen Studentenzirkeln, aber der Kaffee, den die bärtigen Studentenführer in den Pausen zwischen ihren revolutionären Reden tranken, den hatten die Frauen gekocht. Die Texte auf den Flugblättern hatten die Männer diktiert und die Frauen getippt. Wenn in den studentischen Wohngemeinschaften mal jemand kochte, das Geschirr spülte oder die Wohnung putzte, war es mit hoher Wahrscheinlichkeit eine der Frauen. Und das Motto «Wer zweimal mit derselben pennt, gehört schon zum Establishment» entsprach eher wohl stark den Bedürfnissen der Männer, kaum aber denen der Frauen.

Wenn Frauen, denen das auffiel, diese Dinge zur Sprache brachten, interessierte das die Männer wenig bis gar nicht. Sie, die Pläne für die Weltrevolution ausarbeiteten und sich auf den Klassenkampf konzentrierten, konnten sich doch jetzt nicht mit dreckigem Geschirr abgeben und sich mit Putzplänen verzetteln. Den Herren war dieses Frauengezeter zu unpolitisch, zu klein, zu privat und vor allem zu lästig. Und die Frauen fanden sich plötzlich in dieselbe Rolle gedrängt, die ihnen zu Hause bei ihrer Mutter schon auf die Nerven gegangen war: in der dienenden nämlich. Um sie ging es ganz offensichtlich nicht bei der großen Befreiungsaktion von Ausbeutung und Unterdrückung aller Art. «Die Feministinnen und die Linke haben kein gutes Verhältnis. Die korrumpierte männliche Phantasie hat die Diskriminierung der Frauen noch kaum erfasst. Wir Männer sind die Diskriminierung der Frauen gewohnt. Sie ist für uns kein Problem», stellte einer der hellsichtigeren linken Intellektuellen, E. A. Rauter, immerhin schon 1975 in *Konkret* fest. Fünftausend Jahre Patriarchat hatten so tiefe Spuren hinterlassen, dass es illusionär schien, in dieser Generation plötzlich das männlich-weibliche Machtgefälle aufheben zu können. Also setzten sich die Frauen von den Männern ab und machten ihr eigenes Ding, und das wurde dann ein paar Jahre später Feminismus genannt.

Gegenüber den Männern in der Studentenbewegung hatten die Frauen um Alice Schwarzer einen großen Nachteil: Der politische Sprengstoff, der in den Männerfragen «Wem gehören die Produktionsmittel?» und «Wer beutet wen aus?» lag, war für jeden leicht zu erkennen. Mit entsprechender Aufmerksamkeit wurden diese Fragen diskutiert. Dagegen vermag in der Frauenfrage «Wer kocht, wer spült, wer putzt das Klo?» und «Wer kümmert sich um die Kinder?» bis heute ein nicht unerheblicher Prozentsatz der Männer nichts Politisches, sondern nur rein Privates zu erkennen. Mit entsprechender Missachtung wurden solche Fragen in der Öffentlichkeit bedacht. Die Folgen dieser Missachtung besonders der Kinderfrage und der Abwertung der Frauenfragen zum «Gedöns» können wir inzwischen aus der Geburtenstatistik ablesen.

Aber die ersten Feministinnen waren klug und ahnten schon, dass sie mit diesem später von Bundeskanzler Gerhard Schröder sogenannten Gedöns in der öffentlichen Debatte keinen Blumentopf gewinnen können. Deshalb wählten sie ein anderes, von allen als hochpolitisch anerkanntes Thema: die Abtreibung.

Alice Schwarzer datiert daher den Beginn der Neuen Frauenbewegung auf den 6. Juni 1971, als 374 Frauen spektakulär im *Stern* bekannten: «Wir haben abgetrieben und fordern das Recht dazu für jede Frau!» Mit dem Kampf gegen den Paragraphen 218 begann in Deutschland der Feminismus. Da fuhr ein Sturm durch die Republik. In den Familien, in den Schulen – überall wurde darüber diskutiert. Manche Mütter, wie die meine, bewunderten den Mut dieser Frauen, andere, wie meine Großmutter, murmelten ein verächtliches «Geschmacklos», und die Übrigen schäumten geradezu vor Abscheu und Empörung.

Doch das Thema war gesetzt. Der Kampf gegen den Abtreibungsparagraphen 218 wurde zum Schlüsselerlebnis und Ausgangspunkt der neuen Feministinnen, in ihm bündelte sich symbolisch im Grunde alles, was das fundamentale Machtgefälle zwischen Männern und Frauen ausmachte: Es ging um nicht weniger als um selbstbestimmte Mutterschaft und den Kampf gegen ein Strafrecht, das Frauen entmündigte und kriminalisierte; um das Recht auf medizinischen Beistand und gegen die entwürdigende und lebensgefährliche Hilfe im Hinterzimmer von Kurpfuschern und Engelmacherinnen; und vor allem ging es darum, der ständigen Angst der Frauen ein Ende zu bereiten, einer Angst, die viel mehr umfasste als die Furcht vor ungewollter Schwangerschaft: Nach Jahrhunderten der Ächtung und Verstoßung lediger Mütter war sie immer auch Angst vor dem Verlust der bürgerlichen Würde, der persönlichen Freiheit und der «Liebe» des geliebten Mannes, mit der dieser allzu oft die Frau erpresste, das Problem in seinem Sinn zu lösen.

Und nicht zuletzt ging es, was häufig übersehen wurde, um ein Plädoyer für Wunschkinder. Keine der Frauen damals – so denke ich zumindest aus meiner Lebenserfahrung heraus, nach Hunderten von Diskussionen in mehr als drei Jahrzehnten – war nämlich *für* Abtreibung. Auch wenn ihnen das von den Abtreibungsgegnern, die ja in Wahrheit meist Frauengegner waren, böswillig unterstellt wurde. Es ging nur darum, die Strafe abzuschaffen, die erwachsene Frauen zu Verbrecherinnen machte, wenn sie sich gegen eine Schwangerschaft in Not entschieden.

Uns Schülerinnen der frühen siebziger Jahre betraf das alles noch nicht. Doch verfolgten wir gespannt im Fernsehen die ersten Demonstrationen der Frauen mit «Mein-Bauch-gehört-mir»-Schildern, die kaum jemanden unberührt ließen und überall heftige emotionale Reaktionen hervorriefen. Auch wir diskutierten lebhaft darüber. Der Slogan war natürlich mit Absicht hochprovokativ und rief selbst bei denen, die an sich für eine Reform des Abtreibungsparagraphen waren, nicht selten Unbehagen hervor, ignorierte er doch den Fötus im Bauch der Frau, dessen Leben von dem ihren und von ihrer Zustimmung abhing. Und sicherlich hat der unbedingte Anspruch auf Selbstbestimmung etliche, vor allem religiöse Frauen vor den Kopf gestoßen, jedenfalls zwiespältige Gefühle hervorgerufen. Aber offenbar war diese Provokation bitter nötig, um zu markieren, dass es jetzt zum ersten Mal in der Geschichte vorrangig um die Interessen der Frau ging, um ihre Rechte, die schwerer wogen als die einer winzigen Leibesfrucht.

Letzten Endes war der Kampf der Feministinnen erfolgreich: Der Paragraph 218 wurde reformiert, die sozialliberale Koalition führte 1974 zunächst die von den Frauen geforderte Fristenlösung ein, die jedoch von fünf CDU-regierten Ländern schon ein Jahr später zu Fall gebracht wurde. Erst 1976 konnte sich der Bundestag dann nach vielen emotionalen Diskussionen und gegen starken Widerstand von rechts auf die neue Indikationslösung einigen: Abtreibung blieb zwar gesetzlich verboten, aber unter bestimmten Umständen und unter Erfüllung bestimmter Auflagen wie der Beratungspflicht in den ersten drei Monaten wurde sie nicht strafrechtlich geahndet.

Dass die Reform dieses Paragraphen Leben auch ermöglicht, vielleicht häufiger, als wir denken, wird dabei meist übersehen. Dafür ist meine Mainzer Freundin Ute ein überzeugendes Beispiel.

Ute wurde 1984, im Alter von sechsundzwanzig Jahren, trotz Diaphragma plötzlich schwanger, so etwas passiert ja zuweilen. Ihre Beziehung mit einem Musiker ohne Engagement und Geld ging gerade dem Ende entgegen, sie versuchte sich nach dem Examen als freiberufliche Innenarchitektin und bemühte sich mit großem Eifer, aber geringem Erfolg um Klienten, die sich das Haus von ihr gestalten ließen. Sie wollte loslegen, endlich ins Berufsleben starten. Stattdessen die Schwangerschaft! Unmöglich, sagte Ute. Unmöglich, sagte auch der Erzeuger. Unmöglich, sagten Mutter und Freunde. Einen schlechteren Zeitpunkt hätte man sich kaum denken können. Ihr Arzt signalisierte ihr, dass er kein Problem für sie sähe, den Beratungsschein zu erhalten und eine Abtreibung vornehmen zu lassen.

Sie war also ganz ruhig. Und besorgte sich den Schein. Den Termin in der Wiesbadener Abtreibungspraxis bekam sie ebenfalls ohne Probleme, denn es eilte, sie war schon im dritten Monat. Alles lief wie am Schnürchen. Allerdings schreibt das Gesetz eine Woche Bedenkzeit vor. Blieben, nachdem alles organisiert war, noch drei Tage. Zum Ende der Woche, dem Tag vor der Abtreibung, sollte sie ihrem Arzt ihre endgültige Entscheidung mitteilen.

Aber ihr klares Nein vom Anfang der Woche hatte sich in einem Nebel widersprüchlicher Gedanken und Gefühle verflüchtigt. Als sie ein wenig zur Ruhe kam, begann es in ihr zu arbeiten: Was wäre, wenn ich das Kind doch bekäme? Was würde schlimmstenfalls passieren? Warum sollte ich es eigentlich nicht allein schaffen können? Und je mehr alle um sie herum es für aussichtslos hielten, in ihrer Lage ein Kind großzuziehen, desto unsicherer und rebellischer wurde sie. Ihrem Arzt erklärte sie schließlich, sie wisse nicht mehr, was sie tun solle. Das verstehe er, antwortete dieser. Und: Sie sei frei bis zur letzten Sekunde. Sie könne noch vom OP-Stuhl aufstehen und nach Hause gehen.

Eine Nacht zum Grübeln blieb ihr noch.

Am nächsten Morgen eröffnete Ute der verblüfften Freundin, die kam, um ihr bei der Abtreibung beizustehen, sie behalte das Kind. Zwar fuhren sie wie geplant in die Praxis nach Wiesbaden, aber nur, um den Termin abzusagen. Danach gingen sie ins Café, und anschließend kauften sie sich todschicke Stiefel. «Von Sarahs Geburt abgesehen der glücklichste Tag meines Lebens», sagt Ute.

Auch die vergangenen zwanzig Jahre verliefen glücklich. Und in großer Harmonie zwischen Mutter und Tochter. Der Vater lebte woanders, kümmerte sich aber um sein Kind. Er hatte zwar nie Geld, war aber als Vater immer für Sarah da. Nur das erste Jahr sei – vor allem finanziell – schwierig gewesen. Doch dann bekam Tochter Sarah einen sehr guten Krippenplatz und Ute eine Festanstellung. Mit drei besuchte Sarah den Ganztagskindergarten, mit sechs ging sie vormittags in die Schule und am Nachmittag in den Hort. Im Gymnasium stellte sich heraus, dass Sarah hochbegabt war. Und – im Gegensatz zu den anderen Kindern mit Hausfrau-Mutti – ungeheuer selbständig. So verwunderte es die Mutter auch nicht, dass ihre Tochter schon mit sechzehn in die Ferne strebte und bis zu ihrem Abitur eine internationale Schule in Norwegen besuchte. Danach ging sie ein halbes Jahr nach Indien, und jetzt gerade, während ich diese Zeilen schreibe, bereitet sich die Studentin der Geschichte und Politikwissenschaft auf zwei Semester in Istanbul vor.

Nie, nicht eine Sekunde habe sie ihre Entscheidung bereut, sagt Ute. «Und wenn es nun damals nicht den reformierten Paragraphen 218 gegeben hätte?», frage ich sie. «Dann wäre ich in meiner Panik wahrscheinlich sofort nach Holland gefahren und hätte abgetrieben», sagt Ute, «ohne groß nachzudenken.» Denn die Zeit drängte, und niemand hätte eine Woche Bedenkzeit verlangt. Diese Woche und die Tatsache, dass ihr niemand Steine in den Weg gelegt hat – das hat sie frei gemacht für ihr Ja zum Kind.

Auch eine Emanzipationsgeschichte. Und vielleicht eine gar nicht so untypische. Meine Lieblingsgeschichte zum Thema «Paragraph 218».

In den siebziger Jahren, während wir noch zur Schule gingen oder gerade anfingen zu studieren, änderte sich also Entscheidendes in der deutschen Gesellschaft. Lange wurde ein neues Scheidungsrecht diskutiert, mit dem 1977 schließlich das Schuldprinzip zugunsten des Zerrüttungsprinzips abgeschafft wurde. So konnten Frauen, die ihre Ehe lösen wollten, nicht mehr quasi automatisch wegen böswilligen Verlassens der Ehe schuldig gesprochen werden. Auch der Paragraph, der Ehefrauen verboten hatte, gegen den Willen ihres Mannes erwerbstätig zu sein, wurde jetzt reformiert. Ja, erst seit 1977 müssen Frauen ihren Gatten nicht mehr um Erlaubnis fragen, wenn sie Geld verdienen wollen! Bis dahin hatte man befürchtet, die Ehefrau könnte darüber den Haushalt vernachlässigen. Zur Illustration dessen, wie man bis dahin ganz offiziell die Rolle der Frau definierte, sei hier aus einem Bericht der Bundesregierung von 1966 über die Situation der Frau in Beruf, Familie und Gesellschaft zitiert. Darin heißt es unter anderem: «Pflegerin und Trösterin soll die Frau sein; Sinnbild bescheidener Harmonie, Ordnungsfaktor in der einzig verlässlichen Welt des Privaten; Erwerbstätigkeit und gesellschaftliches Engagement sollte die Frau nur eingehen, wenn es die familiären Anforderungen zulassen.»

Eine staatlich sanktionierte Rollenverteilung in der Familie, die bis heute ihre Wirkung entfaltet, wie sich an den berufstätigen Frauen zeigt, die sich nach wie vor als die Hauptverantwortlichen für das Funktionieren des Haushalts und das Gedeihen der Kinder fühlen.

Und noch etwas brannte sich ins allgemeine Bewusstsein ein, sogar wenn man das Ereignis selbst verpasst hatte: 1975 fetzten sich Alice Schwarzer und Esther Vilar, die Autorin des antifeministischen Buchs *Der dressierte Mann,* im Fernsehen. Schwarzer sprang für die Frauen in die Bresche und Vilar für die Männer mit ihrer These, Frauen beuteten Männer aus, seien die eigentlichen Sozialschmarotzer, weil sie auf dem Sofa lägen, während sich die Männer abrackerten. Als die Frauen mehrheitlich für die kämpferische Schwarzer und die Männer für die stets lächelnde Vilar plädierten, da kochten bundesweit die Emotionen hoch in den Familien. Für die Medien war dieser frühe «Hennenkrieg» *(FAZ)* damals ebenso ein gefundenes Fressen wie seine Wiederholung vor ein paar Jahren bei *Kerner,* als Verona Pooth, geb. Feldbusch, die Rolle Vilars einzunehmen versuchte; diesmal allerdings musste Schwarzers Widerpart kein Buch geschrieben haben, ja nicht einmal einen einzigen eigenen Gedanken vorweisen, um in Kerners Talkshow eingeladen zu werden. Das üppige Dekolleté, ein paar flotte einstudierte Sprüche und die geschickte Vermarktung des Ganzen mussten genügen.

Damit waren die Rollen 2001 wieder so ähnlich besetzt wie 1975: hochintelligente, aber aggressive Emanze (Schwarzer) gegen antifeministisches sanftes Weibchen (Vilar) beziehungsweise Sexbombe (Pooth), oder wie die *Bild*-Zeitung titelte: «Brain trifft Body.»

Es war die alte Dichotomie, die auch schon vor hundert oder zweihundert Jahren funktioniert hatte, als man die Dame gegen den Blaustrumpf ausspielte, das verkopfte Unweib gegen *das Weib, wie es seyn sollte* (so der Titel eines Erfolgsromans aus dem Jahre 1795), nämlich «Naturwesen» und «Gebärerin» und damit Gegenstück und Ergänzung des rationalen Mannes und sonst nichts: «Der Mann ist zur Thätigkeit, das Weib zur Ruhe bestimmt. Jener soll Kräfte hervorbringen, diese soll sie empfangen; seine Rolle ist aktiv, die ihrige ist passiv. Der Mann ist der Erzeuger, das Weib ist bloß Gebärerin.» Gelehrtheit, gar wissenschaftliche oder schriftstellerische Neigungen wurden bei Frauen bis weit in das letzte Jahrhundert hinein immer wieder als krankhaft und unnatürlich denunziert.

Ein bisschen was von diesem Denken spukt bis heute

durch männliche Gehirne. Frauen, die darauf verzichten, mit ihren weiblichen Attributen zu punkten und stattdessen mit ihrem Intellekt bestechen, müssen immer noch mit feindseligen Reaktionen rechnen. Denn merke: Nichts hasst der Mann mehr als die «phallische Frau», eine Lehre, die mir nicht nur als Tochter eines bekennenden Freudianers mit auf den Lebensweg gegeben wurde, nein, sie vermittelt sich uns Frauen unbewusst zu allen Zeiten, in denen – im übertragenen Sinn – Hexen verfolgt werden. Alice Schwarzer hat das als öffentliche Galionsfigur der Bewegung sicher oft erfahren. Doch so wie nach dem Fernsehauftritt vor drei Jahrzehnten Vilars Zeit auch schon wieder vorbei war, so ist heute, außer in den Klatschspalten, von Verona Pooth, geb. Feldbusch, nicht mehr die Rede.

Nun feierte allerdings gerade (Ex-)Tagesschau-Sprecherin Eva Herman mit einer antifeministischen Streitschrift und vielen altbackenen Weisheiten von früher Triumphe. Von Interesse war es, wie Kollege Michael Jürgs bei *Kerner* sagte, für «Millionen dummer Männer» und für alle Frauen, die sich grämen, in ihrem Hausfrauenleben nicht genügend Anerkennung zu finden. Aber dieses Interesse ist bald wieder abgeklungen. Denn gerade für die jüngere Generation, die intelligenten, selbstbewussten Mädchen, die ganz was anderes mit ihrem Leben vorhaben, als «dem Mann» das Heim zu verschönern und Apfelkuchen zu backen, sind derartige Thesen «Schrott aus dem letzten Jahrhundert», wie ich von meiner Tochter und ihren Freundinnen weiß. Und überdies finden sie Frauen, die Frauen in den Rücken fallen, kaum interessant.

An die vielen anderen Gegner und Gegnerinnen der Frauenemanzipation erinnert man sich ja ebenfalls nicht mehr, so wie kein Mensch mehr die Namen der großen Frauenhasser von einst (Otto Weininger beispielsweise war ebenso fanatisch wie berühmt zu seiner Zeit) auf der Rolle hat; die Namen der Suffragetten und Vorkämpferinnen der historischen und der neuen Frauenbewegung stehen dagegen im Geschichtsbuch. Die Zeit geht eben über alle hinweg, die sie aufhalten wollen.

So war uns, der ersten nachfolgenden Generation, der Weg also schon bereitet, das Thema Emanzipation lag in der Luft und veränderte die Republik. Doch was machte es mit uns beziehungsweise wir mit ihm? Wie haben wir unsere eigene Emanzipation er- und gelebt, wie haben wir im Alltag umgesetzt, was nun gefordert wurde: herauszutreten aus dem Schatten der Männer, uns selber zu erkennen als eigenständiges Geschlecht, unabhängig und selbstbewusst?

Da erzählt jede von uns ihre eigene Geschichte. Meistens beginnt sie mit der Mutter, die Hausfrau war und vollkommen abhängig von ihrem Ehemann, und dann kommt mit Sicherheit irgendwann der Satz: «Eines wusste ich genau – so wie meine Mutter wollte ich nicht werden!»

Natürlich wollten wir so nicht werden. Das dürfte bis dahin noch jede neue Frauengeneration auf der Welt gedacht haben, wenn sie flügge wurde. Genauso wie sich Söhne von ihren Vätern absetzen wollen – das liegt in der Natur der Generationenfolgen. Aber dass Frauen in der gesamten westlichen Hemisphäre plötzlich sagten: Schluss mit der Bevormundung, Schluss mit der Ungerechtigkeit, Schluss mit der Aufteilung der Welt in Macht und Ohnmacht, in Oben und Unten, in Vernunft und Gefühl, in Aktion und Reaktion, in Dominanz und Unterwerfung – das war historisch ohne Vorbild, das ist mit der Neuen Frauenbewegung in dieser Massivität zum ersten Mal passiert. Wir kämpften bereits nicht mehr wie die Frauen zuvor für einzelne Rechte, zum Beispiel für gleichen Lohn bei gleicher Arbeit – eine der zentralen Forderungen jener Zeit und aktuell bis heute –, wir wollten kurz darauf schon alles: die Hälfte des Himmels und der Erde, und kein bisschen weniger. Das klang gut, und unter diesem Motto konnte jede ihre eigenen Ziele verfolgen.

Zwar hatte ich selbst keine unterdrückte Hausfrau-Mutter, an der ich mich hätte abarbeiten können, und keinen dominanten Unterdrücker-Vater, gegen den ich hätte aufbegehren müssen – dennoch war ich wie viele Freundinnen, die ebenfalls aus liberalen Elternhäusern kamen, frauenbewegt von Anfang an. Schließlich hatten wir ja Augen, zu sehen, was um uns herum geschah. Und ein waches Gefühl für die allgemeine und alltägliche Zurücksetzung unseres Geschlechts. Auch wenn die auf den ersten Blick eher harmlos aussah: Dass meine Mutter beispielsweise – zusätzlich zur täglichen Praxisarbeit – den gesamten Haushalt managte und die Töchter den Tisch deckten, einkauften, die Spülmaschine ausräumten, Vater und Bruder hingegen nichts im Haushalt taten, außer das Bier kalt zu stellen, das war – normal. Darüber verlor man kaum ein Wort. Gerecht konnte ich das nicht finden, was man von Frauen alles verlangte. Allerdings kannten wir es nicht anders, und so schlimm kam uns das alles auch wieder nicht vor.

Was hat uns dann schon in der Schulzeit für die Sache der Frauen sensibilisiert und unser Denken und Fühlen beeinflusst? Die öffentlichen Debatten in Zeitung und Fernsehen nahmen wir ja nur zum Teil und stark gefiltert wahr zu einer Zeit, in der wir in die Tanzstunde gingen, mit Jungs flirteten und erste Freundschaften oder kleine Affären mit ihnen erlebten, voller Sehnsucht nach Verliebtheit und starken Emotionen. Jedenfalls lösten die Jungs bei uns ganz andere als kämpferische Gefühle aus.

Aber außer Jungs, Liebeleien und Schule gab es auch noch – Bücher. Wenn ich so an unsere nachmittäglichen Mädchengespräche denke, fällt mir ein, dass wir oft über die Bücher sprachen, die wir lasen. Keine feministischen Texte, nein, alte literarische. Und kurioserweise stammten sie alle von Männern.

Da war etwa der *Faust*, den wir im Deutschunterricht behandelten. Gretchen war das erste arme Weib, das mir als Opfer eines gewissenlosen Mannes derart leidtat, dass es mir im Theater bei «Meine Ruh ist hin, mein Herz ist schwer» die Tränen in die Augen trieb. Zu Hause las ich *Effi Briest*. Es war der Lieblingsroman meiner Großmutter. Sie hatte ihn mir wie zuvor die *Buddenbrooks* von Thomas Mann in die Hand gedrückt, und ich gab ihn weiter an meine Freundinnen. Schon Toni Buddenbrook hatte wegen ihrer schrecklichen Ehemänner, mit denen sie mehr oder weniger zwangsverheiratet worden war, mein Mitgefühl besessen, doch hielt es sich noch in Grenzen, zumal Thomas Mann mit seiner feinen Ironie davon erzählte und seiner Lieblingsfigur ja wenigstens ein langes Leben gönnte. Effis Schicksal aber, das sie an der Seite des so lieblosen wie grausamen Instetten über eine vermutlich harmlose außereheliche Liebelei zugrunde gehen lässt, bestürzte mich.

Sie war nicht die Letzte, mit der ich litt. Immer mehr tragische Heldinnen kamen hinzu: Anna Karenina, Emma Bovary, Emilia Galotti, Hedda Gabler, Nora und wie sie alle hießen – alle waren sie unglücklich, alle einte sie das klassische Schicksal der wissentlich oder unwissentlich gegen die männlichen Gesetze verstoßenden Frau, und darauf stand die Todesstrafe: Sie wurden vom Zug überfahren, vergiftet, erstochen, erschossen, oder wenigstens mussten sie, wie Nora, fliehen. So etwas richtet sich selbst, lautete die geheime Botschaft dieser Geschichten.

Mit einem solchen Frauenbild wuchsen wir auf. Wir waren gewohnt, dass die Frau das Opfer war, dass an ihr ein Exempel gesellschaftlicher Moral statuiert wurde. Und doch kam uns das mit einem Mal merkwürdig vor. Wo waren denn die positiven Heldinnen? Wo unsere weiblichen Identifikationsfiguren in all den Jahren nach Pippi Langstrumpf? Wo waren unsere weiblichen literarischen und nicht-literarischen Vorbilder?

Nun, einen Roman kannten wir immerhin, in dem die Frau kein Opfer – jedenfalls keines im klassischen Sinn –, sondern eher eine Art von Täterin ist und zudem eine ganz unerhörte persönliche Entwicklung durchmacht: Scarlett O'Hara wandelt sich in *Vom Winde verweht* von der verwöhnten reichen Plantagenbesitzerstochter zur tapferen Kämpferin um ihre Leute, ihren Besitz und ihre Unabhängigkeit – auf Kosten der Liebe. Eine Entwicklung, wie sie Frauen in der Literatur sonst nicht zugestanden wurde. Unsere Heldin durfte sogar ihre fragwürdigen Charaktereigenschaften behalten, wurde also mitnichten idealisierend geschildert. Nicht zufällig hat sich diesen Welterfolg zu Beginn des letzten Jahrhundert eine Frau erschrieben: Margaret Mitchell. Ich glaube, die meisten von uns haben den Roman verschlungen. Und obwohl uns natürlich vor allem die leidenschaftliche und tragische Liebesgeschichte zwischen Scarlett und Rhett Butler interessierte, mehr jedenfalls als der amerikanische Bürgerkrieg und die Sklavenbefreiung, so haben wir *Vom Winde verweht*, ohne dass uns das bewusst war, auch als Entwicklungsroman, als Geschichte einer Emanzipation gelesen.

Das also war unser Hintergrund, vor dem wir die Texte der modernen Autorinnen lasen, Schriftstellerinnen wie Virginia Woolf, deren berühmte Forderung nach dem eigenen Zimmer – *A Room of One's Own* – zur Metapher für den eigenen Stand- und Schaffensort für die Frau wurde; Sylvia Plath mit ihrem autobiographischen Roman *Die Glasglocke*, dessen Titel sich ebenfalls als Metapher für ein zerrissenes, isoliertes Frauenleben selbständig gemacht hat und dessen Heldin – wie Sylvia Plath selbst – daran scheitert, «Kinder, Sonette, Liebe und schmutzige Teller» in Einklang zu bringen. Beide für die spätere Frauenbewegung wegweisenden Autorinnen, Woolf und Plath, haben sich das Leben genommen, auch das kein Zufall.

Marieluise Kaschnitz, Irmgard Keun, Marlen Haushofer, Ingeborg Bachmann, Gabriele Wohmann und Christa Wolf drückten jede auf ihre Weise aus, brachten in Erzählungen und Romanen zur Sprache, was ein Frauenleben von einem Männerleben unterscheidet, was die Frauen bei aller Verschiedenheit ihrer einzelnen Biographien miteinander verband und zu einer Schicksalsgemeinschaft werden ließ. In vielen dieser Texte klang an, was auch uns Jüngere damals zu beschäftigen begann: die Zerrissenheit eines Frauenlebens zwischen künstlerischem, wissenschaftlichem, gesellschaftlichem oder einfach nur beruflichem Anspruch und unserem realen Platz in der Gesellschaft, zwischen Liebe und Bindung auf der einen und Emanzipation und Einsamkeit auf der anderen Seite, zwischen radikaler Befreiung und Selbstzerstörung.

Darauf bauten die jungen Autorinnen auf, die in den Siebzigern dann jene Texte veröffentlichten, welche aufgrund ihrer feministischen Radikalität in der Frauenbewegung Kultstatus erlangten. Karin Struck, Verena Stefan oder Brigitte Schwaiger schrieben Bücher – *Klassenliebe* (1973), *Häutungen* (1975), *Wie kommt das Salz ins Meer?* (1977) –, wie es sie vorher nicht gegeben hatte: Besessen vom Thema «Frausein im Patriarchat», schlugen sie einen Ton an, der uns verblüffte. Sie erzählten über sich und ihr Leben mit all seinen banalen, frustrierenden, schmerzlichen Seiten, über ihre Probleme, auch die intimen – gerade die intimen –, in einer Offenheit und selbstbewussten Subjektivität, die es vorher nicht gegeben hatte. Mancher Literaturkritiker lästerte, so genau habe er es eigentlich nicht wissen wollen, wobei er vergaß, dass es für ihn ja gar nicht bestimmt war, dass sein Urteil die schreibenden Frauen am allerwenigsten interessierte. Hier wendeten sich Frauen an Frauen, und die lasen es dankbar und ließen die Auflagen so sehr steigen, dass schon bald fast alle Verlage auf den Zug aufsprangen und jede Buchhandlung ihre Frauenliteratur-Ecke einrichtete.

Die Suche nach sich selbst, nach der eigenen Identität, verlief aber auch in der Literatur nicht geradlinig, sondern folgte einem Zickzackkurs, mit hohem persönlichem Einsatz und unter großem Kräfteverschleiß der Autorinnen. Mochten diese neuen Frauentexte von ihren Kritikern als weibliche Betroffenheitsliteratur der typischen deutschen Innerlichkeit verhöhnt werden, die nicht gerade literarische Meisterwerke hervorbrachte – für die Frauenbewegung war sie von historischer Bedeutung, denn sie half, neue Seh- und Beschreibungsweisen zu etablieren, mit deren Hilfe sich Frauenalltag und Frauenleben so schildern ließen, dass sich die Leserinnen in den Texten wiedererkennen und wiederfinden konnten.

Zahlreiche Frauen begannen sich nun auch professionell mit dieser Art von Literatur zu beschäftigen, verfassten, wie Jutta, Arbeiten über die *Selbstidentität bei Verena Stefan, Christa Reinig und Sylvia Plath* oder untersuchten, wie Andrea, *Das Selbstverständnis der schreibenden Frau seit den Briefen und Briefromanen der Romantikerinnen;* später promovierte sie über Ingeborg Bachmann. Wir stellten fest, dass es eben doch nicht nur gute und schlechte Literatur gibt, wie Marcel Reich-Ranicki sagt, sondern dass das Geschlecht des Autors durchaus Einfluss auf seine Perspektive und damit sein Schreiben nimmt, dass es alle Wahrnehmung verändert und sich anverwandelt und dass eine Literatur von Frauen eine andere Weltsicht offenbart als die von Männern.

Theoretische Schützenhilfe erhielten wir in jener Zeit vor allem von der wiederentdeckten Simone de Beauvoir (*Das andere Geschlecht*; 1949), von Kate Millett (*Sexus und Herrschaft;* 1970), Germaine Greer (*Der weibliche Eunuch*;

1970), Susan Brownmiller (*Against Our Will;* 1975) und natürlich von Alice Schwarzer (*Der ‹kleine Unterschied› und seine großen Folgen;* 1975), und so erarbeiteten wir uns das argumentative Rüstzeug, mit dem wir die jahrhundertelang bestehende Deutungshoheit der Männer endlich brechen konnten. Die Vorstellung, die Frau sei ein minderwertiges Wesen, hatte ausgedient. Wir verabschiedeten sie, indem wir einfach umwerteten, was von jeher an uns abgewertet worden war: Gefühl und Subjektivität zum Beispiel (beliebter Vorwurf von Männern: «Sei nicht so emotional!») avancierten nun zu Tugenden, zu spezifisch weiblichen Fähigkeiten, die Welt zu sehen und zu deuten, zur Voraussetzung für weibliche Kreativität schlechthin.

Die sexuelle Revolution, die bis dahin ausschließlich von Männern interpretiert und in ihrem Interesse gelebt worden war, diente uns nun als Folie, um unsere eigene Sexualität zu entdecken, das Recht auf den eigenen Orgasmus einzufordern, was die Männer zum ersten Mal in der Geschichte zwang, sich mit uns und unserem Körper auseinanderzusetzen und beim Sex nicht nur zu nehmen, sondern auch zu geben. «Penetration – unerwünscht!», lautete die Parole radikaler Feministinnen, von der viele von uns aber schon deshalb nichts hielten, weil sie trotz allem sehr gern mit Männern schliefen, statt sich mit der ernsthaft propagierten Alternative «Kuschelsex» zu begnügen oder lesbisch zu werden.

Mit den Argumenten erstarkte unser Selbstbewusstsein. Wir merkten, dass Unsicherheit im Seminar – «Kann ich das? Kapier ich das? Bin ich in der Lage, mich vor Publikum auszudrücken?» – meist gar nicht individuell begründet, sondern offenbar typisch war für Frauen in Gegenwart tonangebender Männer.

Sobald uns das bewusst wurde, schwand die Unsicherheit. Meine Freundin Jutta drückt das in einem Brief so aus: «Ich habe die ersten Jahre an der Uni immer gefürchtet, da nicht hinzugehören, nicht gut genug zu sein, zerrissen zwischen einem konservativen Elternhaus und der ebenfalls autoritären Linken, von der ich mir viel erhoffte, der ich aber nicht entsprach. Das hat mich sehr belastet. Als ich irgendwann die alten Damen der Frauenbewegung las – Kate Millett vor allem oder Germaine Greer –, dämmerte mir, dass Frauen ein Recht auf Abgeschiedenheit haben und brauchen, den berühmten ‹room of one's own›, um überhaupt erst ihre eigene Stimme zu hören ... Es war überlebenswichtig für mich, von einer Frauen-Seite zu erfahren, dass ich das Recht auf Unabhängigkeit hatte und auf Wut, eine Wut, die ich jahrelang in selbstmitleidiger Depression unterdrückt hatte; die wurde dann zu einer gewaltigen Triebfeder, mich etwas zu trauen, zu schreiben, mich zu Wort zu melden, den Männern vorzuturnen, Tutorin zu werden und schließlich sogar ins Ausland zu gehen.»

Das blieb nicht ohne Folgen für die jeweiligen Beziehungen. Man trennte sich von Freunden, die im Verdacht standen, nicht mithalten zu können beim Marsch in die Unabhängigkeit, man tat sich mit solchen zusammen, die «loslassen» konnten (sehr beliebtes Wort!), keine Besitzansprüche stellten und nicht auf Sex fixiert waren. Oder aber suchte sich – im Gegenteil – einen, mit dem man Spaß haben konnte, ohne dass er gleich Zukunftspläne mit verteilten Rollen ersann. Einige wenige – wie Andrea – heirateten ganz früh und völlig gegen den Trend, gerade um den allgemeinen Erwartungen «ein Zeichen selbstbewusster und selbstbestimmter Monogamie» entgegenzusetzen, während für Jutta das Paar Simone de Beauvoir und Jean-Paul Sartre das Ideal einer modernen Beziehung darstellte: unverheiratet, unabhängig, einander ebenbürtig, gleichermaßen kreativ und politisch, beide mit eigener Wohnung und neben ihrer lebenslangen Hauptbeziehung immer offen für Nebenlieben.

Die Idee dahinter gründete auf einer an sich fast romantischen Vorstellung von wahrer Liebe: Denn nur eine Liebe, die das aushielt, bewährte sich als solche. So dachte man. Der Umsetzung des Ideals stand oft genug jedoch banale Eifersucht im Wege, die sich nicht selten gegen alle Modernitätsansprüche behauptete, wenn auch geschmäht und verachtet als Relikt kleinbürgerlichen Haben-Denkens.

Ob es überhaupt je glückliche Verbindungen dieser Art gab und gibt? Der Lebenspraxis hielt ein solches Modell kaum stand, konnte nicht standhalten, denn die wenigsten waren eben Persönlichkeiten vom Kaliber einer Beauvoir oder eines Sartre. Und wie glücklich die in Wahrheit waren, ist längst nicht mehr so unstrittig wie damals – zumindest was den weiblichen Part dabei angeht. So haben die meisten die Idee einer offenen Zweierbeziehung stillschweigend wieder ad acta gelegt. Das Leben war ohnehin schon kompliziert genug, wir hatten ja noch so viel vor und mussten erst mal Tritt fassen.

Wahrscheinlich aber haben wir – Jutta, Andrea und ich – wegen all dieser Texte über und von Frauen und wegen des Einflusses, den sie auf unser Leben hatten, Literaturwissenschaft studiert. Und wir alle drei haben unser Feminismusthema durch die Jahrzehnte auch im Beruf weiterverfolgt und vor allem: privat gelebt. Die eine als Rezensentin von Frauenliteratur und Journalistin, die andere als Dramaturgin, die literarische Frauenstoffe fürs Fernsehen bearbeitet und Drehbücher schreibt. Dass ich später einmal die Frauensendung *ML Mona Lisa* ein Jahrzehnt lang moderieren würde und dass es dabei oft noch immer um das «Gedöns» gehen würde, hätte ich mir damals nicht träumen lassen.

6. DER PRAXISTEST: Arbeit und sieben Töchter

Erst einmal aber wurde ich Journalistin. Und dass ich das wurde, schreiben sich ausgerechnet zwei Männer auf ihre Fahnen: Bruder und Ehemann behaupten unabhängig voneinander, mich auf diese Idee gebracht zu haben, weil Journalismus angeblich besser zu mir passte als der Beruf der Lehrerin.

Außerdem machte mir mein Bruder, der sich nach dem Tod meines Vaters verantwortlich für mich fühlte, ohnehin schon die Hölle heiß, weil ich nach meinem Jahr in Frankreich mit siebenundzwanzig immer noch nicht wusste, ob ich meine Doktorarbeit, zu der ich in Paris leider keine Zeit gefunden hatte, noch schreiben oder lieber gleich in den Beruf sollte. Schweren Herzens entschied ich mich – nach insgesamt acht wunderbar stressfreien Studien- und Auslandsjahren (wem ist so was heute noch vergönnt!) – vernünftigerweise für den Praxistest.

Nur welche Praxis, das war die Frage. Die Schule schreckte mich wegen der inhuman frühen Anfangszeit, unter der ich schon meine ganze Schulzeit hindurch gelitten hatte. Daher liebäugelte ich mit einer diplomatischen Laufbahn, für die es in der Familie schon zwei Vorbilder gab, einen Onkel und meinen Cousin, und die ich vor allem wegen der Auslandstätigkeit ungeheuer attraktiv fand. In Paris begann ich bereits, mich auf die schwierige Aufnahmeprüfung für den diplomatischen Dienst vorzubereiten, und zwang mich erstmals, nun auch den Wirtschaftsteil der Zeitungen zu studieren. Doch Wort- und Sinnrätsel – ich erinnere mich noch genau, wie ich in meinem kleinen Zimmerchen im Maison Heine der Cité Universitaire vor einer «Währungsschlange» (ein Tier, das es heute im vereinten Euro-Europa glücklicherweise nicht mehr gibt) minutenlang in Agonie verfiel – verleideten mir die Lektüre nachhaltig.

Außerdem begann mir zu dämmern, dass ich mir als Diplomatin, die alle drei Jahre den Wohnsitz wechselt, Ehe und Familie würde abschminken können, denn einen Mann zu finden, der klaglos mit nach Tansania oder in die Dominikanische Republik zieht, stellte ich mir schwierig vor. Dass ich dann aber einen fand, der später immerhin klaglos von München nach Mainz mitzog, ist schon ein großes Glück zu nennen!

Kennengelernt habe ich ihn noch in Paris – wie, das hat er zwar schon vor siebzehn Jahren in einem Buch geschildert, aber für alle, die die Geschichte nicht kennen, sei sie an dieser Stelle nochmal kurz aus meiner Perspektive erzählt. Warum? Nun, weil nach unserer Vorstellung damals eben auch das Private politisch war, und daran ist auch heute noch nichts falsch. Natürlich sind Beruf und (Ehe)partner von größter Bedeutung für unser Leben, sollen ja auch ein Leben lang halten, und je rationaler wir in beiden Fällen dabei vorgehen, je bewusster wir uns dabei von alten Rollenbildern und gesellschaftlichen Erwartungen lösen können, ohne die eigenen Wünsche zu verleugnen, desto größer ist die Chance, dass wir uns richtig entscheiden. Die Wahl des Lebenspartners im Sturm der Leidenschaft zu treffen und sie nur auf romantische Empfindungen zu gründen, ist sicher eine der Ursachen für das Scheitern so vieler Ehen in unserer Zeit. Die Frage, welchen Mann wir heiraten, welchen Beruf wir wählen und ob wir Kinder kriegen oder nicht, ist alles andere als «reine Privatsache».

Als ich also in einer drei Wochen alten Ausgabe der *Zeit*

im April des Jahres 1982 in einer Pariser Bibliothek, wo ich mir mit einer *surveillance,* einer Art Aufpassdienst, ein paar Francs verdiente, schließlich auch die Heiratsanzeigen überflog, weil ich die damals für eine spannende Lektüre hielt, die viel über Frauen und Männer und den Geist der Zeit verriet, blieb mein Blick an einer Anzeige mit einer unüblich großen Überschrift hängen, in der ziemlich viel Text untergebracht war. Da hat der Junge ja richtig was springen lassen, dachte ich, und las: «Der Engländer Patrick Moore hatte es satt, sich jeden Morgen an- und abends wieder auszuziehen.» Darunter stand in großen Lettern: «Darum nahm er einen Strick und erhängte sich.» Und schon hatte mich der unbekannte Dichter am Schlafittchen. Gespannt las ich weiter, denn im nun folgenden Text setzte er Zeile auf Zeile noch einen drauf: «Mir geht es ähnlich», hieß es da zu Beginn, «aber meine Konsequenz ist noch radikaler: Ich werde heiraten.» Wer Heiraten als radikalere Alternative zum Strick betrachtet, kann nicht ganz uninteressant sein. Den wollte ich kennenlernen.

Ich schrieb ihm also eine DIN-A4-Seite mit flotter Handschrift und flottem Text und vergaß auch nicht, ein Passautomatenbild mit dranzuheften, auf dem ich mit langen Haaren und Mittelscheitel Mona-Lisa-mäßig lieblich-spöttisch dreinsah. Bis er den Brief unter Chiffre in Händen halten würde, wären mindestens vier Wochen seit Erscheinen der Zeitung ins Land gegangen, und ich war ziemlich sicher: Die «Gefahr», dass dieser Brief Konsequenzen haben würde, war gering.

Kurze Zeit später kam seine Antwort. Sie hatte den Umfang einer Hauptseminarsarbeit. Wenn seinem Mitteilungsbedürfnis nun auch noch das inhaltliche Niveau entsprechen sollte, wäre das ein gutes Zeichen. Männer, die mit Worten geizten, waren meine Sache nicht. Es stellte sich heraus: Mein unbekannter Schreiberling war Schreiberling auch von Beruf und darin offensichtlich besonders gut, denn ich langweilte mich keine Sekunde, sondern bekam bereits in diesem ersten Werk einiges zu staunen und zu lachen.

Und dann gingen die Briefe hin und her, zwischen Frankfurt und Paris, von April bis Juni. Unzählige. Unser ganzes Leben erzählten wir einander und was wir über unsere Zeit dachten. Und als wir uns dann schließlich das erste Mal trafen, als ich ihm Paris zeigte, meine Lieblingskneipe «Chez George» in der Rue Saint Sulpice und wir bis in die frühen Morgenstunden miteinander reden konnten, da war es uns, als kennten wir uns schon sehr lange und sehr gut. In dieser ersten langen Nacht des Gesprächs war dann schon klar: Wir wollten es miteinander versuchen, wir wollten miteinander leben und arbeiten und Kinder kriegen.

Er war frischgebackener Redakteur der *Frankfurter Rundschau* und erzählte mir begeistert von seinen Wochenenden, die er ausschließlich auf der Startbahn West zu verbringen schien: Dort hatte er über den Widerstand der Bürgerinitiative gegen den Bau der Startbahn West zu berichten, die Scharmützel der Chaoten mit der Polizei, den Abriss des «Walddorfes» – Baumschützer lebten in Hütten und Zelten im Wald, um das Abholzen zu verhindern –, die «Waldgottesdienste» und die «Walduniversität», und das fand er ätzend, lehrreich, kurios, aufregend, lächerlich und spannend.

Mich schreckten Startbahn-West-Chaoten und Barrikadenkämpfe auf der Autobahn eher ab; trotzdem wollte ich es nun auch in diesem Gewerbe versuchen, das mir mein Bruder ja schon öfters vorgeschlagen hatte, und das, wie ich hoffte, auch Möglichkeiten für jemanden wie mich bereithielt: eine zwar politisierte, aber doch eher schöngeistige Emanze, die alles Russische liebte, gern ins Kino ging und las. Ich wollte nicht groß Karriere machen, sondern vor allem meinen Neigungen entsprechend leben. Als rasende Reporterin sah ich mich nie, vielmehr gedachte ich, als Film- oder Buchkritikerin ein relativ ruhiges Journalistenleben zu führen.

Ich bewarb mich überall, das heißt, bei allen größeren Zeitungen und Sendern der Republik, für ein Volontariat. Von überall kamen zunächst Absagen. Die Chance, in den Beruf wenigstens hineinzuschnuppern, boten mir dann der Südwestdeutsche Rundfunk mit einer Hospitanz und der *Kölner Stadt-Anzeiger* mit dem Angebot einer freien Mitarbeit in den Bezirksausgaben – späteres Volontariat bei Eignung nicht ausgeschlossen. Ich entschied mich für Köln, eine Stadt, in der ich immer schon mal leben wollte. Und die Strecke nach Frankfurt zum neu gewonnenen Liebsten war auch zu schaffen am Wochenende.

Statt Rezensionen schrieb ich dann aber erst mal ganz andere Sachen, besuchte Jubiläumsfeiern von Männerchören im Bergischen, Taubenzüchtervereinsabende im Ruhrgebiet oder berichtete – da kamen mir mal meine Russischkenntnisse zupass – über eine Erwachsenentaufe von wolgadeutschen Wiedertäufern in der Sieg. So hatte ich mir das zwar nicht vorgestellt, kam aber auf diese Weise mit einer Welt in Berührung, von der ich bis dahin so gut wie nichts wusste.

Nun lebte ich also zum ersten Mal fast ausschließlich von eigener Arbeit und laborierte dabei hart am Existenzminimum: Mit einem Zeilenhonorar von achtzig Pfennigen kam ich in den ersten Monaten auf sieben- bis achthundert Mark und musste bis zum erlösenden Volontariat vom großen Bruder finanziell unterstützt werden. Doch es machte mir Spaß, und mit den Wochen wurden die Aufträge auch immer interessanter. Als ich meine erste große Reportage über «Mütter ohne Männer» im Wochenendteil veröffentlichte, war ich beim Thema Frauen gelandet, das mich – mit Unterbrechungen – bis heute beschäftigen sollte.

Spät genug also war ich auf eigenen Füßen gelandet, obwohl mir Arbeit nicht fremd war. Immer schon hatte ich neben Schule und Studium selber Geld verdient – seit meinem zwölften Lebensjahr: mit Nachhilfestunden, bei der Weinlese, in der Fabrik, im Eiscafé, sowohl als Schwesternhelferin wie auch als Putzfrau im Krankenhaus und als Bedienung in einer Konstanzer Weinstube, dem «Hintertürle», meinem besten Job übrigens, da ich mich über die Höhe der Trinkgelder nicht beschweren konnte.

Von dem verdienten Geld schaffte ich mir mit fünfzehn ein Mofa, mit achtzehn eine Vespa und mit zwanzig mein erstes Auto an, einen klapprigen R 4 für 1000 Mark. Später finanzierte ich so allein fünf Reisen in die Sowjetunion.

Man lernt eine Menge, wenn man als behütetes, verwöhntes Mädchen plötzlich körperlich arbeiten muss, auch wenn es nur für vier Wochen ist. Schichtarbeit in der Fabrik ist so eine Erfahrung, die man nicht mehr vergisst: wie unglaublich ermüdend es ist, acht lange Stunden dieselben Handbewegungen am Fließband auszuüben, und wie desillusionierend für eine unerfahrene Sechzehnjährige, in den Pausen den drastischen Schilderungen der Arbeiterinnen zuzuhören, wenn sie ihre sexuellen Wochenenderlebnisse oder den Ärger mit dem besoffenen Mann zum Besten gaben. Doch auch das gehört zu einer späteren Reifeprüfung irgendwie dazu.

Unerwünschte «Aufklärung» hatten Jutta und ich allerdings schon mit vierzehn bei der Weinlese erhalten. Da wurden wir von den damals noch deutschen Saisonarbeitern und -arbeiterinnen zum ersten Mal mit pornographischer Lektüre konfrontiert, was uns einen hochroten Kopf bescherte, diese aber sehr erheiterte.

Und im Krankenhaus erlebte ich das soziale Gefälle in all seinen Abstufungen: War ich in meiner Heimatstadt als Schwesternhelferin und Kollegentochter fast hofiert worden – ich durfte sogar bei Geburten assistieren und bei den Presswehen Hilfestellung geben (ein prägendes Erlebnis, das mich vorübergehend wünschen ließ, Hebamme zu werden) –, so erfuhr ich später in der Klink an meinem Studienort Konstanz das Gegenteil: wie ich in meinem blauen Putzfrauenkittel mit Kopftuch von Ärzten und Schwestern gar nicht wahrgenommen, geschweige denn gegrüßt wurde. (Wegen dieser Erfahrung grüße ich jede Putzfrau im ZDF zuerst und ernte von mancher einen fast erstaunten Blick.)

Meine Eltern, die uns finanziell knapp hielten, betrachteten die Ausflüge ihrer Kinder in die Arbeitswelt nicht nur als ökonomisch, sondern auch pädagogisch wertvoll; meine Geschwister hatten in den Ferien ebenfalls immer gearbeitet. So habe ich mich nie als höhere Tochter «mit Rosinen im Kopf» gefühlt – eine Existenz, vor der zu warnen mein Bruder nicht müde wurde –, sondern durchaus als jemand, der «geerdet» ist und «das Leben» kennt.

Das hat mich allerdings nicht vor einer unangenehmen Erfahrung bewahrt, die offenbar viele junge Frauen – zumindest war es damals so – zu Anfang ihres Berufslebens machen. Und deshalb sei sie hier erwähnt.

Mein journalistischer Lebenstraum war ja nie aufs Fernsehen, sondern immer aufs Schreiben gerichtet. Deshalb bemühte ich mich nach dem Volontariat in Köln um ein Praktikum bei jener Wochenzeitung, die mir als das Nonplusultra journalistischen Könnens erschien, und erhielt es auch. Der Journalist, dessen Texte ich immer besonders bewundert hatte, weil sie pointiert und witzig waren, damals schon ein älterer, weithin bekannter Mann, war just der «Praktikanten-Vater», also derjenige, der mich und andere unter seine Fittiche nahm und ihnen zeigen sollte, wie guter Journalismus funktioniert.

Schon am zweiten Abend lud er mich zum Essen in ein schönes Restaurant ein, und ich freute mich auf spannende Erzählungen aus der Welt der großen Schreiber. Doch der Abend nahm einen fatalen Verlauf, denn nur allzu rasch merkte ich, dass mein Gegenüber ganz was anderes mit mir im Sinn hatte. Ich wurde immer unsicherer und verhaltener, doch das schien ihn nicht zu stören, denn im Taxi hinten legte er mir die Hand auf den Oberschenkel und erklärte, mir nun seine «Stadtwohnung» zeigen zu wollen. Da bekam ich Panik. Ich bestand darauf, sofort nach Hause gebracht zu werden. Er strafte mich mit eisigem Schweigen.

Dieses Schweigen hielt er nun mir gegenüber in den kommenden Wochen und Monaten durch, und er muss auch dem eng befreundeten Ressortleiter, dem ich unterstand, irgendetwas über mich mitgeteilt haben, denn bei dem bekam ich fortan ebenfalls kein Bein mehr auf die Erde. Meine Geschichten landeten im Papierkorb, und einmal hieß es: «Sie kann ja nicht mal eine Meldung schreiben.» Ich war vollkommen verzweifelt. Hätte ich damals nicht jeden Abend mit meinem Liebsten telefonieren und mich ausheulen können, hätte ich wahrscheinlich alles hingeschmissen. Und vielleicht desillusioniert den Beruf gewechselt.

Eine Kollegin spürte wohl, dass da etwas Ungutes ablief, und besuchte mich in dem kleinen Büro, in dem ich ganz allein vor mich hin wurstelte. Ihr erzählte ich die Geschichte, voller Scham, weil ich die Sache so furchtbar peinlich fand. Da erklärte sie mir, dass ich nicht die Erste und nicht die Letzte sei, der das passiere, der bewusste Kollege versuche es bei jeder Hospitantin oder Praktikantin, das sei im ganzen Haus bekannt. Ich war sprachlos. «Und es gibt keine Möglichkeit, sich zu wehren?», fragte ich entgeistert. «Wie denn», gab sie zurück. «Willst du an die Öffentlichkeit gehen? Dich beim Chefredakteur beschweren? Meinst du, da hört einer auf eine Praktikantin? Die halten doch alle fest zusammen.»

Ich beschloss also, das Vierteljahr irgendwie durchzustehen, was mir umso leichter fiel, als mir der *Kölner Stadt-Anzeiger* eine Festanstellung angeboten hatte. Später, da war ich schon beim benachbarten WDR gelandet, wollte eine andere Kollegin der Wochenzeitung wohl doch noch über das Gebaren des Kollegen schreiben, jedenfalls recherchierte sie den Praktikantinnen hinterher, ließ sich von mir nochmal alles am Telefon erzählen und hatte, wie sie mir sagte, auch von anderen Stoff en masse geliefert bekommen. Die Geschichte indes erschien nie.

Heute, so denke ich, wäre das nicht mehr möglich. Heute würde sich das kein Vorgesetzter mehr erlauben und keine junge Frau gefallen lassen. So hoffe ich wenigstens. Ich habe in meinem Beruf so ein Verhalten auch nicht wieder erlebt. Aber ich weiß von Freundinnen – eine musste den Doktorvater wechseln, weil er sie bedrängt hatte, mit ihm ein Verhältnis anzufangen; und nach ihrem «Nein» begann er einen regelrechten Psychoterror gegen sie, demütigte sie in seinen Seminaren vor allen anderen –, dass es diesen Machtmissbrauch damals immer wieder gab. Auch das ein Grund, warum wir mehr Frauen in Spitzenpositionen brauchen.

Meiner Mutter, die selbst mal Zeitungswissenschaft studiert hatte, gefiel es, dass ich Journalistin werden wollte – trotz der bekannten Vorteile, als Lehrerin sicher besser Beruf und Familie vereinbaren zu können. Das war durchaus schon ein Thema damals. Denn so wenig zielgerichtet ich in beruflichen Dingen gewesen war – wie ich mein Leben insgesamt gestalten wollte, wusste ich spätestens mit Mitte zwanzig genau: Ich wollte selbständig sein und einen Mann haben, ich wollte Kinder, am liebsten deren drei, und ich wollte immer berufstätig sein und bleiben, wie meine Mutter und meine Großmutter. «Du kannst nicht alles haben», sagte meine Schwester Cornelia. «Doch», sagte ich. «Genau das will ich: alles. Und du wirst sehen, ich schaffe es auch.»

Dafür aber brauchte ich einen Mann, bei dem ich mir von vornherein sicher sein konnte, dass er mir keine unguten Überraschungen bieten würde. Und da ich nicht mehr achtzehn war, hatte ich klare Vorstellungen: Es musste ein vollkommen emanzipierter Mann sein, ein souveräner und selbstbewusster Mann, dessen Ego nicht auf Bestätigung von außen angewiesen wäre. Jegliche Machtspielchen bei der häuslichen Rollenverteilung müssten ihm ein Graus sein, und es dürfte ihm kein Stein aus der Krone fallen, wenn er Besen oder Putzlumpen in die Hand nähme. Vor allem aber müsste er genauso viel Lust auf Kinder haben wie ich.

Als ich mit jenem Journalisten, auf dessen Anzeige ich geantwortet hatte, bei unserem allerersten Treffen in Paris von drei Uhr nachmittags bis drei Uhr morgens alle wichtigen Dinge wie Glaube, Liebe, Hoffnung besprochen und unsere weltpolitischen und ethischen Ansichten in schöner Übereinstimmung gefunden hatte, als wir uns über die existenzielle Notwendigkeit, das Leben mit Kindern und Tieren teilen zu müssen, ebenfalls verständigt hatten, und als ich ihm dann auch noch das Zugeständnis entlocken konnte, dass er und die Kinder meinen Namen tragen sollten – nicht, weil ich ihn schöner fand, sondern einfach als sichtbares Zeichen, dass das Patriarchat jetzt zu Ende war –, da wusste ich, dass ich den Richtigen gefunden hatte.

Von da an gingen wir gemeinsam durchs Leben, wenn auch in den ersten zwölf Monaten in verschiedenen Städten. Dann gab er seine Redakteursstelle für mich auf und wechselte zu *Capital* nach Köln. Endlich lebten wir zusammen, schafften sofort einen Hund an und heirateten nach zwei weiteren Jahren – eine Frist, die mir meine Eltern auferlegt hatten, damit ich nur ja keinen Fehler machte.

«Zwei Jahre Probeehe sind das Mindeste», sagten sie immer, und das schien auch mir vernünftig.

Folgende klare Entscheidung haben wir damals getroffen, als Basis für unser Leben: Die Familie würde immer an erster Stelle stehen, dann erst käme der Beruf. Deshalb haben wir beide auch nie einen Karriereplan gemacht, sondern die Überzeugung geteilt, dass der Beruf sinnvoll sein, Spaß machen und die ökonomische Basis sichern muss. Dass aber derjenige von uns, dessen Karriere – sollte sich doch eine entwickeln – auf Kosten der Familie gehen würde, darauf eher verzichten würde, als das Scheitern der Ehe oder die Vernachlässigung der Kinder in Kauf zu nehmen.

Das war *unser* Ehevertrag, nicht schriftlich fixiert, aber immer präsent in unseren Köpfen. Und wir haben ihn weitgehend eingehalten: Jeder von uns hat mindestens einmal eine gute Festanstellung für den anderen aufgegeben – zuerst er bei der *Frankfurter Rundschau,* ich später beim WDR, was mir besonders schwerfiel, weil ich nichts hatte, als ich ihm von Köln nach München folgte, wohin ihn ein neues Magazin gelockt hatte. Dass mich kurz darauf 3sat engagierte und dabei auch das ZDF auf mich aufmerksam wurde, das eine Moderatorin für sein neues Frauenjournal *ML Mona Lisa* suchte, war dann einfach Glück.

Was auch in unserem ungeschriebenen Ehevertrag stand: so viele Kinder wie möglich, worunter ich mir allerdings etwas anderes vorstellte als mein Mann, der sich nicht weniger als «sieben Töchter» wünschte. Dem sah ich jedoch gelassen entgegen – schließlich war ich bei unserer Heirat schon dreißig. Und außerdem galt auch für uns – wie so oft im Leben – Brechts Motto: «Ja, mach nur einen Plan …» Was unsere Pläne durchkreuzte, das erzählt das nächste Kapitel.

7. ZWISCHENPRÜFUNG: Auch Krankheit gehört zum Leben

»Bewegen Sie die Zehen!», sagte die Stimme, weit weg von mir, es war, als stände eine männliche Person hundert Meter entfernt und hätte, da sie fast ein wenig barsch klang, schon mehrfach versucht, mein Ohr zu erreichen. «Versuchen Sie es, bewegen Sie die Zehen!» Aber wie sollte ich, ich spürte ja nichts, ich sah auch nichts, doch, eine weißliche Masse unbekannter Materie, die auf mir lastete und den Raum füllte zwischen mir und der Stimme; etwas blinkte gelblich hinein, ein heller Punkt wie ein weit entferntes Licht, das nicht zu mir durchdrang, sondern in der weißlichen Masse stecken blieb; ich meinte, ich müsse schreien oder wenigstens rufen, irgendetwas, damit sie wussten, dass ich am Leben war, auch wenn ich mich nicht bewegen konnte, nicht mal die Augen bekam ich auf und schon gar nicht den Mund, wie also sollte ich ihnen sagen, dass sie mich festhalten und zu sich holen und nicht zurücklassen sollten in dem Nichts, das mich umklammert hielt?

Doch – vergebens. Kein Laut von mir. Egal, wie sehr ich meine Kräfte darauf konzentrierte. Ich merkte jetzt auch, dass sie mich gar nicht weiter beachteten, Geschäftigkeit und Stimmengemurmel nahm ich wahr. «Kein Querschnitt!», hörte ich. Offenbar hatten meine Zehen gehorcht, obwohl ich nicht genau fühlte, wo sie waren, ob sie noch zu mir gehörten, und während ich darüber grübelte, was «Kein Querschnitt!» zu bedeuten hatte, machte man sich an meinem Kopf zu schaffen, zog etwas Langes unangenehm aus mir heraus – und dann blieb mir die Luft weg.

Sie schienen es nicht zu registrieren, und ich konnte nicht sprechen, vielleicht schlug ich auf das Bett oder wo immer ich lag: «Luft!» Ich musste mich bemerkbar machen, ich wusste auf einmal, dass ich jetzt nicht sterben wollte, nicht, nachdem ich gerade davongekommen war, und vor allem nicht so, ich wollte nicht ersticken, aber es tat keiner etwas, wie mir schien. Sie mussten doch sehen, wie ich um mein Leben rang, sie mussten doch hören, wie ich röchelte, ich hörte es doch selbst, wie Schleim in mich drang statt Luft. «LUFT!!» Verdammt, sie können mich doch nicht so krepieren lassen und einfach zusehen, die ganzen Leute hier, die mich gerade herausgeholt hatten aus der Bewusstlosigkeit.

Plötzlich geriet alles in Bewegung. «Absaugen, beatmen, Sauerstoff!» Vielleicht waren es diese, vielleicht andere Worte, medizinisch korrektere, ich weiß es nicht mehr, ich weiß nur, wie nun ein dünner Schlauch unsanft in meine Nase wanderte, etwas Größeres in meinen Mund, immer noch war ich am Abgrund, hilflos, aber es gab schmatzende Geräusche wie von einem Staubsauger, und mit einem Mal konnte ich wieder atmen, ich hätte weinen wollen, wenn ich nicht so erschöpft gewesen wäre, und dann fiel ich wieder ins Dunkel zurück.

Als ich später aufwachte, war mir sehr heiß. Um mich herum gedämpftes Licht, Maschinenlärm, Schläuche an mir, ich versuchte, mich zu bewegen, und merkte, dass ich eingesperrt war. Ich lag in dem Gips, der mir vor der Operation angegossen worden war, vom Hals abwärts bis zum Beginn der Oberschenkel. Nebenan, hinter einem Vorhang von mir getrennt, stöhnte einer. Er stöhnte Tag und Nacht, ein Unfallopfer, «Motorradfahrer, an dem ist nichts mehr heil», hörte ich die Schwester sagen. Als er irgendwann aufhörte zu stöhnen, fragte ich nach seinem Verbleib, bekam aber keine Antwort. Oder hatte ich nur fragen wollen und so lange darüber nachgedacht, dass ich heute glaube, ich hätte es getan? Ich weiß es nicht.

Auch ich hatte Schmerzen, mein ganzer Brustkorb tat weh wie eine einzige Wunde. «Was erwarten Sie, nach einer Thorakotomie?», sagte die Intensivschwester. «Ihre Operation hat mehr als acht Stunden gedauert, jetzt müssen Sie Geduld haben, viel Geduld.»

Tags darauf sah ich genauer, wo ich lag. Die Intensivstation musste sich im Souterrain befinden, die Fenster waren weit oben, wie in einem Gefängnis, mehrere graue Rechtecke nebeneinander, darunter Kacheln, blaue oder grüne. Und Geräte standen überall, neben jedem Bett, viele Geräte, die alle summten, dröhnten und piepsten von Zeit zu Zeit. Wenn sie piepsten und ein rotes Lämpchen blinkte, erschien eine Schwester, machte sich am Gerät zu schaffen und manchmal auch am Patienten. Dann wurde ein neuer Tropf aufgehängt, die Nadel im Handrücken kontrolliert oder was sonst zu tun war und sich meinen Blicken entzog.

Es war dieser Lärm, der alles beherrschte und der an meinen Nerven zerrte, der Lärm der Maschinen und der Lärm der Patienten, vor allem des einen, von dem ich mich immer noch frage, ob er seinen Unfall überlebt hat. Und das künstliche Licht, das ständig brannte, tagsüber und, etwas gedämpfter, in der Nacht, und die Hitze, obwohl Dezember war.

Am ersten Morgen schon – wenn es denn der erste war, vielleicht waren auch nochmal vierundzwanzig Stunden vergangen, die ich von meinem bewussten Leben abrechnen muss – wurde ich gewaschen. Das fand ich übertrieben. Ich wollte, dass sie mich in Ruhe ließen, doch daran war nicht zu denken. Jede ihrer Handreichungen tat weh. Ich versuchte, den Schmerz durch Bewegungslosigkeit im Zaum zu halten, durch vollkommene Passivität – aber das nützte mir nichts, die beiden Krankenschwestern taten sorgfältig ihren Dienst an mir, wuschen Arme und Beine mit Waschlappen ab, die sie abwechselnd in eine Plastikschüssel mit Seifenlauge und eine mit klarem Wasser tauchten, und rubbelten sie anschließend mit vom vielen Waschen dünn gewordenen, harten Frotteetüchern, gänzlich unbeeindruckt von meinem bandagierten Leib, der mir fremd war und sich anfühlte wie quer durchgeschnitten.

Das war er ja auch, jedenfalls beinahe, aber da hatte ich noch nicht gesehen, wie lang die Naht tatsächlich war, die um den halben rechten Brustkorb herumlief, eine große, wulstige, rote Linie, von jeweils zwei gegenüberliegenden Punkten gesäumt. Perfekte Nadelarbeit. Die würde mich von nun an zieren bis zum Ende. Aber jetzt ging es erst einmal ums Überleben. Ich konnte mich kaum darauf konzentrieren, was gerade wo an meinem Körper außerhalb des Gipses geschah, und versuchte, gegen den Schmerz in der Brust zu atmen. Doch das Atmen selbst fiel mir schwer in meinem Gipspanzer und den Verbänden, durch die anfangs noch Blut trat und sie braun verfärbte und die sich nicht mal hoben, wenn ich vorsichtig Luft holte. Die beiden Frauen achteten gar nicht auf mich, sondern plauderten unablässig miteinander, über meinen Körper hinweg, es ging um ihre Pläne am Feierabend, denen ich lauschen musste, während ich eigentlich «Ich bin doch auch noch hier!» rufen wollte und: «Warum nehmen Sie keine Notiz von mir, so, als wären Sie Leichenwäscherinnen, ich bin aber nicht tot, ich höre Sie ja gut und könnte sogar antworten!» Aber es kam kein Ton aus mir heraus, nur ein heiseres Flüstern, mit dem ich nicht durchdrang, ich besaß also nicht mal mehr eine Stimme, und ich sah ein, dass es vergeblich war, mich mitteilen zu wollen, dass ich sie nur gestört hätte mit meiner Wichtigtuerei, und schwieg still, obwohl ich am Leben und bei allen Sinnen war.

Die Tage, die ich hier, in dieser Intensivstation, verbrachte, jeweils nach den Operationen, zwei großen und zwei kleinen, je zwei davon im Abstand von neun Jahren, schienen endlos. Viermal ist mir der Brustkorb insgesamt aufgeschnitten, dreimal dieselbe Narbe geöffnet worden, zweimal davon in «frischem» Zustand, jeweils nach vier Wochen, wenn ich mich gerade aus der ärgsten Depression herausgearbeitet hatte und mich körperlich und seelisch etwas stabilisierte. Dann trat jeweils die von Anfang an befürchtete Komplikation ein: Die Lunge arbeitete nicht ordentlich, hatte sich nach der OP nicht wieder richtig entfaltet, trotz meines stundenlangen Blasens gegen einen Widerstand, das ich abgeleistet hatte wie die härteste Fron, die sich jemand ausdenken konnte, um mich zu quälen: Stunde um Stunde musste ich, gegen den Brechreiz ankämpfend, in ein Atmungsgerät blasen, um die beschädigte Lunge zu stärken, und mit jedem Blasen, jedem erwünschten Weiten des Brustkorbs fügte ich mir selber die größten Schmerzen zu, an meiner Riesennarbe und den vielen Öffnungen für die Drainageschläuche, die aus mir herausführten. Wenn sich dann herausstellte, dass alle Schinderei umsonst gewesen war, wenn die abermalige Öffnung bevorstand, um die unglücklichen, aber wohl nur schwer abwendbaren Folgen der großen OPs zu beseitigen, Blutgerinnsel, Hämatome et cetera zwischen Lunge und Rippen zu entfernen, die das Atmen behinderten, fiel ich in ein tiefes Loch, denn ich wusste, was mir bevorstand.

Die Tage in der Intensivstation sind für mich zu *einer* Zeit und *einer* Erfahrung geronnen, eine Spanne hat sich auf die andere gelegt und sie ergänzt und wiederholt, die Gesichter wechselten, nicht aber die Räume, und die Zeit, sie schien jeweils stillzustehen, lastete bleiern, kein Fortschritt ließ sich für mich erkennen, die ich unbeweglich auf dem Rücken lag Tag und Nacht, zu schwach, um zu lesen, um Musik zu hören.

Nur zweimal im endlosen Tagesablauf färbte sich das Rechteck der Fenster, von hellgrau zu dunkleren Schattierungen bis zum Schwarz der Nacht und wieder zum Blaugrau des Morgens. Das waren meine Orientierungspunkte, die Verbindung zur Außenwelt. Wenn das schmutzige Weiß des Wintertags den Rahmen ausfüllte, lief der Betrieb schon seit Stunden, hatten Schwestern die neue Schicht instruiert, über den Notfall der Nacht, über das Polytrauma, mich und die anderen. Besuch durfte nicht kommen auf die Intensivstation, nur am Nachmittag ein Stündchen, das war das Schlimmste. «Wie soll ich da gesund werden?», dachte ich. Unter all dem Stöhnen. Ich schlief nicht, bildete ich mir ein, dazu war es viel zu heiß in meinen dicken Verbänden, im Gips und unter der Bettdecke. Ich hörte alles, was um mich herum geschah, wenn wieder ein Neuzugang in kritischem Zustand besonders häufig kontrolliert wurde, wenn einer durchdrehte und nach seiner Mutter rief.

Die Intensivstation zu verlassen und endlich in ein normales Krankenzimmer zu wechseln, war viermal der erste Schritt, den ich zurück zur Menschwerdung machte.

Seltsamerweise kann ich im Nachhinein nicht unterscheiden, was wann geschah. Ich weiß nur, dass beim ersten Tumor, der drei Monate nach meiner Heirat mit dreißig Jahren entdeckt wurde, meine Mutter sich intensiv um mich kümmerte; den Rückfall neun Jahre später hat sie nicht mehr erlebt und – das allein versöhnte mich etwas mit ihrem Tod – musste sich also auch nicht mehr aufregen.

Beim zweiten Mal – als schon die beiden Kinder da waren – sprang meine älteste Schwester Cornelia ein, verließ ihre eigene Familie für Wochen und bezog ein Bett in meinem Krankenzimmer, um mich, die ich nun wieder die Aussicht hatte, acht bis elf Wochen wie ein Käfer auf dem Rücken zu liegen, zu pflegen, mir Zahnbürste und Wasserglas zu reichen und Spiegel und Kamm. Das hat mir sehr geholfen; ihre nüchterne Art, mit mir und der Krankheit umzugehen, tat gut, ließ mich schneller aus der tiefen Niedergeschlagenheit heraustreten als neun Jahre zuvor. Und ich wusste dieses Mal auch, wie viel tatsächlich von mir und meiner «Kooperation», wie die Ärzte sie zu Recht verlangen, abhing. Aber gegen meine Niedergeschlagenheit anzukämpfen, war das Schwerste.

Ich war nicht so «tapfer», wie mein Bruder mich fand. Schmerzen, ja, die kann man aushalten – wie viel, ahnt man in gesundem Zustand gar nicht –, aber in einem relativ jungen Alter körperlich vollkommen hilflos zu sein und für jede Handreichung jemanden in Anspruch nehmen zu müssen, das war schwer zu ertragen. (Von der Zwangsvorstellung, es könnte ein Brand ausbrechen und man sei dem Feuer hilflos ausgeliefert, ganz zu schweigen.)

Beim ersten Mal saß meine Mutter viel am Bett, die umgehend zu ihrem Schwiegersohn nach Köln gezogen war, ob ihm das nun gefiel oder nicht, las mir aus der Zeitung vor, dirigierte alle Besuche und war bei der Visite gefürchtet, weil sie «als Arztfrau» alles genau zu wissen und mit den Ärzten zu diskutieren wünschte, was diese nicht gewöhnt waren.

Manchmal wurde sie deshalb auf den Flur geschickt wie ein unartiges Schulmädchen, während man sich mit mir beschäftigte, und das eine wie das andere empfand ich als unangenehm. Abends kam mein Mann, um sie abzulösen, nicht ohne sie auf den Rotwein hinzuweisen, der schon für sie bereitstand, um ihre Nerven zu beruhigen. Effi Biest, unser Schnauzermischling, der ihn tagsüber in die Redaktion begleitete, jagte unterdessen vor dem Krankenhaus Kaninchen. Das gefiel ihr offenbar sehr gut, sie war eine selbstbewusste Jägerin, ohne je einen Erfolg vorweisen zu können, aber das war uns nur recht, und sie selbst störte es anscheinend auch nicht.

Die Vorstellung, dass sie da draußen ihren Spaß hatte, tröstete mich ein wenig. Aber wie gut hätte es mir getan, wenn Effi einmal hätte mitkommen, ihre Schnauze auf meine Bettdecke legen und mich mit ihren intelligenten schwarzen Augen und den lang darüberhängenden hellgrauen Augenbrauen hätte ansehen dürfen! Ich wäre schneller genesen, da bin ich sicher. Es hätte mir gutgetan, mit ihr zu sprechen, ihr borstenartiges Fell zu streicheln. So ließ ich mir von C. erzählen, was sie trieb, und hörte bewundernd, wie sie einen Kollegen, der einmal in C.s Abwesenheit in dessen Büro kam, in die Nase biss. Effi passte nämlich auf C.s Tasche auf, da war sie sehr zuverlässig. In dieser Stunde abends, wenn er bei mir war und mir die Zähne putzen half, blühte ich ein wenig auf – zumindest in meiner Vorstellung.

So war das alles beim ersten Mal, von Ende November bis Mitte Januar; ich stand in meinem dreißigsten Jahr, hatte gerade geheiratet, war beim WDR im dritten Fernsehprogramm gelandet und fühlte mich auf dem Gipfel meines persönlichen Glücks, dem Gipfel meines Lebens überhaupt, vor mir noch eine lange gleißende Ebene, die Zukunft mit C., dem Mann, den ich liebte und mit dem ich eine Familie gründen wollte. Da ausgerechnet passierte es: Wenige Monate später trat ER in mein Leben – ein aggressiver Riesenzelltumor, aus dem Nichts gekommen und schnell gewachsen, hatte sich meine Brustwirbelsäule für sein zerstörerisches Werk ausgesucht und sich dort eingenistet in Wirbel sechs und sieben oder dazwischen, um sie peu à peu zu zernagen, sich selbst Raum schaffend für seine wuchernden Zellen, so lange, bis einer der Wirbel brach.

Damit hatte er sich auch in meinem Bewusstsein festgesetzt, wo er von nun an als Feind präsent blieb für zwei Jahrzehnte, auch nach seiner ersten radikalen Entfernung, denn er kam – ich hatte es immer befürchtet – wieder, nach neun langen Jahren, an ebenderselben Stelle.

«Rezidiv» nennen die Mediziner solche Wiedergänger, es war die neue Version des alten, eine zurückgelassene Zelle genügt, um einen Klon zu schaffen, ein Tumorkind oder wie man sich das fruchtbare Treiben vorstellen muss. Mit unverminderter Kraft setzte er genau da wieder an, wo er zuvor aufgehört hatte, zwischen den Wirbeln fünf bis neun, doch auch die waren ja nicht mehr genau dieselben, man hatte sie neu gebildet aus meiner Hüfte und sie justiert zwischen zwölf Zentimeter langen Stahlschienen, die wiederum mit langen Schrauben quer zusammengehalten wurden. Dazwischen quetschte er sich abermals, mitten in das kunstvolle Konstrukt der Chirurgen, die mich schon einmal gerettet hatten, wuchs ein zweites Mal und zerstörte außer dem neu eingepflanzten Hüftknochen auch die letzte mir verbliebene Bandscheibe und einiges von einem dritten, vorher noch gesunden Wirbel, und dies verhängnisvolle Wachsen vollzog sich gleichzeitig mit einem anderen Wachsen, denn auch zwei Kinder wuchsen und reiften in diesen Jahren nacheinander in mir und bewahrten mich vor CTs und Schichtaufnahmen und all den angstbesetzten Kontrollmechanismen. Eine Zeit lang jedenfalls. Das war *seine* Chance. So wurde er wieder groß und stark, bis zum zweiten Mal das Messer kam.

Hatte ich nicht fünf Jahre in Angst leben müssen, Angst vor dem Rezidiv, Angst, noch einmal diese grauenhaften Operationen zu erleben, das wochenlange Gipsbett, das monatelange Tragen eines Korsetts und die Mühsal der Reha hinterher? Angst vor allem auch davor, keine Kinder bekommen zu dürfen? Angst nach jeder Kontrolle, bis ich die Bilder sah und erklärt bekam, dass sich alles langsam verfestigte in meinem Rücken und keine verdächtigen Veränderungen zu bemerken waren? Fünf Jahre, in denen ich nicht tanzen ging wie andere, nicht mehr reiten konnte, nicht mehr Ski fuhr und überhaupt vorsichtig sein musste, ständig überwacht und kontrolliert. Und als mir der Chirurg endlich sagte: «Riskieren Sie es in Gottes Namen, der Rücken hält es jetzt aus» – worauf sollte ich da warten?

Ich fühlte mich gesund nach diesen fünf Jahren und mit der ersten Schwangerschaft wieder auf einem Gipfel des Glücks. Als nach dem Mädchen noch der Bub kam, da hätte ich Bäume ausreißen können, so stark und mächtig kam ich mir vor, obwohl beide Geburten lang und anstrengend waren und mich viel Kraft gekostet haben.

Ich konnte mir nicht vorstellen, dass es mir noch einmal genau so schlecht ergehen sollte, ungerecht wäre das, zweimal dieselbe Tortur bei ein und demselben Menschen, und doch lauerte ganz tief unten die Angst, dass sich alles wiederholen könnte, aber vielleicht ist Angst in diesem Fall nur ein anderes Wort für Ahnung: das Wissen, dass ich noch nicht davongekommen war.

Als er mir damals zum ersten Mal aus dem Rückgrat geschnitten wurde, durch den geöffneten Brustkorb hindurch, knapp am Herzen und einer zusammengefalteten Lunge vorbei (sie mussten ja von innen an die Wirbelsäule herankommen), war einer der beiden von ihm zerfressenen Brustwirbel eingebrochen und ragte als Splitter in den Rückenmarkskanal, das Rückenmark war – man konnte es auf dem CT genau erkennen – um Millimeter ausgewichen, beschrieb einen Bogen um die Knochenspitze, was mich vor dem Rollstuhl bewahrte. Glück hatte ich. Unglaubliches Glück im Unglück.

Ich hatte eines Tages nicht aufstehen können vor Schmerzen, ich weiß noch, wie C. ungläubig lachte und dachte, er habe eine Hypochonderin geheiratet oder eine Schauspielerin, weil mir tatsächlich Tränen runterliefen und ich theatralisch behauptete, mich nicht mehr bewegen zu können.

Rückenschmerzen hatten mich auch zuvor begleitet,

das war schon immer mein Schwachpunkt, eine leichte Skoliose als Familienerbe, meine Urgroßmutter hatte Korsett getragen, meine Großmutter balancierte Bücher auf dem Kopf, um gerade zu werden, und meine Mutter schwamm Woche für Woche ihre Runden im Hallenbad, um «bloß keinen Witwenbuckel» zu bekommen. Ich selbst musste als Kind mit grässlichen Filzdeckeln an Knien und Händen auf nach Bohnerwachs riechenden Linoleumböden in Krankengymnastik-Praxen herumkriechen, «Klapp'sches Kriechen», auf das meine Mutter setzte, während meine Freundinnen Gummitwist spielten.

Also dachte ich mir nichts an jenem Morgen in Köln, als C. mich in die Praxis des Orthopäden chauffierte. Aber vielleicht konnte ich auch gar nichts denken, weil ich solche Schmerzen hatte.

Abends um acht rief der Arzt an und klang nervös. Er hatte die Röntgenbilder vor sich, wollte am Telefon jedoch nichts sagen, und bestellte mich für den nächsten Morgen zu sich. Er war sich nicht ganz sicher, tippte auf Knochentuberkulose oder Krebs und schickte mich sofort in die Uniklinik.

Erst nach der Operation ergab sich die endgültige Diagnose: Riesenzellentumor im Knochen, sehr selten und sehr aggressiv, vorkommend in den Stufen eins bis drei. Drei war Krebs, eins gutartig und zwei gerade noch O.K. Was meiner war, erfuhr ich erst nach Wochen, als der Befund aus dem Labor kam: Stufe zwei Rand, im Übergang zu drei. Aber kein Krebs. Das war erst einmal das Wichtigste.

Nur dass dieser Tumor auch in seiner «gutartigen» Form gefährlich war, denn er wächst ebenso schnell wie zerstörerisch. Ich hatte Glück: nicht nur, weil mein Rückenmark dem eingebrochenen Wirbel ausgewichen war, sonst wäre ich an dem Morgen, als ich vor Schmerzen weinte, bereits querschnittsgelähmt gewesen. Sondern auch, weil ich auf lauter Ärzte stieß, die aufmerksam waren, die alle Möglichkeiten in Betracht zogen, und vor allem, weil ich zufällig in Köln wohnte und daher einem der vier besten Wirbelsäulenchirurgen Deutschlands in die Hände fiel.

Deshalb stand für uns außer Frage, dass ich beim zweiten Mal, neun Jahre später, als wir schon lange in München wohnten, wieder zum selben Chirurg nach Köln ging.

Ich wusste, was auf mich zukam, das machte die Sache nicht leichter, zumal C., der ja arbeiten musste, in München blieb und die beiden kleinen Kinder abwechselnd zu meinem Bruder und seiner Schwester brachte. Aber auch Freunde kümmerten sich, holten sie tageweise ab – es ging schließlich um einen Zeitraum von etwa zwei Monaten, den ich in Köln war, und später nochmal sechs Wochen, die ich in der Reha verbrachte.

Als C. kurz nach der OP mit den Kindern nach Köln kam, da erschrak meine Tochter, als sie mich sah: Ich war weiß wie das Bett, in dem ich lag. Der kleine Sohn, eindreiviertel war er damals, wollte gar nicht hin zu mir, sondern klammerte sich an seinen Vater. Später, als ich nach Haus zurückkehrte, erkannte mich der Zweijährige nicht mehr, nur Livia war froh und wuselte viel um mich herum.

Einmal aber rief Moritz nach mir, ich war schon eine Zeit zu Hause in München, er hatte sich wieder daran gewöhnt, dass ich da war, wenn ich auch nicht viel tun konnte, viel ruhen musste und in ein Korsett eingepfercht war, das mich wie ein Hartschalenkoffer von vorn und hinten umschloss, wie Gregor Samsa aus Kafkas Erzählung *Die Verwandlung* fühlte ich mich darin – einmal also rief er nach mir, er stand in seinem Gitterbettchen, war gerade aus dem Mittagsschlaf aufgewacht und streckte die Ärmchen nach mir aus, wollte herausgehoben werden und sich an meinen Hals schmiegen. Aber ich durfte ihn ja weder heben noch tragen, konnte mich nicht mal zu ihm runterbeugen, und so streichelte ich ihn nur, während er weiter nach mir zappelte und anfing zu weinen, weil ich nicht tat, was er ersehnte. Und dann ging ich auch noch weg von ihm, obwohl sein Geschrei nun panikartig anschwoll, ging mit würgendem Gefühl im Hals und holte die Babysitterin, damit sie ihn nehmen würde und tröstete. Schluchzend drückte er sein Gesicht an ihren Hals, warf mir noch einen verstörten Blick zu und guckte mich dann nicht mehr an.

Jahrelang verlangte Moritz nur mehr nach seinem Vater. Erst viel später, als er etwa sechs war, also vier, fünf Jahre nach der Krankheit und meinem Fernsein, akzeptierte er die Mutter allmählich wieder, die sich als so unzuverlässig erwiesen hatte.

Ich habe es mir zur Angewohnheit gemacht, über diese Erfahrungen nicht zu sprechen – weder öffentlich noch privat. Weil ich die Geschichte hinter mir lassen wollte.

Warum erzähle ich sie jetzt? Weil wir auch unsere Krankheiten sind. Weil ich ohne diese zwei tiefen Einschnitte in mein Leben heute vermutlich ein anderer Mensch wäre. Welcher, kann ich nicht sagen. Ich weiß nur, wie sorglos ich bis zu meinem dreißigsten Jahr gelebt habe, wie unbeschwert und leichtfüßig. Damit war es ab da vorbei. Angst hat sich mit der Krankheit in mein Leben geschlichen, eine ganz kreatürliche Angst, und sie sitzt tief in mir drin.

Aber das ist es nicht, was Menschen hören wollen, wenn sie sich für die Geschichte einer Krankheit und deren Heilung interessieren. Nicht zuletzt deshalb spreche ich nicht darüber. Hören will man von der Wiedergeburt, vom Glück des Davongekommenen, von Demut und Dankbarkeit, und dass der so wunderbar Genesene nun jeden einzelnen Tag genießt, wie er vorher noch keinen zu genießen in der Lage war.

Auch das trifft zu und doch wieder nicht. Denn man vergisst dabei den ungeheuren Kraftaufwand, den so etwas kostet. Bis ich wieder sitzen und laufen konnte, bis ich jeweils wieder so hergestellt war, dass ich den Alltag bewältigen konnte – zwei Jahre muss ich allein dafür veranschlagen. Zwei Jahre einer Lebensspanne zwischen dem dreißigsten und dem vierzigsten Jahr, also der Hauptkampfzeit des Lebens, in der ich mich als Fernsehmoderatorin behaupten musste und zwei Kinder bekam. Jeden einzelnen Tag zu genießen, war da zu viel verlangt, auch wenn ich das selbst oft von mir forderte, doch dieses Pensum führt schon gesunde Frauen nicht selten an die Grenzen ihrer Belastbarkeit.

Andererseits: Wie die Familie zusammengestanden ist, meine Mutter und die drei Geschwister und auch die Schwägerin aus Franken, vor allem beim zweiten Mal, als C. arbeiten und die kleinen Kinder versorgen musste, und wie C. selbst da noch ebenso unerschütterlich war in seiner Zuversicht und Zuwendung wie zu Anfang unserer Ehe, wie mich die Freunde besuchten von weit her oder Blumen schickten und Briefe. Auch diese Erfahrung hat mich geprägt.

Seltsamerweise habe ich mich eines nie gefragt: «Warum ich?» Die Frage erschien mir sinnlos und dumm. Weil der Anspruch, ein gutes Leben ohne Unglück, Krankheit und Verlust führen zu wollen, ein maßloser ist. Weil keiner ein Abonnement aufs Glücklichsein besitzt. Ich hatte vielmehr das irreale Gefühl, von einer höheren Macht auf die Schattenseite des Lebens katapultiert zu werden, einer ausgleichenden Gerechtigkeit zufolge, wie ich diese für mich benannte, um dem Ganzen eine Ordnung und einen Sinn zu geben.

Der Sinn bestand in der Prüfung, der ich unterzogen wurde, von der ich nicht wusste, ob ich sie bestehen würde und wie. Die Prüfung selbst stellte ich nicht in Frage. Hätte es meinen Bruder oder meinen Mann getroffen, hätte ich konsequenterweise fragen müssen: «Warum nicht ich?» Natürlich war ich mir – halb – bewusst, dass das eine Hilfskonstruktion war, das wacklige Gerüst einer *metaphysisch Obdachlosen,* einer hilflosen Person, die nicht einfach etwas erleiden will, was andere dann pathetisch «Schicksal» oder, schlichter, «Pech» nennen würden.

Doch so oder so – die Leichtigkeit des Seins geht einem darüber verloren. Aber das ist das Mindeste, was an Erfahrungszuwachs in so einem Fall zu verzeichnen wäre. Man könnte die zweimalige Erfahrung desselben auch einen Blick in den tiefen Abgrund nennen, den man nicht wieder vergisst. Bis es dann doch noch einmal richtig ernst wird, am Ende von allem.

Wenige Menschen auf der Welt werden sich daher mit vierzig schon so auf ihren fünfzigsten Geburtstag gefreut haben wie ich: Denn ich wusste, wenn ich es bis dahin schaffe, ohne dass der Tumor wiederkommt, habe ich es überstanden. «Betrachten Sie sich als gesund», sagt nun auch mein Chirurg und zweimaliger Lebensretter, Professor Tiling aus Köln. Das heißt: keine Kontrollen mehr, kein ständiges Verdrängen der Angst. Vielleicht auch keine Angst mehr – in Zukunft? Ich weiß es nicht. Ich hoffe darauf. Als ersten Schritt hin zur Freiheit habe ich mich jetzt – zum ersten Mal – ausführlich an alles erinnert, um in meinem Kopf ein wenig Ordnung zu schaffen. Und nun ist auch gut.

8. WAS WIRKLICH ZÄHLT: Freundschaften

Die Freunde haben sich bewährt, damals, als ich krank war. Und sind mir heute wichtiger denn je.

Überhaupt sind Freunde – nach der Familie – der größte Reichtum im Leben. Und im Gegensatz zur Familiengründung oder dem Streben nach Ruhm und Geld gibt es kein Zeitfenster für Freundschaften, das sich in bestimmten Jahren öffnet und wieder schließt. Nein, das ganze Leben über kann man neue Freunde gewinnen, wenn man nur wach genug dafür durch die Welt läuft und sich nicht fürchtet, selbst die Initiative zu ergreifen und notfalls – aber wann passiert das schon – einen Korb zu riskieren.

Gerade um die fünfzig herum schärft sich sogar der Blick für Menschen, die uns guttun, denn die Erfahrungen haben uns sicherer gemacht in unserem Urteil über andere und uns selbst: Wir wissen nun, was wir erwarten und selber zu geben bereit sind. Oder wir sind kühn genug, uns auch ohne ein solches Wissen auf jemanden einzulassen – einfach um seiner selbst willen, weil uns dieser Mensch fasziniert. Außerdem erobern wir uns mit den Jahren wieder etwas von dem Freiraum zurück, den wir früher mal hatten, bevor uns die Verantwortung für die Kinder und der Stress im Beruf zeitweise blind gemacht haben für alles andere um uns herum; jetzt kommen wir langsam wieder zu Atem und entdecken, wie viel spannende Menschen es doch gibt, und das Schöne ist: Wir merken viel schneller als früher, wer uns wichtig werden könnte. Wir fallen auch nicht mehr so leicht auf Blender herein und können ziemlich rasch die Spreu vom Weizen trennen – schon weil die Zeit zu kostbar geworden ist, als dass wir sie mit Leuten verbringen wollten, die uns mit ihrem Geschwätz aufhalten oder ihrer Wertschätzung für Dinge, die uns nichts bedeuten. Bis ins hohe Alter kann man neue Freundschaften schließen, wenn man offen bleibt dafür; vielleicht nicht so oft und so schnell wie früher, das mag sein, aber wenn es passiert, dann euphorisiert einen das fast so, als wäre man verliebt.

Natürlich verbindet uns mit unseren Freunden ganz Unterschiedliches: verschiedene Entwicklungsstufen, verschiedene Orte und Epochen im Leben wie Kindheit, Schulzeit, Studium, Paarbildung, die Gründung einer Familie, einzelne Berufsstationen. Mit manchen Freunden spreche ich fast nur über Privates, mit anderen mehr über Politik, Bücher und Filme oder den Beruf. Mit manchen über alles. Die einen bereichern unser jetziges Leben in der Rhein-Main-Region, die anderen sind uns oder mir treu geblieben von gemeinsamen früheren Orten. Mit Lucia aus Kolumbien habe ich beispielsweise mein Studienjahr in Minnesota verbracht; in den zehn Jahren darauf haben wir es geschafft, uns immer wieder zu treffen – in Bogotá, auf einer Reise durch Mexiko, und 1985 kam sie zu meiner Hochzeit nach Deutschland. Dann waren die unabhängigen Jahre vorbei, unsere Arbeit und – in meinem Fall – die Familie fraßen unsere Zeit auf. Im Sommer 2006 haben wir uns nach zwanzig Jahren zum ersten Mal wiedergesehen, sind ein paar Tage zusammen in den USA und nach Kanada gereist und haben unsere einunddreißig Jahre alte Freundschaft gefeiert, die so lange gehalten hat, obwohl wir aus zwei verschiedenen Kontinenten und Kulturen stammen, völlig verschiedene Leben leben und uns selten gesehen haben. Trotzdem können wir bei jedem Telefonat, bei jeder Mail da anknüpfen, wo wir aufgehört haben, es hat sich nicht der Hauch einer Entfremdung eingeschlichen. Andere, mit denen mich objektiv viel mehr verband, sind mir zu meinem eigenen Erstaunen abhandengekommen.

Freundschaften, die überdauern, sind immer auch ein Wunder und ein Geschenk. Und schon allein dafür, dass sie uns die Treue halten, muss man die Freunde lieben und achten. Rationale Gründe, warum eine Beziehung so lange funktionieren kann, obwohl wir ja nicht dieselben bleiben, uns dauernd verändern, lassen sich im Einzelfall sicher viele finden, sie sind aber – so glaube ich – sekundär. Entscheidend ist die emotionale Bindung, das ist bei Freundschaften nicht anders als in der Liebe.

Besonders kostbar sind natürlich die ganz alten Beziehungen, die schon viel ausgehalten haben und immer noch bestehen. Wie die zu Jutta, die, auf sieben Tage so alt wie ich, im selben katholischen Krankenhaus zur Welt gekommen ist, dieselbe Kindergartenschwester angebetet und dieselbe Volksschullehrerin verehrt hat wie ich, mit der ich früh diskutierte, welche Sünden zu beichten seien und welche nicht, mit der ich reiten ging und Theater spielte und Liebesprobleme analysierte. Sie kennt mich und meine Wurzeln und alle Teile meiner Familie so wie ich die ihren, erinnert sich an meine Großmutter und ihre Aussprüche und an die Macken meiner Geschwister, so wie ich mit ihren Schwestern vertraut bin und ihre Großmutter noch reden höre, wenn sie «die guten Tiere» lobte, mit denen Jutta und ich in den Grünanlagen herumzogen, nämlich ihre Teddy, einen weiblichen, mobähnlichen Skyterrier, den ich einmal zu ihrem Zorn «Floh-Hotel» genannt habe, und meinen Teddy, einen männlichen, leider ziemlich beschränkten Welshterrier; vorn im Buch habe ich schon von Jutta erzählt und dem, was unsere Kindheit und frühen Erwachsenenjahre geprägt hat und nun unsere gemeinsame Erinnerung ausmacht.

Heute sind wir einander etwas, was über die Rolle unserer Geschwister und die anderer Freunde hinausgeht: Wir kennen uns gegenseitig besser als diese uns, weil wir – immer im selben Alter – viel mehr Erfahrungen miteinander geteilt haben als mit irgendjemand sonst; gleichzeitig gehen wir als Freundinnen unbelasteter und vorurteilsloser miteinander um, als das in der Familie gewöhnlich der Fall ist. Unsere Beziehung war dadurch stark genug, längere Trennungen, heftige politische und ideologische Meinungsverschiedenheiten und selbst die Wahl «falscher» Männer auszuhalten. Und auch wenn wir manchmal lange schweigen, werden wir nicht unruhig darüber; die Verbindung zwischen uns besteht fort, das wissen wir, wir müssen uns ihrer nicht rückversichern.

In jedem Lebensalter kamen neue Freunde dazu, gingen andere verloren. Zwei gute Schulfreundinnen habe ich nach dem Abitur aus den Augen verloren, ohne dass ich genau sagen könnte, warum, und eine Freundin, Ellen, ist als junge Mutter an Brustkrebs gestorben. Ich denke oft an sie, die so gern lebte, und sehe uns, wie wir in Schwabing Ende der achtziger Jahre die Secondhandläden nach schicken Klamotten durchkämmten und am Marienplatz Eis aßen. Manchmal träume ich von einer oder einem derjenigen, die aus meinem Leben verschwunden sind, und dann merke ich, dass der Verlust auch nach vielen Jahren noch schmerzt.

Und weil das so ist, weil zu den Freundschaften und zur Liebe in unserem Leben nicht nur die Freude über die guten alten, die weniger alten und die neueren, über die intensiven, die schwierigen und die leichtfüßigen Beziehungen gehört, sondern immer auch die Erfahrung des Scheiterns und des Verlusts, will ich an dieser Stelle eine Geschichte von Letzterem erzählen.

Die Jahrtausendwende hatte ich mir viele Jahre hindurch anders vorgestellt. Nicht dass ich enttäuscht gewesen wäre. Freunde von früher waren zu Besuch nach Mainz gekommen, wir aßen, tranken und redeten von alten Zeiten, gesellten uns später mit Kindern, Raketen, Böllern und

Schampus zu den Nachbarn auf die Straße, wo C. es den andern Vätern gleichtun und ein wildes, buntes Spektakel veranstalten würde, funkensprühend und ohrenbetäubend, wie es Männern auch fortgeschrittenen Alters Freude bereitet, während die Frauen in Grüppchen zusammenstehen, mit den Freunden und Nachbarn anstoßen und frierend die Qualität der Feuerzeichen am schwarzen Nachthimmel kommentieren würden, um sich so bald wie möglich wieder in die warme Höhle des Hauses zu retten.

Es war also fast wie immer. Nur die Vorstellung, diesmal anders empfinden zu sollen als gewöhnlich, hatte gestört – schließlich war mehr als nur ein Jahr vergangen, das ganze, schreckliche 20. Jahrhundert war zu Ende, von dem wir die entschieden glücklichere Hälfte erwischt hatten und wohl auch ein glücklicheres Leben führten als unsere Eltern und Großeltern; ja, ein ganzes Jahrtausend war dahin, das Jahrtausend der Zivilisierung Europas, ein merkwürdiger Gedanke gerade angesichts des letzten Jahrhunderts. Aber wer konnte oder wollte sich das schon vorstellen in diesem Moment, bei diesem Lärm? Das ließen wir außer Betracht – nur kein Pathos.

Stattdessen kreisten die Gespräche kurz um den befürchteten Computerkollaps und seine möglichen Folgen, um sich dann wieder festzuhaken an uns selbst und unseren Leben: Es ging um nichts weniger als die sich abzeichnende Ehekrise der Gäste, um die Sehnsucht nach Anerkennung und Selbstverwirklichung – erstaunt nahm ich zur Kenntnis, dass es auch dieses Ziel noch gab und Menschen, die sich ironiefrei dazu bekannten – und um die Probleme, als Frau nach langer Kinderpause wieder Fuß zu fassen in der Arbeitswelt. Mag sein, dass ich innerlich ein wenig unwillig dabei geworden war, weil mir einfiel, wie sehr ich damals, kurz nach der Geburt unserer Kinder, meiner und ihrer, die Freundin zu überzeugen versucht hatte, nur ein halbes Jahr auszusetzen, maximal, auf sie eingeredet hatte «wie auf einen lahmen Gaul», wie C. sagte, aber nein, sie wollte etwas haben von ihren Kindern, wollte sie «genießen», wie sie immer betonte, sich nicht so abstrampeln wie ich, die ich die Kinder, die C. mir in den Sender bringen musste, manchmal in der Maske stillte, vor der Sendung, während ich meine Moderationskärtchen mit den Fragen für die Studiogäste studierte, und, ja, ich hatte den Vorwurf dabei immer mitgehört, wenn sie erzählte, wie schön es sei, Zeit für ein Kind zu haben.

Jetzt hatte sie zu viel davon. Die Kinder waren halbwüchsig wie meine, organisierten ihre Tage selbst, brauchten sie höchstens noch zum Tschüssagen und Küsschengeben und wenn es hieß: «Hast du mal gerade einen Zehner für mich? Wir wollen Kaffee trinken gehen.» Dem Ehemann wiederum ging es auf die Nerven, sie über den «beschissenen Haushalt» lamentieren zu hören, wo sie «der Depp» sei für alle – ich verkniff es mir, sie an die damaligen Diskussionen zu erinnern; es fiel mir schwer, aber es macht ja keinen Spaß, recht zu haben, wenn es zu spät ist.

Als der Ton zwischen dem Ehepaar schärfer wurde, waren wir aktiv geworden, hatten es als Gastgeber für unsere Pflicht gehalten, den Streit zu schlichten. Um sie abzulenken, hatten wir von uns und unseren Schwierigkeiten erzählt und sie damit zu besänftigen versucht, dass das Leben von Leuten wie uns, die sich beide dem Zwang unterwarfen, Geld zu verdienen (oder vielmehr, je nach Perspektive, sich beide das Vergnügen gönnten, einem Beruf nachzugehen), und sich täglich neu koordinieren müssen, um den Haushalt und was an Kinder- und Freundespflichten so anfällt, auf die Reihe zu bekommen – dass also dieses gleichberechtigte Leben gewiss nicht einfacher sei. Nein, komplizierter. Und anstrengender. Aber dafür lebte keiner von uns auf Kosten des andern, räumten wir ein. In keiner Hinsicht. Deshalb bestärkten C. und ich die

Freundin in ihrem Entschluss, das Ziel, sich unabhängig zu machen, sofort anzugehen, weil sie jetzt noch in ihren Vierzigern alle Chancen dazu hatte; und wir redeten ihm ins Gewissen, ihr dabei alle Unterstützung zu geben, die sie brauchte. Auch die Kinder müssten mit ran, unbedingt, es helfe ihnen sogar für später, vor allem dem Jungen.

Während wir uns in Begeisterung redeten, weil es doch toll ist, wenn Menschen ihr Leben in die Hand nehmen, um es zu ändern und zu verbessern, wurden die beiden immer einsilbiger und verhaltener. Ich meinte, Skepsis aus ihren Mienen zu lesen und die Botschaft, dass es nun genug sei mit den guten Ratschlägen. Und wir hatten den Eindruck, dass sie es so toll auch wieder nicht fanden, wenn der Mann in der Küche steht und die Frau zehn Stunden unterwegs ist, wie es bei uns häufig der Fall ist.

Also wechselten wir das Thema.

Gegen drei waren wir zu Bett gegangen, aber ich konnte nicht schlafen, weil ich kalte Füße hatte. Dann merkte ich, dass es nicht die Füße waren, sondern ein kleiner Kälteklumpen irgendwo im Magen oder zwischen den Rippen, vielleicht im Zwerchfell. Und ich erinnerte mich, dass sich dieser Klumpen stecknadelgroß in mir festgekrallt hatte, als wir noch lebhaft diskutierend beisammensaßen. Die Gäste hatten jedenfalls nichts damit zu tun, so tragisch fand ich ihre Probleme nicht, es musste etwas anderes sein. Ich konnte mir die plötzliche Traurigkeit nicht erklären, schämte mich insgeheim für sie, weil ich nicht wusste, woher sie kam.

Als mir endlich einfiel, was mir den ganzen Abend über im Kopf herumgespukt war, während ich Diskussionen führte, die ich schon vor zwanzig und dreißig Jahren geführt habe und die mir seit eh und je auf die Nerven gehen, als ich mir dessen also inne wurde, löste sich die Verkrampfung langsam auf.

Ich versuchte, zu rekonstruieren, wie es hätte sein sollen an diesem Abend. Wenn alles gutgegangen wäre. Dann hätte ich dieses Silvester mit einem anderen, gleichaltrigen Mann verbracht, allein, ohne Familie. Wo? Keine Ahnung. Auf einer Berghütte vielleicht, hatte Peter damals gesagt. Aber wo war nicht wichtig. Wichtig war: dass wir uns mit diesem gemeinsamen Silvester 1999, weit weg von unseren Familien oder Lebenspartnern, eines beweisen würden: dass wir immer noch zueinanderhielten und keine Spießer geworden waren. Dass wir treu zu unserer Vergangenheit und dem Versprechen standen, das wir uns gegeben hatten, egal, wer das aktuelle Leben mit uns teilen würde. Und dass wir unabhängig geblieben waren, frei genug, um unter allen Umständen zueinanderzukommen, weil wir die alte Verbindlichkeit höher bewerteten als eine mögliche neue.

«Schaffst du das auch?», hatte er mich mehr als einmal gefragt, und der leise Zweifel in seiner Stimme hatte mich empört. Natürlich war ich mir ganz sicher und nur deshalb erregt, weil ich damals im Geiste dreiunddreißig Jahre meines Lebens überspringen musste. Fünfundvierzig würden wir sein bei der Jahrtausendwende. «Du wirst einen Mann und Kinder haben, hundertpro», sagte er. «Und du», fragte ich, «du wünschst dir doch auch eine Familie?» Aber darauf antwortete er nicht. Später, da waren wir schon sechzehn oder siebzehn, sagte er: «Familie kann ich mir nicht vorstellen.» Er sagte es nicht ablehnend oder abwertend, eher so, als wäre das eine Lebensform, die für ihn nicht vorgesehen war. Und wenn er von *seiner* Familie erzählte, wusste ich, warum.

Seine Eltern bedeuteten ihm nichts. Weil sie nichts für ihn bereithielten, was ihn interessierte. Spießer seien sie. Intolerant, verständnislos. Liebe? Das Wort nötigte ihm ein Lachen ab, das wie ein Schnauben klang. Und schon bereute ich, dass ich mich hatte hinreißen lassen zu dieser

Frage und so ein kitschiges Wort in den Mund genommen hatte.

Seinen Worten glaubte ich bedingungslos. Gefühle waren immer wahr, in diesem Alter. Besonders das Gefühl der Abscheu. Ich teilte es mit ihm, ohne die zu kennen, denen es galt. Mich faszinierte, dass jemand in seinem Alter, also mit zwölf, dreizehn, bereits über so viel Distanz zu den eigenen Eltern verfügte. Er nahm sie nicht ernst. Sie erreichten ihn gar nicht mit ihrem Gezeter und den Hunderten Verboten, mit ihren hilflosen Versuchen, ihn einzuschüchtern und klein zu halten. An der Bekanntschaft mit solchen Eltern war ich nicht interessiert, und tatsächlich bekam ich sie nie zu Gesicht, weil er grundsätzlich niemanden zu sich nach Hause einlud. Er wollte es nicht. Vielleicht hatten sie ihm aber auch verboten, Freunde mitzubringen. Mag sein, dass sich die Eltern und ihr einziges Kind in diesem einen Punkt einig gewesen sind.

Es war ihm ergangen, wie ich es nur von armen Kindern im Märchen kannte: Seine Mutter hatte er früh verloren, die Wahl der zweiten Frau verzieh er dem Vater nie. Was er seiner Stiefmutter gegenüber empfand, ließ sich in vier Buchstaben auf den Punkt bringen: Hass. Der offenbar erwidert wurde. Wann dieser Hass angefangen hatte, in seinen Eingeweiden zu wühlen, war nicht mehr festzustellen. Er war ja noch klein gewesen damals, als die neue Frau ihr herrisches Regiment antrat. Und von Stund an sein Leben vergiftete. An seine wirkliche Mutter konnte er sich nicht mehr erinnern. Er wusste nur, dass die neue Frau kalt zu ihm gewesen war, von Anfang an. Ihn schikanierte – zum Beispiel mit Essen, das er nicht mochte. Das ihm wieder und wieder vorgesetzt wurde, bis er Brechreiz bekam.

Seinen Vater hingegen verachtete er, weil er sich dieser Frau unterwarf. Und weil von ihm nur Sprüche zu hören waren. Sprüche, die heute als typisch für jene Zeit und jene Sorte Eltern gelten. Dass sie wirklich jemand benutzt hat, kann man sich gar nicht mehr vorstellen, weil sie so oft zitiert wurden. Doch wurden sie oft zitiert, weil sie so oft zu hören waren, damals. Die Eltern genierten sich ja nicht dafür, wenn sie sagten: «Solange du die Füße unter meinen Tisch …», oder: «Geh doch rüber, wenn's dir hier nicht passt!», oder: «Solche langhaarigen Affen wie dich hätte man seinerzeit …», oder: «Stell endlich die Negermusik leiser!»

«Kann man für einen Vater, der so einen Scheiß labert, noch Respekt empfinden?», fragte mich Peter. Und ich, die ich bis dahin gar nicht gewusst hatte, dass es Eltern gab, die so daherredeten, blieb ihm die Antwort schuldig. Man schrieb das Jahr 1967.

Alles, was Peter wollte, war: so schnell wie möglich erwachsen werden und abhauen.

Ich wollte dasselbe, obwohl es mir zu Hause viel besser ging als ihm. Erwachsen werden und sich nichts mehr sagen lassen müssen – das war das Wichtigste. Aber vor allem wollte ich, dass wir Freunde blieben. Ein Leben lang. Deshalb fand ich seine Idee, uns gegenseitig das Jahrtausendsilvester zu reservieren, grandios. Sie war, empfand ich dunkel, so etwas wie eine Liebeserklärung, ein Erkennen des anderen im Kern, den man für unverwüstlich hält, was immer das Schicksal mit uns anstellen würde. Und ich glaubte fest daran, dass unsere Freundschaft die Jahrzehnte überdauern würde.

Aber wir waren ja erst zwölf, als wir sie schlossen, hatten noch genau sechs gemeinsame Jahre bis zum Abitur vor uns. Ab und zu kam er zu mir nach Hause – nicht oft, denn er wohnte ziemlich weit weg in einem kleinen Ort, der nur mit dem Zug zu erreichen war –, dann machten wir zusammen Hausaufgaben, spielten uns neue Singles vor, *With A Little Help From My Friends* zum Beispiel, die hatte mir gerade mein Bruder geschenkt, damit ich mal was anderes hörte als die Beatles, und wenn ich wusste, dass meine Eltern in der Praxis waren, stellten wir den Ton ganz laut, sobald Joe Cocker seinen Schrei ausstieß. Manchmal spielten wir mit einem meiner kleinen Neffen, wenn eine meiner großen Schwestern zu Besuch war, und er trieb seinen Schabernack mit ihm.

Peter hatte eine verschmitzte, leise Art, mit den Kleinen umzugehen, das gefiel mir, und das gefiel auch meiner Mutter. Sie mochte ihn, weil er nicht gewöhnlich war. «Ein aparter Junge», sagte sie, «und keineswegs unwitzig.» Das war der Ritterschlag – ich war stolz auf meinen Freund.

Dass er es schwer im Leben hatte, wusste sie aus Andeutungen von mir und sah gern, wenn er zu uns kam. Auch wenn unsere gemeinsamen schulischen Bemühungen nicht gerade Erfolg versprachen – wir kamen immer auf andere Gedanken dabei, die wir begierig fortspannen, bis wir uns in luftige Höhen verloren. Wir philosophierten und fühlten uns klug. Ob Gott existiert oder nur eine Idee der Menschen sei, eine Wunschvorstellung, weil sie das Nichts nicht ertragen können, und welchen Sinn das Leben ohne Gott überhaupt haben könne – Peter meinte: keinen. Ich widersprach, wusste aber auch nicht, welchen, außer dass das Leben doch auch schöne Seiten hätte und wir ja gar nicht wüssten, ob da nicht doch etwas … «Als denkender Mensch darf man gar nicht glauben», sagte Peter, Denken und Glauben sei eben zweierlei, das schließe sich aus, der intellektuelle Anstand gebiete es, Atheist zu sein. Ob er damals tatsächlich das Wort «intellektuell» benutzte, weiß ich nicht, aber er meinte es jedenfalls.

So wie er seine Stiefmutter hasste, hasste er die Kirche, die dafür sorgte, dass er sich ständig schuldig fühlte, und die alles für Sünde erklärte, was doch natürlich war. Einmal hatte ihn sein Vater beim Onanieren ertappt – auch das hat er mir erzählt, da waren wir allerdings schon älter und bekamen keine roten Ohren mehr bei diesem Thema – und ihm erklärt, dass er davon «Rückenmarkserweichung» bekommen werde. Nein, erklärt kann man nicht sagen, «prophezeit» ist wahrscheinlich das treffendere Verb. Mein Entsetzen nachträglich, wie viel Angst er damals auszustehen hatte.

Nie fragte ich mich, welche Gefühle Peter für mich hegte, der Gedanke daran kam mir gar nicht in den Sinn. Er war mein Freund, aber verliebt war ich nur in die ein, zwei Jahre älteren Jungs aus meiner Clique, mit denen ich in die Tanzstunde ging und heimliche Küsse tauschte. Mit Peter verband mich anderes. Mit ihm tauschte ich vertrauliche Gedanken und letzte Fragen aus. Mit der Clique hatte er nichts zu tun, und das war mir sehr recht. Das eine war ernst und so etwas wie mein Geheimnis, das andere mein Außenleben, mein Vergnügen.

Einmal fragte mich Peter zaghaft nach dem einen oder anderen aus der Clique und was er mir bedeute. Wenn ich vorübergehend einen hatte, mit dem ich «ging», wie man damals sagte, zog er sich zurück. Kritisierte scharf, wenn ihm einer unsympathisch war. Und ihm war schnell einer unsympathisch.

Meistens aber waren wir uns ziemlich einig in der Beurteilung anderer, vornehmlich der Klassenkameraden und Lehrer. Wir verstanden uns, wie sich Geschwister manchmal verstehen oder alte Ehepaare: mit Blicken und kleinen Gesten, auf Zuruf, ohne viel Worte.

Alles Pubertäre, alles verschwitzt Körperliche jener Jahre klammerten wir aus zwischen uns, ohne dass uns das schwerfiel. Damit wollten wir unsere Freundschaft nicht belasten.

Natürlich war Sex ein Thema, immer und überall in dieser Zeit, auch bei uns zu Hause am Mittagstisch, wo meine Eltern die Filme Oswalt Kolles diskutierten, statt uns blöde Sachen über lange Haare oder die Gefahren vorehelichen Geschlechtsverkehrs zu erzählen. Doch hier wie unter uns Gleichaltrigen wurde die Sexualität mit einem fast wissenschaftlichen Interesse verhandelt, sie sollte uns ja nicht zu nahe auf den Leib rücken.

Später, wir waren schon erwachsen, wurden wir offener miteinander. Wann der beste Zeitpunkt für «das erste Mal» wäre, war so ein Gespräch nachts um zwei im VW meiner Mutter, den ich kurz vor dem Abitur ab und zu fahren durfte. Ich weiß noch, dass es ihn beruhigte, zu hören, dass ich ihm nicht voraus war an Erfahrung. Aber wir waren uns einig, dass unser Zustand unhaltbar war. Dass wir unserer Zeit hinterherhinkten, hoffnungslos altmodisch. Wir stellten Vermutungen darüber an, wer aus unserer Klasse es schon getan hatte, und tauschten aus, von wem wir es sicher wussten. Und wir beschlossen, unser kindisches Warten auf die große Liebe aufzugeben, die es ja sowieso nicht gäbe, und die Sache in der nächsten halbwegs ernsthaften Beziehung hinter uns zu bringen. Danach wollten wir uns treffen und einander Bericht erstatten.

Doch dazu kam es nicht.

Ich ging zum Studieren in den äußersten Süden, nach Konstanz, er zur Bundeswehr. Warum er das tat, verstand ich nicht. Ich konnte ihn mir nicht vorstellen in dieser Männerwelt von Befehl und Gehorsam. Er wollte sich nicht drücken, hatte er mir erklärt, sondern dieser Erfahrung stellen. Eben nicht Zivildienst machen wie die anderen «Weicheier». Er betrachtete die Bundeswehr masochistisch-pragmatisch als Härtetest, so, als hätte ihn das Leben bisher verwöhnt und als wolle er nun beweisen, dass er auch anders könnte. Aber vielleicht wollte er es nur seinem Alten zeigen, der ihm nichts zutraute, ihn für einen Schlappschwanz und Versager hielt.

Während Peter durch den Schlamm robbte und Gewehre auseinandernahm und wieder zusammensetzte, lernte ich am Bodensee euphorisch zwanzig Stunden pro Woche Russisch, meine neue Sprache, die mir eine neue Welt eröffnete, lebte zum ersten Mal in meinem Leben allein und frei in einer kleinen Bude, fühlte mich erwachsen und selbständig.

Peter aber litt. Was mich nicht überraschte. Wir tauschten Postkarten aus, von Zeit zu Zeit, kleine, eng beschriebene, auf denen ich versuchte, mein Glück im Zaum zu halten und er sein Unglück. Eine Freundin hatte er noch immer nicht, ich dagegen taumelte von einer Verliebtheit in die nächste. Dann hörte ich nichts mehr. Bekam keine Antwort mehr auf meine Karten und verstand – nichts.

Beim ersten Besuch zu Hause erfuhr ich, dass es Peter nicht mehr gab. Er hatte sich in den Kopf geschossen, mit einer Waffe der Bundeswehr. Die Eltern hatten auf eine Anzeige verzichtet, und die Beerdigung hatte schon im engsten Familienkreis stattgefunden.

Einen Brief hat er nicht hinterlassen.

Am Neujahrsmorgen des Jahres 2000 ging es mir schlecht. Der Champagner war mir mal wieder nicht bekommen, und die Trauer darüber, dass ich mein Versprechen von 1967 nicht hatte einlösen können, saß mir in den Gliedern. Ich dachte noch an den anderen Schulkameraden gleichen Namens, der sich während des Studiums umgebracht hatte, an Ellen, die mit Mitte dreißig hatte gehen müssen, und daran, dass es im Laufe unseres Lebens immer mehr werden, die uns vorzeitig verlassen.

Und jetzt, in den Fünfzigern, geht es erst richtig los.

Dass die Eltern sterben, ist eine Erfahrung, die viele in diesem Alter machen. Auch sie ist schmerzhaft. Denn mit den Eltern verlassen uns die, die uns doch fast immer Pardon gegeben und noch zu uns gehalten haben, wenn sich alles gegen uns verschworen hatte. Wie ungewohnt und ein wenig erschreckend auch, mit einem Mal selbst die älteste Generation in der Familie zu sein. Niemand mehr da zwischen uns und dem Tod. Darüber hinaus müssen wir uns darauf einstellen, dass sogar einer von uns, wie vom Blitz getroffen, umfällt, so wie der Mann einer Freundin, die mit Anfang fünfzig und noch nicht erwachsenen Kindern plötzlich Witwe wurde. Und vor kurzem mussten wir uns von einem Freund verabschieden, dem der Krebs keine Zeit mehr ließ, und ich wusste gar nicht, wie das gehen sollte.

Auch das macht Freunde so kostbar. Sie können uns ihre Liebe entziehen und weggehen oder sterben. Halten wir uns an die, die uns bleiben, pflegen und lieben wir sie.

Teil 2 – DIE FRAU VON FÜNFZIG JAHREN

1. VIELE KLEINE NADELSTICHE: Die Spuren des Lebens

Jenny ist, wie ich, im sogenannten besten Alter und lebt seit acht Jahren mit uns im Haus. Wir vertragen uns gut, obwohl sie sich nicht gerade nützlich macht. Sie lässt sich im Gegenteil ausgesprochen gerne bedienen und wird nur dann richtig aufmerksam, wenn es ans Kochen und Essenvorbereiten geht. Ich glaube, man tut ihr kein Unrecht, wenn man die Dinge beim Namen nennt: Sie ist, wie wir alle im Grunde, faul und genusssüchtig, allerdings würden wir – in diesem Fall also mein Mann und ich – uns nie erlauben, das auch auszuleben. Jenny aber ist da ungeniert, und das geht mir manchmal auf die Nerven. Andererseits ist sie eine sehr angenehme Mitbewohnerin, zurückhaltend und von freundlichem Wesen, und im Gegensatz zu uns kann man von ihr mit Fug und Recht behaupten, dass ihr Gemüt durch fast nichts zu trüben ist, jedenfalls solange sie in alle Familienunternehmungen integriert wird.

Wenn sie aber wieder mal innerlich abwesend ihren Tagträumen nachhängt, beobachte ich sie heimlich und versuche, die Spuren des Alters an ihr festzumachen, und es fasziniert mich, wie verschieden sie von den meinen sind. Jennys Oberschenkel sind beispielsweise makellos, kein Gramm Fett ist daran zu sehen. Bei mir dagegen – schweigen wir. Dafür ist meine Taille immer noch gut zu erkennen, während sie bei Jenny langsam, aber sicher unterhalb ihres breiter werdenden Rückens verschwindet. Und während ich zufrieden meinen schlanken Hals im Spiegel recke, betrachte ich mit Missfallen den ihren, der immer speckiger wird und sich schon in einander überlappende Falten legt.

«Dagegen müssen wir vorgehen», bedeute ich ihr. Allein, ihre Trägheit ist groß. Den ganzen Tag liegt sie wie Oblomov auf einem Diwan herum und schläft oder döst vor sich hin. Mich provoziert das, wenn ich abgehetzt um sie herumspringe; ich würde auch gerne mal auf dem Sofa liegen und lesen, aber dann schreien gleich alle: «Wann essen wir?», meine Kinder wollen, dass ich sie Vokabeln abhöre, oder gar da- und dorthin gebracht werden. Also versuche ich manchmal, mich dem zu entziehen, indem ich Jenny zum Joggen oder Walken auffordere: «In unserem Alter muss man was tun», sage ich ihr. Sie kommt zwar bereitwillig und durchaus erfreut über die Abwechslung mit, strengt sich aber mitnichten an. Auch wenn sie zugegebenermaßen leichtfüßiger als ich dahintrabt, so gibt sie doch sofort auf, sobald ich aufgebe, manchmal schon nach fünfzehn Minuten, bleibt stehen, sobald ich stehenbleibe, und wenn ich mich ausnahmsweise auf eine Bank setze, wirft sie sich auf der Stelle ins Gras.

Inzwischen ist es so weit mit ihr, dass sie sich nicht einmal mehr die Treppe herunterbemüht, um einen von uns zu begrüßen, wenn wir nach Hause kommen. Nein, die Dame wartet, bis wir oben sind und ihr unsere Reverenz erweisen. Und selbst dann bleibt sie liegen, reckt sich nur leicht und legt die Ohren so niedlich an, dass sie ein glattes Kinderköpfchen bekommt.

«Jenny, du bist nicht mehr die Jüngste, du musst dich mehr bewegen, musst trainieren, Treppen laufen ist gesund», rede ich auf sie ein; sie aber quittiert meine Tiraden lässig und klopft im Liegen nur zweimal kurz mit dem Schwanz, was so viel bedeutet wie: «Jetzt lass mal gut sein», dann lässt sie ihre Schnauze mit einem Seufzer zurück aufs Kissen sinken.

Jenny macht sich – so viel steht fest – wegen ihres Alters keinen Kopf.

Das Leben hinterlässt seine Spuren, und im Gegensatz zu meinem Hund machen mir diese Spuren zu schaffen; den meisten Frauen meines Alters dürfte es ähnlich gehen, umso mehr, je schöner sie in ihrer Jugend gewesen sind. Denn das Selbstbewusstsein gerade der schönen Frau entsteht oft vor allem dadurch, dass sie jahrelang – besonders Begünstigte jahrzehntelang – durch männliche Komplimente und Verehrung verwöhnt wurde. Je mehr Männern eine Frau im Leben den Kopf verdreht hat, je öfter sie gehört hat, wie schön sie ist, desto eher wird sie das glauben und nutzen – und wieso auch nicht! Wer möchte schon gefeit sein gegen solches Lob? Wer möchte so abgebrüht sein, immer nur auf die Absicht hinter der Schmeichelei zu schielen, wer möchte nicht begehrt werden? Unter einer Vielzahl von Verehrern schließlich den auswählen zu können, den sie für gut genug erachtet, das lernt die Schöne von ihrem Teenageralter an. Und wenn sie es sehr genießt, wird sie die Situation der Auswahl, in die man im Märchen höchstens einmal kommt, so oft wie möglich wiederholen. Nicht nur, weil sich damit aufregende Liebesgeschichten verbinden, von denen eine schöne Frau vermutlich ein paar mehr hat als eine weniger schöne, sondern auch, weil ihre Schönheit ihr Macht verleiht über die Männer. Zwar weiß sie, dass diese Macht von begrenzter Dauer ist, denn sie erlebt täglich, wie die Gesellschaft über ältere Frauen urteilt. Aber das kümmert sie nicht in der Jugend. Alt sind immer nur die anderen.

Und dann ist man es plötzlich selber. Nur die Naiven unter den älter Gewordenen glauben den verlogenen Durchhalteparolen frisch-fromm-fröhlicher Ratgeber mit Titeln wie *Mit 50 geht das Leben richtig los* oder *Die besten Jahre kommen erst* oder *Generation Best-Agers*. Die anderen merken die Absicht und sind verstimmt.

Altern ist kein Vergnügen, und es wird nicht dadurch vergnüglicher, dass man sich fröhlich darüber hinweglügt.

Wer altert, tut gut daran, sich all den damit verbundenen Prozessen zu stellen. Auch wer wie ich sein Leben als Frau wunderbar findet und sich gut in Form fühlt, muss sich wohl oder übel überlegen, wie es weitergeht, eine Haltung zum beginnenden Alter finden. Das fängt damit an, sich daran zu gewöhnen, dass es ab jetzt keine Beurteilung des Äußeren mehr ohne die drei einleitenden Wörter «für ihr Alter» geben wird: Für ihr Alter sieht sie ja noch «einigermaßen» oder – im besten Fall – «richtig» gut aus. «Für ihr Alter» heißt: Sie gehört zwar nicht mehr zu den Frauen, die hübsch, anziehend und daher «interessant» sein können, ist also im Grunde jenseits von Gut und Böse, aber dafür hat sie sich ganz ordentlich gehalten. Und darin liegt schon drohend die Ergänzung: Warte nur, balde alterst auch du.

Es sind vor allem drei Entwicklungen, die uns zu schaffen machen: Die Schönheit schwindet, die Kräfte schwinden, der Körper baut ab. Falten graben sich ins Gesicht, die Haut erschlafft, dieses und jenes Zipperlein fängt an zu nerven, und was man früher einfach so wegsteckte, ohne dass man es richtig merkte, wird plötzlich zum Problem. Mit dreißig habe ich noch jeden Mann unter den Tisch trinken können; heute, mit fast zweiundfünfzig, nehme ich alkoholfreies Bier zum Abendessen, nippe bei Einladungen den ganzen Abend lang an einem halben Glas Rotwein und halte mich am Wasserglas fest. Champagner, bis vor kurzem der höchste Genuss für mich, beschert mir ausgerechnet jetzt, da ich ihn mir häufiger leisten könnte und da er mir häufiger angeboten wird als in jungen Jahren, ab dem dritten Schluck zuverlässig eine Migräne, und nach drei Gläsern habe ich – wie zuletzt an Weihnachten – eine Art Alkoholvergiftung und bin kurz vorm Sterben.

Früher konnte ich eine schöne Nacht mit guten Freunden nicht einfach enden lassen, bloß weil die Kneipen zumachten. Dann zog man eben weiter, zu einem der Beteiligten, wo mitten in der Nacht eine Suppe oder ein Topf Spaghetti gekocht wurde. Nichts ist schöner, als sich im Morgengrauen bei Vogelgezwitscher auf den Heimweg zu machen und mit der aufgehenden Sonne und Schlafbrille ins Bett zu sinken!

Wann habe ich meinen letzten Sonnenaufgang erlebt? Ich kann mich nicht mehr daran erinnern, weil ich neuerdings spätestens um zwei Uhr morgens anfange zu schwächeln. Wochentags, wenn ich früh aufstehen muss, gehe ich überhaupt nicht mehr aus, sonst bin ich für meinen Zehn-Stunden-Tag im Sender nicht fit genug.

Leider wird ja heutzutage kaum mehr getanzt in unserem Alter, man lädt sich zum Abendessen ein und unterhält sich stundenlang bei Tisch, was bei entsprechend interessanten Gesprächspartnern anregend sein kann und den Horizont erweitert. Aber eine gute Party ist doch was anderes. Neulich wurde auf einem Geburtstagsfest – es war übrigens ein Fünfzigster – endlich mal wieder richtig getanzt, und ich geriet an einen phantastischen, ein paar Jährchen jüngeren Tänzer, der mich beim Rock 'n' Roll nur so herumwirbelte. An Konversation mit dem attraktiven Burschen war leider nicht zu denken, weil ich derart außer Atem war, dass ich Mühe hatte, mit seinem Tempo mitzuhalten. Und dann fiel mir nichts Besseres ein, als entschuldigend auf mein mangelndes Tanztraining und die Zahl meiner Jahre zu verweisen. – Wie peinlich, dachte ich sofort, war es denn nötig, den armen Kerl so in Verlegenheit zu bringen, dass er auch noch sagen muss, er hätte mich für viel jünger ... Ich hätte mir am liebsten die Zunge abgebissen.

Muss man sein Alter thematisieren? Als Dame? Ohne Not? Ach, warum eigentlich nicht? Es ist schließlich keine ansteckende Krankheit und nichts, wofür man sich schämen müsste. Es ist einfach lästig und, ja, wenn man sich gelegentlich etwas hineinsteigert, deprimierend, nicht nur für Frauen, auch für Männer.

Und den Anlass des «Hineinsteigerns» liefert ebendiese magische Zahl Fünfzig, die einem sagt: Hundert wirst du wahrscheinlich nicht, also ist die Hälfte deines Lebens nun vorbei, vielleicht sind es sogar zwei Drittel. Es geht abwärts. Immer schneller. Kein Grund zum Jubeln.

«Altwerden ist Scheiße», hat mein Vater gesagt, nachdem er erleben musste, wie eine junge Frau im Bus für ihn aufstand. Danach war er tagelang deprimiert, auch wenn er darüber Scherze machte. Er muss damals so zwischen fünfzig und sechzig gewesen sein, ein stattlicher Mann mit tiefer, sonorer Stimme, der schöne junge Frauen liebte und dem es selbst als Grandseigneur noch sehr gefiel, zu flirten. Dass ihm höflich ein Sitzplatz angeboten wurde, gehörte nicht zu seiner Vorstellung von Flirt dazu. Und das verstand ich schon, obwohl ich damals noch recht jung war.

Jahre später erzählte mir mein Bruder, wie er einmal meinen Vater habe über die Straße gehen sehen, ohne ihn gleich zu erkennen, und wie er gedacht habe, das sei ein alter Mann, bis ihm klar wurde, dass es unser Vater war – da sind wir beide ein wenig erschrocken, denn bis dahin war er unser ungekrönter König gewesen. Schlagartig wurde uns bewusst, dass er sterblich war, dass unsere beiden Eltern, die wir liebten, sterblich waren. Und dass auch unsere Kinder eines Tages von uns denken würden: Jetzt sind sie alt, die Eltern; nicht mehr lange, und wir müssen uns um sie kümmern. Aber das hat sicher nur ein paar Sekunden gedauert, dieses Erschrecken, dann war da wieder die laute Gegenwart und der Lärm unserer Jugend, die uns mit dem Gedanken beglückte, in welch unendlicher Ferne die unheimliche Zukunft lag.

Jetzt ist diese Zukunft da. Und? Wie fühlt sie sich an?

«Ambivalent», würden wohl die meisten sagen, die die fünfzig überschritten haben. Mit vierzig hieß es frohgemut: Es ist nicht anders als mit neununddreißig oder achtunddreißig. Mit fünfzig können wir zwar auch noch behaupten: Es ist nicht anders als mit neunundvierzig oder achtundvierzig, aber wir spüren doch, dass es anders ist als mit vierzig. Es ist der Beginn der «Zwar-aber-Jahre»: *Zwar* fühlen wir uns noch prächtig/attraktiv/fit/nur in Maßen faltig und so weiter – *aber* wir erschrecken jedes Mal, wenn wir uns vergegenwärtigen, wie rasend schnell die letzten zehn Jahre verflogen sind, diese so anstrengende Zeit zwischen vierzig und fünfzig, und dass die nächste runde Zahl, die uns bevorsteht, unweigerlich zum wirklichen Alter gehört.

Hippokrates ließ das Alter mit sechsundfünfzig beginnen. Unabhängig vom Geschlecht. Wir gehen ihm also mit schnellen Schritten entgegen. Und wir sehen es im Spiegel, studieren mit masochistischer Akribie jede neue Veränderung in unserem Gesicht. So wie wir auch unser Befinden studieren und analysieren, mit jenem exzellent verfeinerten Körpergefühl, das wir lange trainiert haben, eine Meisterschaft, die wir den Männern voraushaben und die zu unserem längeren Überleben beiträgt.

Im Stress des Alltags vergessen wir, was wir jeden Morgen im Spiegel sehen, unsere Laune bessert sich wieder, doch damit wir nicht übermütig werden, erinnert uns nun unser Körper wie eine Gouvernante daran, dass wir uns nicht aufführen sollen wie Teenies. Plötzlich haben wir Hitzewallungen, zuverlässig in jenen Situationen, in denen wir sie am wenigsten brauchen können, in Konferenzen, in wichtigen Gesprächen, in der Öffentlichkeit, in der wir uns am liebsten die Kleider vom Leibe reißen würden, aber nicht können.

Meine Freundin Silvia spürt sie schockartig, wie sie am Rücken hochsteigen und zuerst ihre Ohren erreichen, dann wie ein blitzartig sich ausbreitender Hautausschlag zu Hals und Dekolleté wandern und schließlich auch ihr Gesicht anlaufen lassen, bis es rot ist wie ein Krebs – es ist, als hätte gerade jemand oder gar sie selbst etwas ganz und gar Peinliches gesagt, so bloßgestellt fühlt sie sich in ihrer Röte, bis ihr nichts anderes übrigbleibt, als den Kollegen zu sagen, was Sache ist: dass sie nämlich gerade ihre «Wallungen» habe, bevor sie das Fenster aufreißt. Und die Männer gucken entweder irritiert oder unangenehm berührt, aber es gibt auch welche, die ihre Offenheit schätzen und verständnisvoll lächeln, weil ihre Frau ebenfalls in den Wechseljahren ist.

Doch selbst wenn wir keine Schweißausbrüche haben, schlafen wir meistens schlechter als früher. Entweder wir machen gar kein Auge zu, oder wir wachen nachts auf und wälzen uns unruhig hin und her, weil uns sämtliche Probleme der Menschheit im Kopf herumgehen, oder wir schlafen wie Silvia nur noch häppchenweise: «Ich schlafe nie mehr als zwei Stunden am Stück», sagt sie, und es kommt mir vor wie ein Bericht von der Front.

Wir befühlen besorgt unsere immer zarter und trockener werdende Haut, cremen und ölen nach jedem Duschen, was Tiegel und Tube hergeben, und entdecken erste, noch unscheinbare Pigmentflecken auf dem Handrücken, wobei wir uns erschrocken an die Flecken auf den Händen unserer alten Mütter erinnern. Die Periode wird unregelmäßig oder hört schon auf, darüber sind wir einerseits froh – «Endlich ist das Theater vorbei!», sagte meine Mutter damals –, andererseits traurig, denn ein Lebensabschnitt, die Zeit der Fruchtbarkeit, geht damit zu Ende. Wie nun auch unsere Stimmungen schwanken, selbst bei denen von uns, die eigentlich immer ein ausgeglichenes Gemüt besaßen: Jetzt kann uns aus heiterem Himmel etwas die Petersilie verhageln, und wir wissen gar nicht genau, warum wir so gereizt reagieren.

Die Falten, die Pigmentflecken, die plötzliche Alkohol-Unverträglichkeit, die Hitzewallungen – diese kleinen Nadelstiche, deren Zahl mit den Jahren wächst, sind es, die uns auf unser Alter aufmerksam machen. Ohne sie würden wir vielleicht gar nichts merken. Denn so gut wie alle Vierzig- bis Fünfzigjährigen, die ich kenne, auch die Sechzigjährigen, spüren wir eine Kluft zwischen gefühltem und tatsächlichem Alter. «Das Ich altert nicht», hat die Philosophin Hannah Arendt gesagt. Und genauso empfinden wir es: Wir sind nicht nur geistig jung geblieben, nehmen an allem Anteil, was die Welt bewegt, gehen wachen Blicks durch ein höchst aktives Leben, wir fühlen und denken uns auch jung – und dann auf einmal piekst uns so eine Nadel und erinnert uns an unser tatsächliches Alter, meist in einem Moment, in dem wir es überhaupt nicht erwarten, immer zur Unzeit.

Meine Mit-Fünfzigerin Claudia Roth sagte zu ihrem runden Geburtstag: «Ich erlebe gerade, dass biologisches und gefühltes Alter nicht zusammenpassen müssen.» Bis dreißig sind wir heute Jugendliche und danach noch mindestens zehn Jahre jung. Vor dem vierzigsten Geburtstag nimmt sich doch gar keiner ernst – schon gar nicht, wenn einem keine Kinder Verantwortung abverlangen. So sieht nun mal «die Revolution der Lebensläufe» aus, die Claudius Seidl in seinem klugen Buch über unsere *Schöne junge Welt* skizziert hat: «Alle werden jünger, alle sehen besser aus, allen geht es besser», stellt er mit Blick auf seine Generation der Vierzigjährigen fest. Eine Generation, die «zur Jugend geradezu verdammt» ist. In der das Erwachsenwerden oder -sein nicht mehr als Wert an sich betrachtet wird und wo «die Erfahrung, das wichtigste Merkmal des Erwachsenseins, tief im Kurs gesunken» sei.

Andererseits reflektiert doch tatsächlich die sehr junge Kollegin Sarah Kuttner mit ihren siebenundzwanzig Lenzen schon über das Älterwerden und konstatiert knüppelhart: «Ich bin, obwohl ich tagtäglich die Duftkerze des Lebens an allen möglichen Enden abfackele, noch ziemlich faltenfrei, und auch sonst versprühe ich eigentlich eine ziemlich rüstige Aura: Ich kann sehr schnell gehen, höre aufpeitschende Popmusik und bezeichne mich nach wie vor als ‹Mädchen›. Trotzdem weiß ich sehr wohl (und muss es jetzt also anerkennen): Ab 25 fährt man Rolltreppe abwärts, und mit dem einsetzenden Dahinkompostieren sollte ich mich langsam auch mal mit dem ewigen Trendthema ‹Erwachsenwerden› beschäftigen.»

Ab fünfundzwanzig Rolltreppe abwärts und Erwachsenwerden – was wird Sarah Kuttner sagen, wenn sie erst einmal mein Alter erreicht hat? Ab fünfzig freier Fall nach unten, Vergreisung, Ende?

Ich glaube nicht, dass sie das sagen wird, eher wird sie wohl, wie ich, eine Zwar-aber-Konstruktion wählen, vielleicht von der Art: Zwar ist fünfundzwanzig – rein körperlich betrachtet, zum anderen kommen wir später – besser als fünfzig, aber fünfzig ist auch besser als fünfundsiebzig, und wenn ich die fünfundsiebzig mal glücklich erreicht haben sollte, möchte ich trotzdem die hundert noch erleben. So, denke ich, sollte man an das Thema herangehen.

Bleiben wir noch ein bisschen beim *Zwar,* und heben wir uns das *Aber* für später auf, denn schließlich geht es um unsere Reifeprüfung. Wer vor der Wahrheit davonläuft, ist durchgefallen. Wer sie aushält, hat bestanden. Wer die Wahrheit nicht nur aushält, sondern ihr sogar neue Gestaltungsmöglichkeiten für sein Leben abtrotzt, hat mit Bravour abgeschnitten.

Um seinen Feind zu überwinden, muss man ihn kennenlernen und ihm ins Auge schauen. Deshalb rufe ich jetzt meinen alten Freund Walter an, meinen gnadenlos ehrlichen Gewährsmann in heiklen Fragen.

Walter ist gerade achtzig geworden, und sein ganzes Leben ist eine einzige Perlenschnur von Liebesabenteuern. Er war das, was man früher einen Lebemann genannt hätte oder vornehmer: einen *homme à femmes,* einen Mann, der die Frauen liebt. Konsequenterweise hat er nie geheiratet.

Ich: «Walter, ich muss dir ein paar delikate Fragen stellen.»

Walter: «Nur zu, du weißt, von mir kannst du immer was lernen.»

Ich: «Wie viele Frauen hast du verführt in deinem Leben?»

Walter: «Ich habe doch keine Strichliste geführt! Viele. Vielleicht auch noch mehr.»

Ich: «Und wie viele waren davon über vierzig?»

Walter schweigt, überlegt, sagt: «Keine.»

Ich: «Keine??»

Walter: «Nein. Ich weiß noch, als ich sechzig war, wie mich öfter die eine oder andere Fünfundvierzig- oder

Fünfzigjährige begehrlich angeschaut hat, da hab ich mir – selbstherrlich, wie ich war – gedacht: O.K., sie sieht ganz gut aus, aber wenn ich noch eine Jüngere kriegen kann, nehm ich die Jüngere. Und meistens hab ich die Jüngere gekriegt.»

Ich: «Also schon eine fünfundvierzigjährige Frau war dir, selbst wenn sie sportlich und schick war, zu alt fürs Bett?»

Walter: «Ja. Einer Frau von fünfundvierzig gegenüber konnte ich sexuell nichts mehr empfinden. Denn natürlich hat auch mein Begehren mit den Jahren etwas nachgelassen, da wirkt dann nur eine richtig junge Frau entsprechend reizvoll. Übrigens geht das vielen Frauen ebenso. Ich habe oft beobachtet, wie scharf sie in diesem Alter auf junge Männer sind. Aber das fand ich immer abstoßend.»

Ich: «Warum denn das?»

Walter: «Es ist unangemessen für eine Frau. Würdelos. Das machen auch nur Frauen, die einen enormen Nachholbedarf haben. Ich weiß, es ist eigentlich eine Frechheit, so etwas zu sagen, aber da du auf Ehrlichkeit bestehst: Wenn mich damals eine sechzigjährige, also gleichaltrige Frau kennenlernen wollte – das ist ja vorgekommen –, hab ich gedacht: Was will die Alte von mir? Und Reißaus genommen.»

Ich: «Wirklich eine Frechheit.»

Walter: «Ja, sicher. Mein Bruder, der gut verheiratet ist und immer den Moralisten in der Familie gegeben hat, kam eines Tages zu mir und meinte: ‹Sag mal, schämst du dich denn gar nicht, immer noch den jungen Frauen nachzusteigen? Guck doch mal in den Spiegel, du alter Sack.› Da war ich fünfundsechzig. Und ich hab in den Spiegel geschaut und mir gesagt, er hat recht, meine Zeit ist vorüber. Da hab ich mein Liebesleben aufgegeben.»

Ich: «Wie? Du hast einfach aufgehört, sexuell aktiv zu sein?»

Walter: «Ja, obwohl ich – wie ich dir versichern kann – heute noch dazu imstande wäre! Aber mein Verstand hat mir gesagt, es ist peinlich, in diesem Alter noch auf Freiersfüßen zu gehen. Ich sehe zwar hübsche Frauen immer noch gerne, aber ohne Begehrlichkeit. Und offen gesagt: Ich genieße es jetzt, meine Ruhe zu haben.»

Ich: «Darf ich dich genauso zitieren, Walter?»

Walter: «Aber ja, ich habe doch nichts Anstößiges gesagt!»

Nein, er hat nichts Anstößiges gesagt, mein Freund Walter, bloß die nackte, brutale Wahrheit. Unser Selbstwertgefühl litte ja vermutlich nicht halb so sehr, wenn es nur die Falten, nur die schwindenden Kräfte und nur die kleinen Zipperlein hie und da wären, die mit dem Älterwerden einhergehen. Aber diese altersbedingten Veränderungen haben schließlich Folgen, und sie vor allem machen uns zu schaffen, besonders eine ganz bestimmte Folge: Das ewig spannende, immer erotisch knisternde Spiel zwischen Mann und Frau ist aus. Vorbei. Die Männer interessieren sich nicht mehr für uns. Darin besteht die eigentliche Tragödie der Wechseljahre.

Das ist die kleine Veränderung, die wir auch dann spüren, wenn wir nicht auf Suche sind: Männer sehen uns nicht mehr richtig an. «Es geht mir wunderbar, ich bin glücklich mit meinem Mann und den Kids, im Job läuft es», sagt mir meine überdurchschnittlich gut aussehende Freundin Ines am Telefon auf die Frage, wie sie sich fühle, kurz vor ihrem fünfzigsten Geburtstag, «ich habe keinerlei Beschwerden. Nur eine Sache macht mir zu schaffen: Immer haben die Männer mit mir geflirtet, immer bin ich gut angekommen, hatte Feedback – du weißt, was ich meine. Der gewisse Ton, den man halt nur mit Männern pflegt. Das ist jetzt weg. Ich habe das Gefühl, die Männer sehen mich nicht mehr.»

Das ist eine neue Erfahrung für viele Frauen. Dass Männer, die ihnen gerade noch Komplimente gemacht haben, einen plötzlich nicht mehr wahrnehmen. Es dauert ein Weilchen, bis man begreift, was da passiert: Man will einem Mann zulächeln und seinen charmanten Gruß erwidern, da merkt man, er hat gar nicht gegrüßt. Er hat zwar geguckt, aber nicht gesehen. Jedenfalls nicht uns. Sondern irgendetwas hinter uns. Genau genommen hat er durch uns hindurchgeguckt. So als hätten wir ein Tarnkäppchen auf, die sogenannte erotische Tarnkappe, wie sie sich nach Ansicht der Soziologen schon über die Frau ab vierzig stülpt.

Die Schriftstellerin Eva Demski bringt diese Erfahrung in ihrem großartigen Essay *Der letzte Auftritt* gleich zu Beginn auf den Punkt: «Sie spüren es schon seit einiger Zeit, nicht wahr, Madame? Sie werden unsichtbar. Das hätten Sie nie gedacht, aber es ist nicht zu leugnen. Wenn Sie einen Raum betreten, ist er keine Bühne mehr. An männerreichen Baustellen kommen Sie unbeachtet vorbei, hinter Ihrem Rücken ertönt kein einziger tröstlicher Pfiff. Wann es anfing? Das ist bei jeder anders. Und unerheblich. Denn es wird sich nicht mehr ändern. Nun geht es darum, die noch verbleibende Zeit hienieden, wie lang oder kurz sie auch sein mag, bester Laune zu bestehen, sichtbar für jene, auf die es ankommt. Also für Sie selber, vor allem.»

Unsichtbar werden – auch für die irische Schriftstellerin Nuala O'Faolain, ebenfalls eine Fünfzigerin, bedeutet das den größten Schrecken des Älterwerdens. Und die daraus resultierende Angst, für den Rest des Lebens allein zu bleiben. *Nur nicht unsichtbar werden* heißt daher auch ihre dramatische Lebensbeschreibung. Und ungerührt stellt sie im letzten Kapitel fest: «Eine Frau, die das Alter einer möglichen Sexualpartnerin hinter sich hat, wird kaum wahrgenommen. Sie verwandelt sich in eine Silhouette. Niemand guckt sie genau an.» Dabei schreie alles in ihr nach Liebe. Sie, die so offen über die verpassten Chancen ihres Lebens berichtet, über die Kinder, die zu bekommen sie versäumt hat, über ihre Einsamkeit ohne einen Menschen an ihrer Seite, den man «zur eigenen Vervollkommnung» brauche, um «das Beste aus der Welt und aus sich selbst» herauszuholen, sie, «die jeden Tag» akribisch «die körperlichen Details des Älterwerdens» notiert, möchte vor allem eines: «nur nicht unsichtbar werden». Heißt: Sie will leben, sie will lieben, sie will Sex, und sie weiß, dass ihr gerade das die Männer nicht mehr unbedingt antragen. Schonungslos ist dieses Geständnis und entwaffnend ehrlich, und es bringt die alte, banale Tragik allein lebender Frauen auf den Punkt: Junge Männer begehren junge Frauen und alte Männer desgleichen.

Ebenso schonungslos mit sich, ihrem Alter und dem Leser geht Sibylle Berg um, gut zehn Jahre jünger und eine der interessantesten deutschen Schriftstellerinnen der Gegenwart. Ihr Roman *Ende gut* beginnt mit den Worten: «Ich bin so um die 40. Das sagt man heute auf Partys, zu denen einen keiner einlädt ... und wenn doch, wäre da sicher ein dicker Mann mit Schweiß, der fragte: Na, wie alt sind wir denn? Und statt ihm mit einem Bauchschuß zu antworten, daß seine Scheißgedärme auf den Boden klatschen und gegen den Cindy-Sherman-Original-Abzug mit Numerierung, sagt man, den Kopf zu Boden geneigt: Ich bin so um die 40.»

Auch Sibylle Berg registriert den eigenen Alterungsprozess mit fotografischer Genauigkeit und ohne Weichzeichner: «Das ständig besorgte Studieren meines Verfalls hat eine neue Stufe erreicht. Ich sehe sie immer noch, die dünner werdende Haut, ihre unbedingte Trockenheit, die Spannungsfreiheit, sehe, wie meine Augen trüber werden und meine Lippen verschwinden. Doch es ist mir egal. So ist das halt. Zeug wird alt.»

Und auch sie schildert das Drama der alleinstehenden Frau, die langsam älter wird: «Bis vor kurzem gab es Freunde, die zur Verfügung standen. Für eine Städtereise, einen Kinoabend, zum Telefonieren im Bett. Aber die haben jetzt alle Kinder und Häuser, die Scheißfreunde haben erreicht, was sie erreichen wollten, oder sind gescheitert und haben sich damit eingerichtet oder haben Krebs. Auf einmal merkt sie, daß sie noch nicht einmal mehr von irgendwem in Ruhe gelassen wird. DA IST KEINER MEHR. Und sie ist auf dem besten Weg, eine dieser Frauen zu werden, die ein künstliches Dauerlächeln im Gesicht haben, sich extra geradehalten, die Haare offen tragen und Arche-Schuhe, weil die so bequem und irgendwie witzig sind, die sehr gern alleine leben. Aber alleine leben ist Dreck. Das bekommt keinem. Ab 40 sollte keiner mehr alleine wohnen, denn dann wird man wunderlich ... Also muss ein Mann her. Einfach, damit sie nicht auf die Idee kommt, Arche-Schuhe zu tragen und Porzellanpierrots zu sammeln.»

Zahlen wir im Alter den Preis für die Freiheit, die wir uns in der Jugend erkämpft und die wir als Erwachsene genossen haben? Diese Frage ging mir durch den Kopf, als ich las, dass die Wechseljahre vor allem ein Problem der westlichen Frauen seien. Während das Ende der Regelblutung und damit der Fortpflanzungsfähigkeit für uns Frauen des westlichen Kulturkreises den Beginn eines Lebensabschnitts markiert, den wir eher als problematisch empfinden, wird er in der außereuropäischen Welt oft im Gegenteil als eine Befreiung erlebt. Die Frauen sind froh darüber, keine Blutungen mehr zu haben, denn damit sind sie auch die Sorge los, schwanger zu werden beziehungsweise verhüten zu müssen, was ja nicht in jedem Land unkompliziert ist. In vielen traditionellen Kulturkreisen kommt hinzu, dass älteren Frauen mehr Respekt als jüngeren entgegengebracht wird, daher werden die Probleme des Übergangs, ebenjene oben beschriebenen unangenehmen Begleiterscheinungen der Wechseljahre, dort kaum als gravierend empfunden.

Nehmen wir die Hitzewallungen als Beispiel: Bei uns sind fast zwei Drittel (60 Prozent) der Frauen davon betroffen, in den asiatischen Ländern nur jede fünfte (20 Prozent). In einer interessanten Studie, die Marjorie Kagawa-Singer 2002 vorgelegt hat, schildern europäischstämmige Amerikanerinnen, wie sehr sie – im Gegensatz zu ihren Landsfrauen japanischer Herkunft – unter dem verächtlichen gesellschaftlichen Blick auf ältere Frauen leiden. Sie nehmen nach der Menopause schockartig den deutlichen Verlust an sozialem *Ansehen* wahr, ganz wörtlich zu verstehen – bis hin zur eigenen *Unsichtbarkeit:* ein ihrer Ansicht nach von außen auferlegtes Urteil, das sie menschlich entwertet, ihnen ihre Identität abspricht; die Folge ist ein hoher Grad an psychischer Belastung, der bei der asiatischen Gruppe so nicht zu finden ist: Zwar sprechen auch die japanischen Amerikanerinnen vom «Unsichtbarwerden», betonen dabei aber ihre Befreiung von den Rollen als Ehefrau und Mutter, sehen sich erst jetzt als menschliche Wesen, die nun – unbehelligt von den Blicken der Männer – ihre lang gehegten Wünsche und ihre Kreativität ausleben können.

Aus anderen amerikanischen Untersuchungen zum Beispiel über Afroamerikanerinnen lernen wir, dass auch diese eine sehr viel gelassenere Haltung gegenüber den Veränderungen in den Wechseljahren an den Tag legen und – unabhängig von der Schichtzugehörigkeit – meistens keine Hormonpräparate einnehmen. Sie geben an, dem Rat ihrer Mütter und Großmütter zu folgen und mit deren Gesundheitstipps gut zu fahren. Ähnliches gilt für marokkanische Frauen um die fünfzig in den Niederlanden, die ebenfalls selten die Frauenärzte konsultieren und offenbar nach dem Motto leben: «Frage diejenige mit Erfahrung, frage nicht den Arzt oder die Ärztin.»

In den traditionellen chinesischen Familien Nordamerikas scheint die Weitergabe von spezifischem Frauenwissen zwischen den Generationen schlechter zu funktionieren: Sie seien, wie eine amerikanische Chinesin sagt, zu konservativ, «they don't really talk about those things». Auch in den USA lebende lateinamerikanische Frauen vermissen in ihren Familien die Offenheit, sich über solche Themen austauschen zu können. Dennoch klagen sie ebenfalls weniger über die typischen Beschwerden als die weißen Amerikanerinnen.

Fazit der Studien: In allen ethnischen Gruppen Amerikas werden Wechseljahrssymptome zur Kenntnis genommen und geschildert; doch bei den Frauen, die im westlichen Sinn als modern gelten, treten sie offenbar mit weitaus größerer Heftigkeit auf als bei eher traditionell lebenden Frauen. Das scheint besonders auf Hitzewallungen und psychische Leiden zuzutreffen, die manchen nichtwestlich lebenden Frauen sogar ganz unbekannt sind.

Unsere Probleme haben offenbar etwas mit unserer Kultur zu tun, einer Kultur, die uns Frauen einerseits die inzwischen größte Rechtssicherheit, die größte individuelle Freiheit und die größtmögliche Entwicklung im Leben zugesteht, in der es andererseits jedoch auch eine Form von Altersdiskriminierung gibt, der Frauen in besonderem Maße und besonders früh zum Opfer fallen.

Die Symptome der Wechseljahre sind also keine rein physiologischen Phänomene: Sie hängen offenbar mit der gesellschaftlichen Stellung der Frau in unserer Kultur, dem Maß ihrer Anerkennung, zusammen. Doch dann greift die Auffassung, man müsse nur ein paar Pillen schlucken, und die Probleme seien behoben, augenscheinlich zu kurz. Warum helfen sie dann aber trotzdem vielen Frauen?

Früher legte man sich, wenn man schlechter sah, eine Brille, und wenn man schlechter hörte, ein Hörgerät zu. Abgenutzte Hüftgelenke und kaputte Zähne konnten durch künstliche ersetzt werden, und für ältere Herren mit Potenzproblemen wurde schließlich eine Segnung namens Viagra erfunden. Die Zahl der Hilfsmittel steigt mit dem Alter.

Für die Frau in den Wechseljahren hat sich die Pharmaindustrie schon lange vor Viagra etwas ausgedacht: Mit den künstlich hergestellten Sexualhormonen Östrogen und Gestagen wird seit fast vierzig Jahren versucht, dem körpereigenen Abbau dieser Hormone gegenzusteuern, um die typischen Klimakteriumsbeschwerden zu lindern. Doch die sogenannte Hormonersatztherapie ist umstritten: Etliche Frauen schwören darauf, manche verteufeln sie und viele sind schlicht unsicher, ob dieser Segnung aus den Chemielabors zu trauen sei.

Meine Kollegin Maria von Welser gehört zur ersten Gruppe. Sie bezeichnet die Hormonpille ohne Wenn und Aber als Segen für die Frau in und nach den Wechseljahren: «Ich nehme sie nun schon seit fast zehn Jahren, fühle mich sauwohl und bin im Übrigen todfroh, die monatliche Plage endgültig loszuhaben. Einfach endlich vollkommen frei zu sein, sich frei zu fühlen.»

Maria-Dorothee (58), Kieferorthopädin in München, würde so etwas nie nehmen, lehnt Hormonpillen grundsätzlich ab: «Um Gottes willen! Ich habe schon die Antibabypille damals sofort wieder abgesetzt, weil mir das alles viel zu riskant war.» Wie berechtigt ihre Vorbehalte gegen Hormonpillen seien, könne man schon daran sehen, dass es bis heute keine Antibabypille für den Mann gibt. «Aber die Frauen schlucken brav, was sie vorgesetzt bekommen.»

Dorothea wiederum, die als Malerin in Köln lebt, hatte die Hormonpillen anfangs, als sie unter Depressionen und Hitzewallungen litt, genommen und war ihre Beschwerden prompt losgeworden. Dann jedoch erschien es auch ihr plötzlich «riskant und naiv, einfach Chemie zu schlucken», und sie setzte die Hormone ab. Die Hitzewallungen kehrten zurück, aber nur kurzzeitig, die Depressionen nicht. Heute fühlt sie sich vollkommen wohl ohne irgendein Zusatzpräparat.

Was sich tatsächlich im molekularen Bereich während der Wechseljahre abspielt, ist unbekannt. Die Mediziner wissen nur, dass der Östrogenspiegel sinkt, und vermuten, dass die Hirnanhangsdrüse mit gewaltigen Hormonausschüttungen auf die abfallenden Östrogenwerte reagiert und damit die Hitze erzeugt. Wenn dem tatsächlich so wäre, müssten eigentlich alle Frauen mit niedrigem Östrogenspiegel Wallungen bekommen – was aber nicht der Fall ist.

Ebenso wenig kann die Wissenschaft eine Antwort auf die Frage geben, warum manche Frauen Herzrasen oder Angstzustände bekommen oder Schlafstörungen oder Depressionen. Sicher ist nur, dass der Körper die Produktion der Sexualhormone langsam einstellt. Infolgedessen wurden alle Symptome, die Frauen in diesem Zusammenhang aufweisen, mit einem Mangel an Hormonen erklärt.

Damit aber erscheinen die Wechseljahre nicht mehr als natürlicher Übergang von einer Lebensphase in die nächste, sondern als Mangelerkrankung, die durch einen Ausgleich des Mangels – also der Gabe von künstlichen Hormonen – geheilt werden soll. Und das funktioniert auch, seit vierzig Jahren schon. Die Hormonersatztherapie ist tatsächlich geeignet, Klimakteriumsbeschwerden zu beseitigen. Nur: Man weiß eben nicht genau, warum sie funktioniert. Vor allem über Langzeitwirkungen und -nebenwirkungen war lange Zeit viel zu wenig bekannt, daher sollte eine groß angelegte Langzeitstudie der *Women's Health Initiative* Licht ins Dunkel bringen. Dann aber, im Juli 2002, wurde sie nach nur vier Jahren plötzlich eingestellt.

Die an der Studie beteiligten Wissenschaftler kamen zu

dem aufsehenerregenden Ergebnis, dass die Risiken einer Hormonbehandlung überwiegen. Bei den Frauen, die Hormone schluckten, habe es mehr Anzeichen für Brustkrebstumore, Thrombosen, Herzinfarkte und Schlaganfälle gegeben als in der Gruppe derer, die nur ein Placebo (eine Zuckerpille) erhielten. Das hat für einen Aufruhr unter den Frauenärzten und in der Pharmaindustrie gesorgt, die an diesen Medikamenten natürlich gut verdient hat, und die Frauen, die bisher Hormone geschluckt haben, wurden stark verunsichert.

Für die Gynäkologen verdoppelte sich wahrscheinlich erst mal die Beratungszeit in der Praxis, wie ich aus eigener Erfahrung sagen kann, denn nun musste man sich intensiv mit der Studie und ihren Ergebnissen auseinandersetzen, wenn man sich Hormone verschreiben lassen wollte. Man fragte sich, was überhaupt noch für die Therapie sprach. Viele Expertinnen kamen zu dem Ergebnis, die Studie habe bewiesen, dass Hormone mehr schadeten als nützten, dass die Pille nicht halte, was man versprochen habe, also – weg damit. Ersatzlos streichen, hieß die Devise derer, die der Werbebotschaft der Pharmaindustrie von Anfang an misstraut hatten.

Tatsächlich verzichteten daraufhin viele Frauen auf die weitere Einnahme der Pille. Heute, im Jahr 2006, nehmen nur noch halb so viele Frauen in den Wechseljahren Hormone wie noch vor fünf Jahren.

Zahlreiche Frauenärzte jedoch, darunter auch meiner, stellten die Studie in Frage, weil die Frauen zu Beginn der Behandlung schon durchschnittlich dreiundsechzig Jahre alt waren, darunter viele Raucherinnen, viele, die bereits an Bluthochdruck, Übergewicht, Diabetes und Herz-Kreislauf-Krankheiten litten. Und merkwürdig: Es war keine Frau um die fünfzig mit Wechseljahrbeschwerden in der Studie vertreten, also die eigentliche Zielgruppe der Hormonbehandlung.

Außerdem enthielt die Studie auch gute Nachrichten: Diejenigen, die Hormone genommen hatten, bekamen weniger Dickdarmkrebs und zogen sich seltener Knochenbrüche zu. Und die Hormonpille wirkt sich vielfach positiv auf die weibliche Libido aus, was nun ebenfalls nicht geringzuschätzen ist.

Dass Hormone vielen Frauen beim Älterwerden helfen, vorausgesetzt, sie leiden tatsächlich sehr unter den typischen Wechseljahrbeschwerden, ist unbestritten. Nehmen wir noch einmal die Hitzewallungen als Beispiel, die für Frauen im Beruf wahrscheinlich die lästigsten, weil am schwierigsten zu kaschierenden Begleiterscheinungen jener Jahre darstellen: Mit Hormonen verringern sich Häufigkeit und Intensität um etwa 70 Prozent, wie viele Studien gezeigt haben. Placebos allerdings helfen auch. Nicht ganz so gut wie die Hormone, aber die Häufigkeit und Intensität der Klimakteriumsbeschwerden halbieren sich immerhin noch durch die Einnahme wirkungsloser Pillen – ein weiteres Indiz dafür, dass all das eben doch nicht nur rein körperliche, einfach hormonal zu steuernde Vorgänge sind, sondern dass auch die Psyche stark beteiligt ist.

Überhaupt ist interessant, wie sich der Wirkungskreis der Hormone vor allem in der Werbung über die Jahre beständig erweiterte: Ursprünglich sollte die Hormontherapie nur die typischen Begleiterscheinungen der Wechseljahre lindern, dann begann man, sie als Jungbrunnen zu preisen – Hormone als Anti-Aging-Wundermittel –, wofür es leider keinerlei Nachweis gibt, und schließlich sollte sie sogar allen möglichen späteren Krankheiten und Altersgebrechen vorzubeugen helfen: Osteoporose, Arthrose, Demenz, Alzheimer und Herz-Kreislauf-Erkrankungen. Einen tatsächlichen positiven Effekt auf die Zukunft hat man aber lediglich – wie schon gesagt – bei osteoporosegefährdeten Frauen festgestellt.

Ob man also die Hormone absetzen (beziehungsweise gar nicht erst nehmen) sollte oder nicht, das kommt – wie meist im Leben – auf den Einzelfall an. Wer keine Probleme hat, braucht auch keine Pillen zu schlucken. Alle anderen werden sich gut beraten lassen müssen, was in ihrem individuellen Fall das Beste sei – möglicherweise von verschiedenen Frauenärzten, denn ältere Ärzte raten, wie beobachtet wurde, eher zu Hormonen als jüngere und weibliche Ärzte. Sicher ist entscheidend, wie stark der persönliche Leidensdruck ist und ob nicht in manchen Fällen Hormone einfach das kleinere Übel sind.

Wichtig wäre auch, über Alternativen nachzudenken. Ob pflanzliche Präparate helfen, ist wohl eher Glaubenssache, wenn ich meine und die Erfahrungen der Freundinnen zugrunde lege; aber was ich für sehr hilfreich halte, ist eine Lebensweise, die eigentlich immer und für jeden zu empfehlen ist und für die wir in unserem hektischen Alltag so selten Zeit haben: Pausen machen, an die Luft gehen, sich bewegen – Walken und Joggen durchblutet nicht nur das Gehirn, sondern auch den Unterleib, stimuliert die Lebensgeister, schützt uns vor dem verhassten Zunehmen, hilft aber auch gegen Herzklopfen, Hitzewallungen und Schweißausbrüche, wie mir viele Frauen bestätigten. Außerdem ist Sport, wie sich inzwischen herausgestellt hat, die beste Prophylaxe gegen Brustkrebs, Osteoporose, Demenz und Herz-Kreislauf-Attacken. Also gut gegen alles, was uns in der Zukunft ängstigt.

Heike, 47, Yogalehrerin mit eigener Schule in München, hält Yoga für das Allheilmittel schlechthin. Bei ihr fing nämlich alles sehr früh an: «Anfang vierzig spielte mein Körper bereits verrückt», erzählt sie. Eigentlich wollte sie noch ein zweites Kind mit Ende dreißig, aber es klappte einfach nicht. Kurz darauf wurde die Periode schon unregelmäßig, alle bekannten Symptome des Wechsels stellten sich ein. «Ich rannte von Frauenarzt zu Frauenärztin und bekam nur immer zu hören: Sie müssen Hormone nehmen, Ihr Körper produziert zu wenig.» Das wollte Heike auf keinen Fall, sie gehört zu den Frauen, die alle künstlichen Eingriffe in den Körperhaushalt – «Ich hatte einen natürlichen Widerwillen dagegen» – als Betrug am eigenen Körper ablehnen. Die plötzlichen Schweißausbrüche allerdings waren ihr lästig, sie schlief miserabel und litt zuweilen unter Ängsten und Herzrasen.

Ihr Yoga, das sie seit ihrem zwanzigsten Lebensjahr praktizierte, hatte sie über Familie und Beruf (Heike ist freie Journalistin) vernachlässigt, entsann sich seiner aber in dieser Zeit. Sie beschloss, das Training wieder aufzunehmen und zu intensivieren. Und je mehr sich Heike dem Yoga widmete, desto besser ging es ihr: Sie schlief wieder gut, die Hitzewallungen wurden schwächer, sie bekam auch ihren Adrenalinspiegel in den Griff, sodass Stress und Ängste nachließen. Ihre Erfahrungen damit sprechen also dafür, sich für diese Form der Selbsttherapie – Heike spricht von «Lebenskunst» – zumindest zu interessieren. Laut Heike ist Yoga, wenn man es ernsthaft betreibt, nämlich viel mehr als bloße Körperbeherrschung oder Sport.

Das muss sie mir erklären, denn ich habe keine Ahnung, was dieses «Mehr» bedeutet.

«Yoga soll nicht weniger als dein Leben ändern», sagt Heike. Es sei ein ganzheitliches Programm, und sie nennt fünf Punkte, die sie als essenziell ansieht: Zunächst bedeute Yoga Entspannung, sodann werde der Körper durch bestimmte Übungen trainiert, drittens lerne man richtig zu atmen, viertens solle man sich vernünftig, und das heißt vollwertig, ernähren, also kein Fleisch, kein Alkohol, kein weißes Mehl, kein Zucker, kein Kaffee, kein schwarzer Tee – hier stöhne ich bereits auf –, und fünftens folge als Krönung die Kunst der Meditation.

Heike trainiert täglich abends bis zu anderthalb Stunden – «statt Fernsehen und Weintrinken», sagt sie, und die Yoga-Philosophie habe ihr Leben umgekrempelt: Sie kann mit Yoga zur Ruhe kommen, loslassen, weiß sich selbst bei Panikattacken innerlich zu distanzieren, negativen Gefühlen und Gedanken keine Gewalt über sich einzuräumen: «Das ist das Buddhistische daran, du identifizierst dich nicht mit negativen Gefühlen; du nimmst sie wahr, aber mit innerlichem Abstand, und schon kannst du besser mit der Angst umgehen!» Und schließlich – auch nicht schlecht – habe sie abgenommen und einen schöneren Körper bekommen.

Ob das was für mich wäre – in meinem hektischen Leben? Abends Yoga statt heute-journal und ein Glas Rotwein? Da bin ich aus Erfahrung skeptisch, obwohl mir ein bisschen mehr buddhistische Gelassenheit guttäte. Und ich kann mir schon vorstellen, dass wir mit einer etwas anderen Lebensführung auch zu einer anderen Haltung unserem Körper gegenüber finden könnten. Denn eines scheint mir sicher: Wechseljahre sind keine Krankheit, sondern ein natürlicher Prozess in unserem Leben. Wenngleich manchmal nicht leicht zu ertragen. Vor allem, wenn man wie viele moderne, doppelt und dreifach belastete Frauen sehr ge- oder gar überfordert ist.

Ich selbst schlucke übrigens seit zwei Jahren Hormone – schwach dosiert, aber immerhin. Es geht mir gut damit. Kein Problem, wenn es bei zwei bis vier Jahren bleibt, meint mein Arzt, dem ich vertraue. Also werde ich irgendwann in den nächsten Jahren auch wieder damit aufhören.

3. WARUM ES MANCHMAL TROTZDEM GELINGT: Ehe und Partnerschaft

Könnte es also doch sein, dass unsere körperlichen Beschwerden vor allem die Folge verdrängter psychischer Beschwerden sind? Und dass diese psychischen Beschwerden durch eine Kränkung entstehen? Die Kränkung, nicht mehr begehrt zu werden. Man muss vorsichtig sein mit solchen Überlegungen, denn ich höre schon den Zickenvorwurf der Männer: Nie ist es euch recht! Früher habt ihr uns zur Schnecke gemacht, weil wir euch immerzu angebaggert und euch damit zu einem «bloßen Sexualobjekt» erniedrigt haben, und jetzt, da wir euch in Ruhe lassen, ist es auch wieder eine Tragödie.

Männer sind einfach strukturiert. Und genauso einfach denken sie. Also lieber davon schweigen, die Kränkung irgendwie bewältigen. Aber wie?

Es ist wohl tatsächlich so, dass viele Männer sind wie mein Freund Walter. Sie werden älter, und trotzdem begehren sie junge Frauen, brauchen sie sogar als eine Art Jungbrunnen oder weil sie sich gar einbilden, das Alter dadurch aufhalten zu können. Manche, wie etwa Udo Jürgens oder Franz Xaver Kroetz, geben das mittlerweile öffentlich zu, sagen nach gescheiterten Ehen, dass sie sich zwar eine neue Bindung vorstellen können, die Frau allerdings müsse unbedingt unter vierzig sein, also zwanzig beziehungsweise dreißig Jahre jünger als sie selbst.

Andere reden nicht darüber, sondern tun's einfach. Zumal die Erfolgreichen unter den alternden Männern machen ihre Wünsche wahr, ersetzen die an ihrer Seite gealterte Ehefrau in der Mitte des Lebens kurzerhand durch eine jüngere.

Früher war Scheidung in Kreisen der Hochfinanz, der Topmanager und der Führungselite eines Landes ein Makel, und bei zwei gleich qualifizierten Bewerbern für ein hohes Amt hätte der Geschiedene keine Chance gehabt. Ein heimliches Verhältnis, das ja, das wurde toleriert, solange nichts davon an die Öffentlichkeit drang. Das war zwar Heuchelei, aber die Ehe galt offiziell noch als Wert.

Spätestens seit den wilden Jahren der New Economy jedoch wird der treue Ehemann, der samstags brav den Rasen mäht, als Langweiler belächelt, und der Wechsel zu einer anderen Frau wird als Beweis für Dynamik, Energie, Entscheidungsfreude und Durchsetzungskraft betrachtet. Kaum noch einer fühlt den Zwang, zu heucheln. Diese Ehrlichkeit ist einerseits erfreulich. Andererseits ist es fast ausschließlich die ältere Frau, die den Preis dafür bezahlt – sogar, wenn sie selbst die Scheidung einreicht. Mit dem Brauch, von Zeit zu Zeit die Frau an seiner Seite zu verjüngen, befindet Mann sich heute in bester Gesellschaft. Das haben in der westlichen Welt schon so viele Männer praktiziert, dass es inzwischen gesellschaftlich akzeptiert ist.

Männer, die es weit bringen, meinen offenbar, mit jeder Karrierestufe auch eine höhere Stufe in der Menschheitsentwicklung zu erklimmen, während die jeweilige Frau an ihrer Seite den Sprung nach oben nicht schaffe, altere und scheinbar oder tatsächlich in ihrer Entwicklung stagniere, weil Haushalt, Kinder und ein Halbtagsjob nun mal andere Entwicklungsrichtungen bedingen als der Fulltimejob in Politik oder Wirtschaft. Die Frauen verlieren für die scheinbar jung gebliebenen Männer an Attraktivität, und da werden sie entlassen, freigesetzt, ausgetauscht gegen etwas Jüngeres, Schlankeres, Knackigeres, ganz so, wie das die Herren in den Konzernen mit ihren Mitarbeitern zu tun pflegen.

Die gutsituierten Frauen ab vierzig, die bestens Verheirateten, wissen das und treffen ihre Vorkehrungen. Um sich in der Konkurrenz gegen die zwanzig Jahre Jüngeren zu behaupten, bevölkern sie die Fitness-Studios, hungern von morgens bis abends, lassen sich regelmäßig liften, verschreiben sich Beautybehandlungen und Wellnesswochen, lesen alles über Anti-Aging und kaufen die Kosmetikregale leer – und werden am Ende trotzdem ersetzt. So wie Martha Croker in Tom Wolfes Roman *Ein ganzer Kerl,* die mit dreiundfünfzig die Älteste im Fitness-Studio ist und unter überwiegend Zwanzig- bis Dreißigjährigen keuchend und hechelnd grätscht und springt und rennt, während ihr der Schweiß der anderen um die Ohren fliegt.

Tom Wolfe hat den von ihren Männern verbannten fünfzigjährigen Frauen mit Martha Croker ein Denkmal gesetzt. Ein ganzes, dickes Kapitel lang schildert Wolfe, was so einer Frau von den Männern angetan wird. Er beschreibt, was sie fühlt in einem Fitness-Tempel unter lauter Jüngeren, wie sie umstellt ist von Knabenfiguren, von «Jungs mit Brüsten». Die junge Frau rechts von Martha, die ein dünnes weißes Trikot trägt, um sicherzustellen, dass man auch alles sieht, wirft ihr «so einen bestimmten Blick zu, als frage sie sich, wie sie sich nur die Geschmacklosigkeit leisten könne, in ihrem Alter überhaupt hier in ihrer Mitte zu erscheinen».

Als die Frauen das Treppenhaus hinauf- und hinuntergehetzt werden, die Jungen rempelnd und stoßend die keuchende Martha überholen, die sich schweißtriefend und heftig atmend eine kleine Ruhepause gönnt, spürt sie, dass die Augen der anderen auf sie gerichtet sind. Scheinbar besorgt erkundigt man sich: «You are allright?» Freundlichkeit mit eigenartigem Unterton, in dem die Frage mitschwingt: «Wie kommt so eine alte Vogelscheuche wie du bloß auf die Idee, hierherzukommen und uns allen mit diesem Todesgeröchel die Stimmung zu verderben?»

Warum tut Martha sich das an? Was hat Martha Croker aus der allerbesten Gegend von Richmond, Virginia, Tochter des ehemaligen Präsidenten des Commonwealth Club, geschiedene Frau des Multimilliardärs Charlie Croker, in dieses Gymnastik-Tollhaus verschlagen? Warum ist sie in so einer lächerlichen Situation?

«Wegen Charlie», schreibt Tom Wolfe. «Das ist es, schlicht und einfach: Charlie. – Sie war mit Charlie Croker neunundzwanzig Jahre verheiratet gewesen, und sie hatte ihm drei Kinder geboren, und sie war ihm beim Start in dessen ruhmreiche Karriere behilflich gewesen, auf die er so unanständig stolz war! Sie hatte jedes Recht, das zu sein, was ihre Mutter mit dreiundfünfzig gewesen war, eine Matrone, ja, eine Matrone, eine Königin, unerschütterlich geborgen in ihrer Familie und in der Gesellschaft.»

Warum wird ihr das Recht dazu streitig gemacht? «Was sollte all dieser Unsinn über Beziehungen und Rollenanpassungen und emotionalen Zuwachs, mit dem sie sich auf all diesen vollkommen sinnlosen Touren zu Therapeuten und Eheberatern herumgequält hatte? Du Charlie, du allein, hast mir dies durch einen Akt der Willkür und äußersten Selbstsucht angetan, indem du mich aus deinem Leben verbannt und ein junges, unbedeutendes Mädchen an meine Stelle gesetzt hast. Du hast mein durch und durch anständiges Leben bedeutungslos gemacht. Nun stehe ich hier mit dreiundfünfzig und versuche als Frau noch mal von vorn zu beginnen – in dieser lächerlichen Fabrik für Jungen mit Brüsten!»

Martha braucht wieder einen Mann. Und sie weiß: Wenn sie nicht den jungen androgynen Mädchen mit den schmalen Hüften gleicht, wird sie keinen mehr abbekommen. Deshalb begibt sie sich in diese unwürdige Lage.

Ihrer Freundin Joyce erzählt Martha, was die Scheidung bei ihr angerichtet hat: Sie hat aufgehört zu existieren. «Wir hatten viele Freunde, und ich dachte eigentlich, viele von ihnen wären eher meine Freunde als die von Charlie. Kurz nach der Trennung standen all diese Freunde auf meiner Seite. Den ganzen Tag habe ich mit ihnen geredet, mit den Therapeuten, den Eheberatern, den Anwälten, alle haben mir gesagt, wie absolut im Recht ich doch wäre.»

Sie kenne das, sagt die ebenfalls geschiedene Joyce, das sei aufregend, man fühle sich «wie die Heldin in einer großen Seifenoper. Und dann fängt man an, die ganze feministische Literatur zu lesen». Martha ist sogar ein paarmal in den Feministinnenclub «Woman's Fist» gegangen und sei sich jedes Mal, wenn sie rauskam, vorgekommen wie eine Amazone. «Wie hatte ich nur jemals mein Schicksal in die Hände eines Mannes legen können? Wer brauchte überhaupt Männer? Es war herzerfrischend» – bis Martha eines Tages aufwachte und wusste: Die Oper ist vorbei. Sie merkte es an den hilfreichen Freunden, die kurz nach der Trennung «so gern mit einem geredet und all die blutrünstigen Einzelheiten gierig geschluckt» und einen in jeder Hinsicht bestätigt hatten. Diese Freunde zogen sich plötzlich zurück.

Wenn jemand eine Dinnerparty gibt, und man hätte gern die Crokers eingeladen, die aber inzwischen geschieden sind, also, «welchen der beiden lädt man ein? Die ehemalige Mrs. Croker, die eigentlich so eine nette Person ist, oder Mr. Croker, dem immer noch Croker Global gehört und über den ständig was geschrieben wird?».

Zuerst wird man nicht mehr eingeladen, dann wird man im Restaurant, auf der Straße oder im Supermarkt von Menschen, mit denen man einst viele Stunden verbracht hat, nicht mehr wahrgenommen: Sie gehen ganz dicht an einem vorbei und tun so, als sei man Luft. Damit hört die Geschichte auf, die damit begann, dass der Mann, den man immer geliebt und geachtet hat, einen nach drei

Jahrzehnten von einem Tag auf den anderen abgelegt hat wie ein abgewetztes Gepäckstück.

Schon in einem seiner früheren Romane, in *Fegefeuer der Eitelkeiten*, war Tom Wolfe aufgefallen, dass die einflussreichen Männer in Gesellschaft von zweierlei Sorten Frauen umgeben sind: Entweder haben sie die gleichaltrige fünfzigjährige Ehefrau ohne Scham durch ein «Zitronentörtchen» – eine halb so alte Frau – ersetzt, das ist die Mehrheit. Oder sie haben als Minderheit bei der ersten Frau ausgeharrt, eine Alternative, die ziemlich schaurig klingt bei Wolfe, wird diese fünfzigjährige Dame der Gesellschaft doch so beschrieben, dass sich sogar der notorisch frauenfreundlichen Leserin sämtliche Härchen vor Widerwillen aufstellen: Sie ist meist derart abgehungert, dass man meint, ihr Skelett durch die dünne, geraffte Haut hindurch zu sehen. Und wenn sie vor einem Lampenschirm steht, wirkt sie – so Wolfe – wie ihr eigenes «Röntgenbild».

Zitronentörtchen oder Society-Röntgenbild – irgendwie scheinen dreißig Jahre Frauenbewegung an den Männern, zumindest an den erfolgreichen unter ihnen, spurlos vorübergegangen zu sein.

Aber gibt es tatsächlich nichts dazwischen? Gibt es keine normalen Ehen, in denen beide Partner mehr oder weniger friedlich miteinander alt werden? Doch, natürlich gibt es die. Sie machen nur kein Aufhebens von sich, schrecken uns nicht mit dramatischen Berichten von Zerwürfnissen und Trennungsabsichten auf. Dabei sind es gerade die glücklichen – oder besser gesagt: die gelingenden – Ehen, die uns interessieren sollten. Denn eigentlich ist es doch ein Wunder, wenn zwei völlig verschiedene Menschen ein Leben lang miteinander auskommen.

Ein Lieblingswitz meines Onkels Johannes geht so: Sitzen zwei alte Freunde beim Bier. Fragt der Junggeselle: «Jetzt bist du schon so lange verheiratet. Was reizt dich denn noch an deiner Frau?» Antwortet der: «Jedes Wort.»

Der Witz ist aus mehreren Gründen gut: Zunächst liegt die Pointe auf der sprachlichen Ebene, in der hübschen Doppelbedeutung des Wörtchens «reizen». Aber natürlich funktioniert die Pointe nur, weil sich dahinter ein ganzer historischer Interpretationskosmos eröffnet und eine Flut von Assoziationen und Erfahrungen in Gang gesetzt wird. Erfahrungen, die Männer und Frauen im Laufe des Patriarchats miteinander gemacht haben. Die zum Beispiel darin bestehen, dass Männer Frauen physisch überlegen und deshalb in der Lage sind, diese zu dominieren und sie sich in jeder Beziehung gefügig zu machen und sie in Schach zu halten. Was wiederum dazu geführt hat, dass Frauen sich stärker auf ihr Talent zu kommunizieren verlegt haben als auf das Trainieren ihrer Oberarmmuskeln, um zu ihrem Recht zu kommen oder dem Gatten mal eins auszuwischen. Wogegen sich Männer wiederum nicht so gut wehren können – außer eben durch Abwerten und Lächerlichmachen. Und so fügt sich dieser Witz nahtlos in eine Kette zahlloser ähnlicher – früher sagten wir: «frauenfeindlicher» – Witze ein, deren traditionelle Funktion darin besteht, den größten Vorteil, den Frauen gegenüber Männern besitzen, ihre Kommunikationsfähigkeit nämlich, ins Lächerliche zu ziehen. Auf *der* Ebene lachen die Männer. Und *wir* lachen, weil wir wissen, warum die Männer lachen. Frauen lachen also auf der Meta-Ebene. Oder schlicht: auf höherem Niveau. Dass das möglich ist, erklärt, warum es sich um einen guten Witz handelt.

Damit sind wir bei einer entscheidenden Bedingung für das enge Zusammenleben der Geschlechter in Ehe oder Partnerschaft. Denn ob es uns gelingt, mit einem Mann viele Jahre oder Jahrzehnte gut auszukommen, hängt – außer von der Freude, die wir einander körperlich bereiten können – hauptsächlich davon ab, wie gut wir uns mitteilen und austauschen können.

Oder vielmehr: wie gut dies der Mann an unserer Seite vermag. Für Frauen ist das nämlich normalerweise kein Problem, jedenfalls habe ich noch keine getroffen, die nicht in der Lage wäre, sich und ihre Wünsche oder den Zustand der Paarbeziehung deutlich zu artikulieren beziehungsweise treffend zu beschreiben – übrigens auch ohne Abitur. Da tun sich Männer – mit oder ohne Abitur – grundsätzlich schwerer. Allerdings sind sie lernfähig. Denn irgendwann im Laufe der Ehe stellen zumindest die Sensibleren unter ihnen fest: Schweigend kommt man nicht weit zu zweit.

Warum aber gingen Ehen früher trotz schweigender Männer manchmal gut? Weil die Familien groß waren und den Frauen in jedem Fall ein reiches kommunikatives Betätigungsfeld boten, sodass es ihnen egal sein konnte, wie viel der Ehemann selbst dazu beisteuerte – so zumindest die interessante These des amerikanischen Schriftstellers Kurt Vonnegut. In einer seiner skurrilen Radioreportagen aus dem Jenseits *(Gott segne Sie, Dr. Kevorkian)* bringt er furios zusammen, warum Heiraten und Kinderkriegenwollen in etwa dasselbe bedeuten, wie eine riesige Dauerparty mit vielen Menschen zu feiern, die den Vorteil haben, einem sämtlich nahezustehen, und somit maximale Unterhaltung und ein stabiles Beziehungsgeflecht garantieren. Und es leuchtet ein, warum in so einem Umfeld eine Ehe nicht nur besser funktioniert, sondern sogar glückliche Kinder hervorbringt: «Freud sagte, er wisse nicht, was Frauen wollen. Ich weiß, was Frauen wollen. Sie wollen ganz viele Leute, mit denen sie reden können. Worüber wollen sie reden? Sie wollen über alles reden.

Was wollen Männer? Sie wollen eine Menge Kumpels, und es wäre ihnen lieb, wenn nicht immer alle böse auf sie wären.

Warum lassen sich heutzutage so viele Menschen scheiden?

Weil die meisten von uns keine Großfamilie mehr haben. Wenn früher ein Mann und eine Frau heirateten, bekam die Braut viel mehr Leute, mit denen sie über alles reden konnte. Der Bräutigam bekam eine ganze Menge neuer Kumpels, denen er dämliche Witze erzählen konnte.

Ein paar Amerikaner, aber sehr wenige, haben immer noch Großfamilien. Die Navajos. Die Kennedys.

Aber die meisten von uns, wenn wir heutzutage heiraten, sind lediglich eine weitere Person für die andere Person. Der Bräutigam kriegt einen neuen Kumpel, aber der ist eine Frau. Die Frau bekommt eine weitere Person, mit der sie über alles reden kann, aber die ist ein Mann.

Bei einem Ehekrach mag das Paar glauben, es ginge um Geld oder Macht oder Sex oder Kindererziehung oder sonst was. Was die beiden in Wirklichkeit zueinander sagen, ohne es zu wissen, ist dies: ‹Du bist nicht genug Leute!›

Ich habe einmal einen Mann in Nigeria kennengelernt, einen Ibo, der sechshundert Verwandte hatte, die er alle ganz gut kannte. Seine Frau hatte gerade ein Kind gekriegt, die beste aller möglichen Nachrichten in jeder Großfamilie.

Sie wollten es mitnehmen, damit es alle seine Verwandten kennenlernt, Ibos jeden Alters, jeder Größe und Form. Es würde sogar andere Babys kennenlernen, Cousins und Cousinen, die nicht viel älter waren als es selbst. Jeder, der groß genug und zuverlässig genug war, sollte es halten, beschmusen, anglucksen und ihm sagen, dass es so schön war oder immerhin hübsch.

Wären Sie nicht liebend gern dieses Baby gewesen?»

Ein bisschen wie bei den Ibos ging es auch bei uns zu, denn als ich glucksend in der Babywanne lag, lachten mich immerhin drei Paar Kinderaugen – die meiner Geschwister – plus die meiner Mutter an, wie ein Foto zeigt; auf einem anderen hängt Tobby, der Schnauzer, auf zwei Beinen stehend seinen bärtigen Charakterkopf in meinen Kinderwagen, während ich selig in das ernste Hundegesicht hinauflächele. Wieder andere zeigen mich auf diversen Schößen von Großmutter, Tanten, Cousinen und Kinderfrau. Deshalb liebe ich vermutlich Großfamilien und große Gesellschaften, und deshalb ist mir sympathisch, was Kurt Vonnegut schreibt.

In der Regel aber sind wir keine Ibos. Statt mit sechshundert leben wir mit ein, zwei oder drei Verwandten zusammen und sehen die wenigen, die wir darüber hinaus noch kennen, nur bei Hochzeiten und Beerdigungen. Daher müssen wir uns wohl oder übel auf unsere Kleinstfamilie konzentrieren und dort unsere kommunikativen Fähigkeiten pflegen.

Zur Kommunikation aber gehören wenigstens zwei, Sender und Empfänger, und wenn eine(r) immerzu sendet, ohne dass der andere reagiert, funktioniert sie nicht. In Ehen ist fast immer die Frau der Sender, also der Part, der das Ganze verbal am Laufen und zusammenhält. Dafür sind Männer in der Regel dankbar, weil es ihnen eine gehörige Last abnimmt und weil Reagieren einfacher als Agieren ist. Wenn es ihnen aber auf die Nerven geht, wird es kritisch für die Ehe.

Loriot hat das Vorstadium dazu in dem wunderbaren Sketch festgehalten, mit dem wir alle aufgewachsen sind: Wir sehen einen Mann im Sessel und hinter ihm, durch die geöffnete Küchentür, eine Frau geschäftig hin und her gehen.

Sie: Was machst du da?
Er: Nichts …
Sie: Nichts? Wieso nichts?
Er: Ich mache nichts …

Sie: Gar nichts?
Er: Nein …
(Pause)
Sie: Überhaupt nichts?
Er: Nein … ich sitze hier …
Sie: Du sitzt da?
Er: Ja.
…
Sie: Hol dir doch die Illustrierten!
Er: Ich möchte erst noch etwas hier sitzen.
Sie: Soll ich sie dir holen?
Er: Nein, nein, vielen Dank …
Sie: Will der Herr sich auch noch bedienen lassen, was? Ich renne den ganzen Tag hin und her. Du könntest doch wohl einmal aufstehen und dir die Illustrierten holen!
Er: Ich möchte jetzt nicht lesen …
Sie: Dann quengle doch nicht so rum …

Und wenn es den Frauen auf die Nerven geht, dass die ganze Last der Kommunikation auf ihren Schultern ruht, dann ist die Ehe ebenfalls in Gefahr, denn damit sind die Männer leicht überfordert. Deshalb spricht man ja sehr richtig von Kommunikations*arbeit,* was den Aspekt der Leistung unterstreicht, auch wenn das bei Loriot vielleicht nicht gerade in diesem Sinne herausgearbeitet ist.

Wann gehen die meisten Ehen kaputt? In den ersten beiden Jahren nach der Geburt eines Kindes, heißt es. Oder wenn die Kinder langsam aus dem Haus gehen. Ist man plötzlich wieder allein zu zweit, kommt die eigentliche Bewährungsprobe für die Beziehung. Dann kann es passieren, dass man beieinandersitzt und erschüttert feststellt: Mit den Kindern ist auch der Gesprächsstoff fort. Frauen reagieren darauf panischer als Männer, und sicher ist das einer der Gründe dafür, dass in dieser Altersgruppe inzwischen mehr Frauen als Männer die Scheidung einreichen. Es sei keine neue Liebe im Spiel gewesen, lautet dann die Begründung; die gemeinsame Basis sei einfach weggebrochen, man habe sich in verschiedene Richtungen entwickelt.

Was aber ist die Basis einer modernen Ehe? Einer Ehe, in der es keine klaren Rollenzuweisungen mehr gibt, keine ans Geschlecht gebundenen Funktionen, keine finanzielle oder sonstige Abhängigkeit existiert? Oder anders gefragt: Wie schafft man es, jemanden tatsächlich zu lieben, wenn die Leidenschaft längst abgeklungen ist? Dafür war die Ehe ja nicht vorgesehen, wie wir wissen; Ehe und Liebe schlossen sich sogar weitgehend aus, galten jahrhundertelang geradezu als unvereinbar: Die Ehe sicherte die ökonomische Basis, baute die eigene Macht aus, erschloss neuen Besitz oder stiftete gar vorübergehend Frieden zwischen Staaten. Erst seit der Romantik werden uns bei der Eheschließung zusätzlich Gefühle abgefordert, die auf Dauer ziemlich anstrengend sind, wenn sie nicht auf solider Grundlage ständig wachsen.

Wachsen aber können solche Gefühle nur da, wo auch Nähe ist. Und Nähe entsteht im Gespräch. «Soll Gemeinsamkeit überhaupt noch gelingen, werden immer mehr Abstimmungsprozesse nötig, von wechselseitigen Erwartungen bis zu den Details der alltäglichen Lebensführung. Was früher stumm vollzogen wurde, muss nun beredet, begründet, verhandelt, vereinbart werden», schreibt die Soziologin Elisabeth Beck-Gernsheim. Nur so entstehe ein «Dialog der Intimität».

Wie oft man miteinander ins Bett geht, ist demnach zweitrangig; wie oft man miteinander redet, wichtiger. Dabei müssen gar keine bedeutenden Inhalte diskutiert oder gar «Beziehungsgespräche» geführt werden. Das Reden an sich ist entscheidend – wir wenden uns einander zu, denn auch wenn wir nur miteinander vereinbaren, wer wen abholt, wer zum Elternabend in der Schule geht, wer das Brot besorgt und wer die Wäsche in den Trockner füllt, verhandeln wir in Wahrheit immer auch über uns selbst und unsere Beziehung: Gerade in diesen Alltagsgesprächen, im Umgang miteinander zeigt sich, wie viel Respekt wir für den anderen empfinden, wie viel jeder zu nehmen und zu geben bereit ist, wie viel Zeit uns das Gelingen des Alltags wert ist. Dass ein solcher Alltagsdialog zudem offenbart, wie ernst es den Beteiligten ist mit der Freiheit von Rollenzwängen, von althergebrachten Zuordnungen der Geschlechter (siehe Loriot), muss hier sicher nicht mehr begründet werden.

So viel zur Theorie.

In der Praxis wird jeder in seinem Freundeskreis überprüfen können: Die Paare, die ein Maximum an Interessen teilen und deshalb viel miteinander sprechen, haben – ob mit oder ohne Kinder – in der Regel eine ganz gute Chance, zusammen alt zu werden.

Fina und Robert haben – für Intellektuelle selten – immer in Großfamilien gelebt. Und gemeinsam gearbeitet. Zu Anfang der Ehe in Berlin, wo sie miteinander eine politisch-literarische Zeitschrift redigierten, in der Dissidenten aus dem Ostblock veröffentlichen konnten. «Die Autoren gingen bei uns ein und aus», erzählt Fina von dieser turbulenten Zeit, da saß dann zum Beispiel Lew Kopelew am Küchentisch und bekam eins der Kinder auf den Schoß, während gleichzeitig an den Texten gearbeitet, gekocht, gegessen und diskutiert wurde: «Kinder, Arbeit, Ehe, Freunde – alles ging durcheinander und war gleichzeitig eins!» Später, in Bayern, war es ähnlich: Auch da lebten sie mit Mutter, Freunden, vielen Kindern und Haustieren im Großverband unter einem Dach. «Wir saßen meist wenigstens zu zehnt am Tisch und liebten es!»

Also keine Ehe, in der man viel für sich war, und was andere anstrengend fänden, hält Fina für einen enormen Vorteil, denn so habe man gar keine Zeit gehabt, dauernd über eigene Befindlichkeiten nachzudenken. «Die Mischung war einfach ideal: Wir zogen beruflich an einem Strick und teilten auch alles andere miteinander», resümiert sie. Aber da denkt sie eher an die Arbeit, an das praktische Leben: «Es war nie so, dass wir abends auf dem Sofa saßen und uns alles erzählten, voreinander das Innerste nach außen stülpten.» Davon hält Fina nichts. Man dürfe sich nicht jedes Geheimnis nehmen. Sie seien – bei aller Nähe – immer selbständige Menschen geblieben, die sich ihren eigenen Kopf bewahrten. «Symbiotische Ehen finde ich furchterregend», sagt sie über Paare, die keinen Schritt ohne den anderen tun.

Natürlich gab's auch bei ihnen die üblichen Auseinandersetzungen, doch die bekommt man in so einem engen Lebens- und Arbeitsverband offenbar schneller unter Kontrolle. Meistens hieß es dann: «Jetzt ist aber Schluss», weil gerade ein Kind aus der Schule kam und versorgt werden musste.

Das ist inzwischen anders. Denn nach fünfundzwanzig Jahren Ehe sind beide plötzlich allein zu Haus. Die Mutter lebt nicht mehr, die Kinder studieren, auch die der benachbarten Freunde. «Das war ein größerer Bruch als der zu Anfang, als die Kinder kamen», sagt sie: «Zwanzig Jahre war ich psychisch auf die Kinder fixiert – trotz Arbeit und allem Trubel drum herum.» Doch als die jüngere Tochter auszog und Fina schlagartig bewusst wurde, dass sie nie mehr zurückkommt, «bin ich fast verrückt geworden». Das alte Haus, das ständig voll war mit jungen Leuten, die Musik, «das ganze Gerumpel, über das ich mich immer so beklagt habe» – mit einem Mal herrscht Ruhe. Wie eine stille Revolution sei das gewesen, eine gewaltige Umstellung, man müsse erst wieder üben, aufeinander einzugehen.

Eine Zeit der Prüfung, die kinderlosen Ehen erspart

bleibt. Und Frauen mehr zu schaffen macht als Männern. Frauen leiden überhaupt viel stärker unter der Sehnsucht nach ihren Kindern, findet Fina und schätzt, dass es etwa ein Jahr dauert, bis man sich wieder fängt.

Das Problem sei, plötzlich Zeit zum Grübeln zu haben; man denke zum Beispiel mehr übers Alter nach, hat die Mittfünfzigerin festgestellt. Da sei es wichtig, sich sofort etwas Neues zu erobern, seine Kräfte auf etwas außerhalb von sich zu konzentrieren. Und so hat Fina angefangen, einen Roman zu schreiben, nach ersten Erzählungen und einer Biographie. «Mit dem Schreiben emanzipiere ich mich beruflich», sagt die Journalistin und Übersetzerin, «auch wenn ich keine Anfängerin mehr bin. Es bedeutet mir sehr viel, und Robert, der darin weit mehr Erfahrung hat als ich, unterstützt mich und freut sich wahnsinnig, wenn ich Erfolg habe.»

Klingt so, als ob die beiden alles richtig machten. Was aber hat sich zwischen ihnen verändert, seit die Kinder fort sind?

Beim Streit fehlten die Kinder als Korrektiv, plötzlich habe man zwar Zeit, einer Sache auf den Grund zu gehen, aber auch Sendepausen durchzuhalten und sich länger aus dem Weg zu gehen, als gut wäre. Kinder disziplinieren Erwachsene ja allein durch ihre Anwesenheit.

Andererseits genießen sie die neue Zweisamkeit, vor allem beim Reisen. Da helfe die lange Ehe ungemein. Sie interessieren sich einfach für dieselben Dinge, bleiben vor denselben Sehenswürdigkeiten oder Restaurants stehen – es muss nichts mehr verhandelt werden. Und dann sehen sie manchmal ein junges Paar, das ganz verschlissen vom langen Streiten auf seine Teller starrt. Wenn sie nicht so diskret wäre, würde Fina ihnen am liebsten erzählen, dass man aus jedem Streit ein Stück gereifter hervorgeht. Um schließlich – mit Glück und Charakterstärke – als altes Ehepaar davon zu profitieren.

Dennoch würde Fina nie eine Prognose für ihre Ehe abgeben: Man werde vorsichtig, wenn man sehe, was alles um einen herum passiert. Zwei aus dem Freundeskreis seien nach dreißig Jahren für sie völlig unerwartet auseinandergegangen, und sie frage sich fassungslos, warum sie vorher nichts bemerkt hat. «Ehen sind so viel komplizierter, als wir denken», sagt sie. Der Partner bleibe letztlich ein Geheimnis, nie könne man alles überblicken. Und: «Unsere Ehe ist jedenfalls ständig in Bewegung.»

Auch Susanne und Jürgen sind fünfundzwanzig Jahre verheiratet. Beide sind höchst unterschiedlich, nicht nur im Temperament – sie sei «der Terrier, der immer gleich losrennt», er eher der Besonnene, der abwartet und dann aus dem Bauch heraus entscheidet –, sondern auch an Jahren und Interessen. Susanne ist ebenfalls in ihren Fünfzigern, während ihr zwölf Jahre älterer Mann, ein Manager, vor kurzem pensioniert wurde. Die Kinder gehen noch zur Schule.

Jetzt ist nur noch die Chemikerin berufstätig in der Familie, was die Arbeitsteilung enorm verändert. Er steht nun morgens als Erster auf, macht das Frühstück, kauft ein und kocht. Vor allem morgens genießt er es, endlich Zeit für seine Söhne zu haben, schmiert ihnen Schulbrote und winkt ihnen an der Haustür nach. Was die beiden bei ihrer Mutter nie gestört hat, ist ihnen bei ihrem Vater plötzlich peinlich. Und sie bitten Susanne, ihm schonend beizubringen, dass er nicht in der Haustür stehen und winken möge. Schon gar nicht im Bademantel.

Die neue Situation muss sich erst einspielen. So staunt sie beispielsweise darüber, wie unpraktisch er in alltäglichen Dingen ist. «Ich merke jetzt, dass er zwei Sekretärinnen hatte, die immer alles für ihn erledigten», sagt sie. «Es sind vor allem die zeitraubenden Kleinigkeiten, zum Beispiel Geschenke für Einladungen rechtzeitig zu organisieren, die er regelmäßig vergisst.» Diese Dinge soll und muss er ihr nun abnehmen, sie sieht nicht ein, dass sie sich nach ihrem langen Arbeitstag noch abhetzt und weiterhin all das übernimmt, während er sich seinen neuen Gewächshäusern im Garten widmet.

Die Beziehung der beiden war jedoch immer intakt und ist es bis heute, trotz aller Verschiedenheit. Susanne würde sich zwar wünschen, dass Jürgen gesprächiger wäre («Er merkt gar nicht, wenn er eine halbe Stunde am Frühstückstisch sitzt und kein Wort redet!»), auch dass mehr Anregungen kämen von seiner Seite, aber dafür ruhe er in sich, ist für sie der Fels in der Brandung. «Man wählt sich seinen Ehepartner ja mit Bedacht», sagt sie, «und wenn er so ganz anders ist, dann will man offensichtlich ein eigenes Defizit ausgleichen.»

Allerdings muss sie bei Konflikten schon starke Geschütze auffahren, um ihn aus der Reserve zu locken. Streiten hat er erst durch sie und mit ihr gelernt. Und das Aufeinanderzugehen danach, das Männern ja gewöhnlich schwerfällt. Dazu hat Susanne ihn manchmal regelrecht zwingen müssen, aber: «Wenn man Kinder hat, muss man sich vertragen wollen», ist ihre Ansicht. Und sie hasst es, wenn sie dann doch mal unversöhnt ins Bett gehen, weil er mauert und zu allem Überfluss sofort einschläft, während sie die halbe Nacht wachliegt und grübelt.

Den Lernprozess, den eine gute Beziehung in Gang setzt, beschreibt Susanne so: von unseren Maximalforderungen, die wir zu Anfang haben, langsam abrücken und uns mit der Andersartigkeit des anderen arrangieren. Wir lernen, seine Autonomie anzuerkennen, wobei das Wichtigste der gegenseitige Respekt sei. Nur so ließen sich alle Fehler immer wieder verzeihen. Und Susanne erzählt erstaunt, was Frauen sich – «in unseren Kreisen!» – so alles gefallen lassen. Bis zu Handgreiflichkeiten gehe das, weil viele Männer – «mit Doktortitel!» – tatsächlich nicht in der

Lage seien, sich anders auszudrücken. Für Susanne wäre bereits ein einziges «Arschloch» zu viel – «Dann wäre ich weg», sagt sie. «Das kann man unter Umständen einem fremden Autofahrer an den Kopf schmeißen, aber in der Ehe muss so ein Wort tabu sein.»

Tabu ist für Susanne auch, sich ausführlich über frühere Beziehungen Bericht zu erstatten. «Es gibt Dinge, die muss man für sich behalten», sagt sie, «weil man damit den anderen nur unnötig kränken würde.» Außerdem müsse man sich seine Intimität auch dem Partner gegenüber bewahren. Alles andere findet sie geschwätzig und degoutant. Beiden ist klar, was sie aneinander haben, ohne dass sie ständig in die Tiefe bohren müssen, und sie finden, dass die Ehe mit den Jahren immer besser geworden ist, zärtlicher und behutsamer. Einerseits.

Andererseits aber auch komplizierter. Denn mit dem Altern fertig zu werden, das hält Susanne für die schwierigste Lebensleistung überhaupt, die ein Mensch erbringen muss. Dabei alterten Frauen und Männer unterschiedlich: Jürgen empfinde das Altern gar nicht so wie sie, er habe kein Problem damit, trotz seines Vorsprungs an Jahren; sie hingegen, die immer als attraktive Frau galt, sieht es als große Herausforderung.

Mit Anstand altern könne man überhaupt nur mit unendlich viel Disziplin, wenn man sich seine Lebenszufriedenheit erhalten will, davon ist Susanne überzeugt. Die Kinder helfen ihr dabei, diesen Prozess besser zu ertragen, weil sie ihre Eltern an ihrem Leben voller Hoffnungen und Erwartungen teilhaben lassen und damit auch deren Blick in die Zukunft lenken. Und die Freundinnen: «Wir sind ja alle einen weiten Weg gegangen», sagt sie. «Es ist schön zu spüren, wie solidarisch Frauen inzwischen miteinander geworden sind.»

Ulrike und Richard sind dreißig Jahre zusammen, lernten sich als Pädagogikstudenten kennen und heirateten schließlich, um eine Familie zu gründen. Es ist eine Ehe, die schon viel ausgehalten hat und auch deshalb nicht mehr in Frage gestellt wird. Die beiden leben und arbeiten intensiv zusammen, wenn auch mit klassischer Arbeitsteilung: Er ist Schriftsteller, sie ist von Haus aus Kindertherapeutin, hat den Beruf aber mit der Geburt der Kinder aufgegeben. So organisiert sie allein den Alltag mit Familie, Hund, Katzen und den gemeinsamen Schreibkursen für schriftstellerisch Interessierte am Gardasee. Sie hält ihm komplett den Rücken frei, pflegt die sozialen Kontakte, die Freundschaften. «Er hat sich ja früher Wochen in seinem Zimmer vergraben, wenn er an einem Text arbeitete», erzählt Ulrike, «war völlig autistisch.» Seine Verbindung zur Außenwelt lief über sie.

Natürlich stand und steht sein Schreiben immer im Mittelpunkt. «Er bindet einen Großteil meiner Energie», sagt Ulrike, «das war mir anfangs nicht so klar. Sein besessenes Arbeiten hat gewissermaßen für zwei gereicht, wenn auch nicht im materiellen Sinn», und sie denkt laut darüber nach, welche Möglichkeiten ihr verschlossen blieben aufgrund dieser besonderen Konstellation, mit einem Schriftsteller zu leben. Das knallt sie ihm auch regelmäßig an den Kopf. Immer dann, wenn es zu selbstverständlich wird, dass sein Erfolg mit auf ihre Kosten geht.

Die Beziehung aber hatte immer Bestand, sagt sie, sogar in der größten Krise, als sich Richard in eine andere Frau verliebte, eine Schauspielerin, die einem völlig anderen Typ entsprach als sie, und Richard, infiziert von der neuen Leidenschaft, ohne jedoch von der alten Liebe lassen zu wollen, von einer offenen Ehe schwärmte, einer Ehe zu dritt. Die Rechnung hatte er allerdings ohne seine Frau gemacht. «Nicht mit mir», sagte die und zog alle Register: Er müsse sich für sie und die Kinder und gegen die

Leidenschaft entscheiden, oder er werde alles verlieren, woran er hing. Und sie machte ihm eines deutlich: «Freundschaftlich» würde sich Ulrike nicht trennen, es gab nur alles oder nichts.

«Da stand es auf der Kippe», sagt sie, aber er hat sich – sie ahnte es – schließlich für die Familie entschieden, weil ihm klar war, wie lebenswichtig die für ihn war.

Das sei die schwierigste Zeit ihrer Ehe gewesen, sagt sie rückblickend. «Trotz allem hatten wir nie das Gefühl, am Ende unserer Möglichkeiten zu sein.» Im Gegenteil: Die Krise hätte ihnen eher die Augen füreinander geöffnet – in einem guten Sinn, resümiert sie und erklärt, was ihr heute in der Ehe wichtig ist: mehr darauf zu achten, was sie verbindet, und weniger auf das, «was wir schwierig aneinander finden». Wichtig seien auch gemeinsame Pläne. Noch wichtiger: atmosphärische Schwankungen wie ein Seismograph zu erspüren und auf Veränderungen früh genug zu reagieren.

«Kinder sind ebenfalls gut für eine Ehe, wenn die Ehe im Kern stimmt. Denn sie weiten den Blick und verhindern, dass sich zwei zu sehr auf sich selbst konzentrieren.» Entscheidend scheint aber bei den beiden zu sein, dass sie von Anfang an, auch als das Geld noch knapp war, ihre zwei Wohnungen beibehielten. Sie sehen sich zwar täglich, können sich aber immer wieder zurückziehen. Richard hätte, das war ihnen früh klar geworden, mit zwei kleinen Kindern um sich herum nicht schreiben können, und mit den Halbwüchsigen jetzt ginge es auch nicht. Er braucht absolute Ruhe zum Arbeiten, und die Familie braucht die Freiheit, gelegentlich zu lärmen. So ist beiden Seiten gedient. Die räumliche Trennung habe der Ehe sehr gutgetan, davon ist Ulrike überzeugt, und den Sex habe sie auch beflügelt. Überhaupt sei die Sexualität während der ganzen langen Beziehung immer ein Bindemittel zwischen ihnen gewesen, sei nie in Frage gestellt worden. Das dürfe man nicht unterschätzen, findet Ulrike. Und: «Wenn ein Ehepaar keinen Sex mehr miteinander hat, bricht ein Teil der gemeinsamen Basis weg.»

Die Anfechtungen von außen nähmen nun ab in den Fünfzigern, die Bettgeschichten und Seitensprünge auf beiden Seiten; man selbst sei entspannter, vertrauter als je mit dem Körper des anderen, den man seit dreißig Jahren kennt und liebt. «Ich flirte gern, aber ich muss nicht mehr unbedingt wissen, wie der oder der im Bett ist» – man stehe einfach nicht mehr unter Druck und genieße seine alte Beziehung, in der man sich nichts mehr beweisen muss und die dennoch so lebendig ist.

Und so ist das Älterwerden für die Vierundfünfzigjährige weniger mit Schrecken als mit Vorfreude verbunden: Sie sehnt sich bereits nach dem unabhängigen Leben, wenn auch das zweite Kind einmal aus dem Haus sein wird: «Dann werden wir unsere Erzählseminare am Gardasee noch ausbauen, und ich hätte mit 25-jähriger Verspätung doch noch einen Berufsalltag, der mich wirklich fordert und ohne die Jahre im Rücken gar nicht möglich wäre.» Denn Ulrike versteht sich selbst als professionelle Leserin, die all ihre Lebenserfahrung in die Seminare einbringen und gleichzeitig vermitteln will, was sie unter guter Literatur versteht: begriffenes und erzählend gestaltetes Leben.

Andrea und Christoph sind ebenfalls ein «altes Ehepaar», obwohl sie erst Ende vierzig sind. Sie begegneten sich schon während des Studiums mit Anfang zwanzig und wussten sofort, dass sie die Liebe fürs Leben gefunden hatten. Kein *amour fou*, keine blinde Leidenschaft – «Dazu war es uns viel zu ernst», sagt Andrea. «Wir spürten einfach, dass wir perfekt zusammenpassen, nicht nur als Liebespaar, sondern auch als Lebenspaar.» Sie stimmten in fast allem überein, was sie für wichtig hielten, waren beide im selben evangelischen Sinn erzogen, was sie und ihre Wertvorstellungen geprägt hat. Und in einer Zeit, in der andere nach dem Motto «anything goes» lebten, vereinbarten Andrea und Christoph, dass Treue und unbedingte Aufrichtigkeit die maßgeblichen Leitlinien ihres gemeinsamen Lebens sein sollten.

Nun könnte man meinen, dass sie ein eher altmodisches Paar seien, wenn sie nicht so radikal modern lebten, und das heißt: Jeder von ihnen gibt alles, um einem anspruchsvollen Beruf (sie als Dramaturgin und Dozentin, er als Fernsehredakteur) und der Familie zu hundert Prozent gerecht zu werden.

«Wir waren sehr symbiotisch zu Anfang», sagt Andrea, «haben alles zusammen gemacht, fanden es toll, einander zu verschlingen.» Doch zehrte das an beider Kräfte, war auf Dauer zu anstrengend; auch empfand Andrea ihren Mann dabei als nicht wenig besitzergreifend, und so boxte sie sich langsam aus der zu engen Umklammerung heraus: «Er war ja schon eifersüchtig, wenn ich alleine Rad fuhr», erzählt sie lachend. Er musste lernen, sie zu lieben, ohne zu jeder Stunde des Tages zu wissen, was sie gerade tat.

Dass das nicht ohne Streitereien abging, liegt auf der Hand. «Eben weil es uns so ernst mit der Beziehung war, haben wir so erbittert gestritten», erklärt sie, «mehrfach fand sich einer von uns mitten in der Nacht mit dem Koffer auf der Straße.» So haben sie Jahre mit der Frage gerungen, wie viel Symbiose und wie viel Autonomie ihre Ehe verträgt, das hat sie weitergebracht und das Fundament gefestigt. Sie haben sich zusammengerauft und ihre entscheidende Beziehungsarbeit geleistet, bevor die Kinder kamen.

Auch hier ist es so, dass Andrea der direkte, impulsive und gleichzeitig intellektuelle Part ist, während Christoph eher künstlerisch, verhalten und introvertiert agiert und höchstens verschlüsselte Signale aussendet, statt zu sagen, was ihm fehlt. Doch jetzt, nach einem Vierteljahrhundert, mit zwei halbwüchsigen Kindern, gehen sie viel entspannter miteinander um. Die Strategien, die sie sich zur Konfliktbewältigung erarbeitet haben, die stärken sie heute. «Unsere Beziehung ist sehr kostbar geworden», sagt Andrea, nach allem, was sie miteinander erlebt haben, der langen Wegstrecke, die sie gemeinsam gegangen sind. Das ließe sich ja nie mehr mit jemand anderem aufholen, darin sind sich die beiden einig. Dennoch – einfach ist eine Ehe nie, und das gemeinsame Leben stellt jeden Tag neue Anforderungen. Gerade weil man die neuralgischen Punkte des anderen genau kennt, müsse man sensibel und klug damit umgehen. Und auch Andrea spricht von der enormen Disziplin, die es brauche, um – bei voller beruflicher Beanspruchung – den «Familienzirkus» nicht nur auszuhalten, sondern ihn so zu gestalten, dass es allen gut dabei geht. «Ehe ist eine Lebensaufgabe», sagt sie, aber es ist das Leben, das sich beide genau so gewünscht haben.

Wie man sieht, gibt es viele Modelle für gelingende Ehen. Oft gehen sie aber schief, und jeder in unserem Alter kennt soundso viele Paare, die sich getrennt haben, und zwar nicht im vierten und auch nicht im verflixten siebten Jahr, nein, nach fünfzehn, zwanzig oder gar dreißig Jahren. Und wenn ich hier von zwei Trennungen erzählen will, dann nicht nur, weil das potenzielle Scheitern zum Thema Ehe notwendig dazugehört, sondern weil auch im Scheitern einer Ehe für Frauen in unserem Alter manchmal eine große Chance liegt.

Marlies zum Beispiel, erfolgreiche Familienanwältin in München, geht es heute ziemlich gut. Und sie wäre beruflich nicht da, wo sie ist, hätte die Scheidung von ihrem Mann sie nicht veranlasst, nochmal – «gezwungenermaßen» – ganz von vorn zu beginnen. Dabei war sie immerhin schon siebenundfünfzig, als ihr Mann sie wegen einer viel Jüngeren verließ. Nachdem die Rechtsanwältin, die sich in den siebziger Jahren als Strafverteidigerin einen Namen gemacht hatte, jahrelang wegen der drei Kinder nur halbtags gearbeitet und für die Karriere ihres Mannes immer wieder mit ihm die Stadt gewechselt hatte, wurde ihr nun bewusst, dass sie auf sich gestellt war, dass sie sich auch beruflich etwas Neues aufbauen, sich – angesichts der juristischen Konkurrenz – weiter spezialisieren musste. Also hat sich Marlies, die schon jahrelang als Familienanwältin tätig war, hingesetzt, um auch den neu geschaffenen Titel «Fachanwältin für Familienrecht» zu erwerben, für den sie achtzig Fälle vorlegen und an Wochenenden fünfstündige Klausuren schreiben musste. «Ich habe mir dabei fast in die Hosen gemacht – mit neunundfünfzig nochmal so eine Examenssituation aushalten zu müssen!», aber es glückte, und es gab ihr enormes Selbstbewusstsein.

So weitete sie in einem Alter, in dem andere sich zur Ruhe setzen, ihre Tätigkeit auf Vollzeit aus und vergrößerte die Praxis, die sie schon ein paar Jahre gemeinsam mit einer Sozia führte. Sie haben viel zu tun, die Praxis läuft sehr gut. Und sie weiß: An der Seite ihres Mannes hätte sie das nie in Angriff genommen, denn «neben ihm habe ich mich immer kleingemacht bis zum Gehtnichtmehr».

Es ist kaum zu glauben, aber bei solchen Gesprächen stellt man immer wieder fest, wie viele hochqualifizierte Frauen es gibt, deren Selbstbewusstsein an der Seite eines dominanten Mannes im Laufe der Zeit dahinschwindet. Wenn Marlies erzählt, schon ihr Vater habe sie gelehrt, dass sie nichts tauge, und stets in ironischem Ton mit ihr gesprochen, was sie als Kind sehr verletzt und das Klima zu Hause vergiftet habe, dann ist das kein Widerspruch, sondern passt ins Bild einer patriarchal geprägten Kultur, in der Frauen gewöhnlich nicht ermuntert wurden, sich etwas zuzutrauen.

Die Scheidung selbst war die größte Krise ihres Lebens, sie fühlte sich ganz unten, machte aber die für sie erstaunliche Erfahrung, dass ihr alle Freunde, von denen sie immer dachte, dass sie nur ihres Mannes wegen kämen, die Treue hielten. Die Freundschaften hätten sich dadurch schnell intensiviert, das habe ihr einen enormen Schub gegeben. Zusätzlich hat sich Marlies einer «Krisenintervention» genannten Therapie unterzogen, «um aus dem tiefen Loch wieder herauszukommen, in dem ich saß». Sie wollte auch nicht die Freunde ständig mit ihrem Ehedrama «belatschern». Und so habe sie gelernt, sich selbst «ins Kreuz zu treten», wenn sie selbstmitleidig ihr Los beklagte, und begonnen, ihr Schicksal in die Hand zu nehmen.

Denn das ist das größte Problem der Frauen um die fünfzig, wenn sie, von ihren Männern im Stich gelassen, vor Marlies in der Praxis sitzen und nicht wissen, wie es weitergehen soll. Frauen, die der Kinder wegen zu Hause geblieben und nun angeschmiert sind, weil sie nichts gelernt haben und in keinen Beruf zurückkönnen. Solche Fälle erlebt sie als Familienanwältin Tag für Tag.

Das neue Unterhaltsrecht, das die Regierung gerade vorbereitet, habe die Situation für diese Frauen verschärft, erklärt Marlies. Denn jetzt ist die «Eigenverantwortung» der Ehegatten nach der Scheidung die Devise. Das bedeutet für langjährige Hausfrauen eine krasse Veränderung: Früher zahlte der Mann bis zur Pensionsgrenze, um den Lebensstandard der ersten Frau zu erhalten, auch wenn danach für die aktuelle Familie nicht mehr genug übrig blieb. Jetzt aber geht es in erster Linie um das Kindeswohl: Für die Kinder aus beiden Ehen muss gesorgt sein, die Ehefrauen Nr. 1 und Nr. 2 werden indes finanziell gleichgestellt, das bedeutet für die erste Frau unter Umständen sehr viel weniger Unterhalt als früher. Sie muss sich also darauf einstellen, auf eigenen Füßen zu stehen, auch wenn sie vorher die Kinder erzogen hat. Die Hausfrauenehe, so heißt es, könne nicht mehr der Maßstab sein.

Bitter für Frauen, die ihr Leben in den Dienst der Familie gestellt und mehrere Kinder großgezogen haben und plötzlich ohne alles dastehen. Gerade vertritt Marlies anwaltlich eine Pfarrersfrau, die jahrzehntelang die Gemeindearbeit an der Seite ihres Mannes geleistet hat. Dann entschied der sich für eine Jüngere, und nun weiß sie, die nichts gelernt hat, nicht, was sie mit Mitte fünfzig mit ihrem Leben noch anfangen soll.

Aber Marlies erlebt auch Frauen, die selber gehen, weil sie die Faxen dicke haben und zum Beispiel nicht mehr betrogen werden wollen. Die meisten hätten zwar keine Ahnung von ihrer finanziellen Situation, könnten manchmal nicht mal eine Überweisung ausstellen, erzählt Marlies, doch sie lernten blitzschnell, «und wenn sie Arbeit haben, fassen sie wieder Tritt und begegnen mir nach kurzem als gestandene Frauen wieder». So hält auch Marlies den Beruf für die wichtigste Rückversicherung im Frauenleben, denn ob eine Ehe Bestand hat oder nicht, weiß ja niemand vorher.

Natürlich – und das ist die andere Seite ihrer eigenen gelungenen Scheidung – fehlt ihr manchmal einfach jemand, wenn sie nach Hause kommt. Doch bevor sie mit irgendeinem etwas anfängt, der nur Notnagel wäre, sagt sie auf gut Schwäbisch: «Dann lieber heim und so ins Bett.»

Schwieriger wird's, wenn sie kränkelt. Dann kommt leicht mal ein Durchhänger dazu. Aber jetzt weiß sie, wie sie wieder aus dem Loch herauskommt, wenn sie doch nochmal hineinfällt. Und sie staunt immer wieder, wie gut sie allein zurechtkommt. «Dass ich mal allein leben kann – das hab ich mir früher nicht vorstellen können.»

Auch die siebenundvierzigjährige Claudia würde ihre Scheidung vor zwei Jahren letztlich als Glück und als *die*

Chance für ihren Neuanfang bezeichnen. Obwohl ihr ein wahrhaft hässlicher Trennungskrieg vorausging, mit einem Mann, mit dem – wiewohl es sich um einen gutverdienenden Arzt handelt – um jeden Cent, um jeden Stuhl und jeden Löffel gerungen werden musste. Aber manche Menschen lernen sich erst richtig kennen, wenn sie auseinandergehen – das ist wohl die bitterste Erfahrung dabei.

Claudias Geschichte ist ein klassisches Emanzipationsdrama, das nur kurz umrissen werden soll: Oberarzt am Krankenhaus heiratet Krankenschwester, sie bekommen zwei Kinder, und die Mutter soll zu Hause bleiben. Das tut sie auch gehorsam, beginnt aber, sich für Kunst zu interessieren, erarbeitet für ein Museum an der Nahtstelle zwischen Kunst und Medizin ein pädagogisches Konzept für Kinder, ist damit erfolgreich, gründet eine Kinder-Kunst-Akademie, verkehrt zunehmend mit anderen kunstinteressierten Eltern, Künstlern, Kulturdezernenten, während er immer wütender wird, weil ihre Nebenbetätigung wirtschaftlich nichts einbringt – nicht zuletzt deshalb habe er ihr Engagement «nicht als Bereicherung, sondern als Bedrohung des gemeinsamen Lebens empfunden». Im Grunde jedoch fühlte er sich wohl – so interpretiert sie seine Aversion gegen ihre Leidenschaft – vernachlässigt, weil sie ihre Zeit nicht ausschließlich ihm und den eigenen Kindern widmete.

Es kommt zum Bruch. Nach zweiundzwanzig Jahren. Er wirft sie aus dem gemeinsamen Haus hinaus, bedroht sie. Die Arztfrau landet im Frauenhaus.

«Da fing ich an, neu laufen zu lernen», sagt Claudia. Die Freunde bewähren sich, halten fast alle zu ihr, helfen aus, mit Geld und Rat, übernehmen die Kinder nach der Schule, wenn sie auf Arbeitssuche ist. Zurück auf die Intensivstation kann sie nicht, dazu ist sie zu lange raus, und auch sonst scheint niemand auf die erfahrene und engagierte Frau zu warten, die bereit ist, alles Mögliche zu tun.

So nimmt sie schließlich Jobs an, um Geld zu verdienen, einen nach dem anderen, weil ihr Mann zunächst nicht zahlt. Sitzt als Urlaubsvertretung an Rezeptionen, übernimmt Gartenarbeiten und ist sich nicht mal zu fein, putzen zu gehen, auch wenn sie vorher selbst eine Putzfrau hatte.

Nach einem Dreivierteljahr wird sie endlich fündig: In der Universitätsklinik kann sie aufgrund ihrer Krankenschwesternausbildung an einem speziellen medizinischen Projekt mitarbeiten. Und hat das Glück, dem betreuenden Professor als Organisationstalent aufzufallen. Bald darauf wird sie im Klinik-Management fest angestellt.

Inzwischen hat sie Klinik und Stadt gewechselt (ihr Professor folgte einem Ruf und bot Claudia an, mitzukommen), um mit den Kindern weit weg einen sauberen Neustart hinzulegen. Und mit dem Namen ihres Mannes hat sie alles abgelegt, was an die unglückliche Zeit ihrer Ehe erinnert: «Hier bin ich nicht mehr die Frau von Dr. X, sondern einfach Frau Y.» Sie fühlt sich unbelastet, genießt die neue Umgebung und neue Menschen, die ihre Vorgeschichte nicht kennen. Davon profitieren auch die Kinder, obwohl ihnen naturgemäß der Schnitt schwerer fiel, schließlich ließen sie jede Menge Freunde zurück. Doch fahren sie regelmäßig zum Vater zu Besuch und treffen im alten Vorort dann alle wieder.

Jetzt erst, nach vier anstrengenden, nervenaufreibenden Jahren der Scheidung und des Neubeginns, wird ihr klar, was sie da geschafft hat, welcher Kraftakt hinter ihr liegt. Jetzt erst fängt sie langsam an, sich wieder zu entspannen und Lebensfreude zu empfinden. «Zum ersten Mal werden meine Fähigkeiten wertgeschätzt. Ich weiß, was ich alles kann und geleistet habe.»

Das genießt sie. Und sie genießt das Glück, in ihren Kindern zwei «Prachtexemplare» mit wunderbaren Charaktereigenschaften herangezogen zu haben, eine Leistung, die sie sich selbst anrechnet, auf die sie stolz ist. Sie hat inzwischen auch gelernt, sich durchzusetzen, was in der Ehe nicht möglich war, weil ihr Standpunkt dort nicht zählte, ihr Mann sie nicht als ebenbürtig betrachtete. «Wenn Reden und Zuhören in einer Ehe nicht mehr gelingen, dann scheitert das Ganze», sagt sie rückblickend. Und: «Jetzt erst bin ich die, die ich sechsundvierzig Jahre lang hätte sein wollen. Insofern ist die Scheidung das Beste, was mir passieren konnte.»

Zum Schluss dieses Kapitels möchte ich noch von meiner dreiundneunzigjährigen Tante Lorle und ihrer Ehe erzählen, und es klingt, zugegeben, ein bisschen wie nicht aus dieser Zeit. Fünfundsechzig Jahre waren die beiden verheiratet, als mein Onkel Ernst im Frühsommer 2006 mit vierundneunzig Jahren starb. Da kannten und liebten sie sich aber schon fast achtzig Jahre, seit sie sich mit fünfzehn beziehungsweise sechzehn Jahren in der Tanzstunde gegenüberstanden. Es war die erste große Liebe für beide, und sie blieb die einzige und hielt ihr Leben lang. Beide studierten Medizin, sie heirateten nach Ende des Studiums, gründeten eine Praxisgemeinschaft, bekamen drei Kinder und lebten und praktizierten bis in ihr hohes Alter.

Wenn ich Lorle frage, wie man das schafft, einen einzigen Mann sein ganzes langes Leben zu lieben, sagt sie: «Wir haben eben alles gemeinsam gemacht, von Anfang an: Wir hatten denselben Beruf, den wir liebten, und kümmerten uns beide um die Kinder. Das war wunderbar.» Deshalb konnten sie immer über alles miteinander reden, weil es sie ja gemeinsam betraf. Natürlich habe es auch mal Streit gegeben, aber nie über Nacht. «Und wer hat den ersten Schritt zur Versöhnung getan?», will ich wissen. «Mal der, mal der», sagt sie.

Gab es denn nie eine Anfechtung von außen? Nie den Wunsch, mal auszubrechen? Da schüttelt sie energisch den Kopf: «Nein, wir haben uns beschieden», sagt sie, «wir waren glücklich so, wie es war.»

Nur den Tod der Tochter, meiner Cousine Doris, die am Krebs gestorben ist, konnten sie nicht verwinden. Doch die Gegenwart des anderen gab ihnen Trost und Stärke. Und heute sagt Lorle, die allein und sehr tapfer in ihrem alten Haus ausharrt, dass diese Ehe ein Geschenk des Himmels war. Und: «Wir hätten uns immer wieder geheiratet.»

4. VON FURIEN UND ALTEN SCHACHTELN: Die Diskriminierung der älteren Frau

Wer so eine Ehe führt wie meine Tante Lorle, dem wird das Altern leichter fallen. Wer sich in einer loyalen Partnerschaft aufgehoben fühlt, wird auf die Bestätigung von außen, durch andere Männer, weniger oder gar nicht angewiesen sein. Für jede andere Frau aber – besonders, wenn sie auf der Suche nach einem Freund ist – stellt die Erfahrung, nicht mehr begehrt zu werden, eine Kränkung dar.

Bei der Kränkung der älteren Frau im Geschlechterverhältnis bleibt es aber nicht. Die Kränkungen gehen weiter im Beruf und setzen sich fort in der Gesellschaft. Es scheint so, als müssten wir, die wir in den letzten Jahrzehnten in unserem Kampf für die Emanzipation erfolgreicher gewesen sind als alle Generationen zuvor, in einen neuen Kampf ziehen: in den Kampf gegen die Altersdiskriminierung. Sie trifft Männer wie Frauen, aber Frauen spüren sie früher und stärker und erleben sie in zahlreicheren Varianten, und manchmal gelangen die Nachrichten vom täglichen Kleinkrieg gegen die ältere Frau spektakulär an die Öffentlichkeit.

So wie Anfang der Neunziger beim *Stern*, als der Kulturressortleiter, «genervt von widerborstigen Frauen und ihren Texten» – so formulierte es ein ehemaliger *Stern*-Mitarbeiter auf meine Nachfrage –, ausflippte und wörtlich sagte: «Ich kann diese Klimakteriumsfotzen nicht mehr ertragen.» Auch wenn das Wort unschön zu lesen ist, musste es hier doch noch einmal notiert werden, aus historischen Gründen – heute wäre kein Vorgesetzter mehr so dumm, so etwas laut zu sagen. Aber es hätten sich damals viele Männer klammheimlich gefreut, dass endlich mal einem rausgerutscht war, was so manche dachten, und diese Mentalität habe sich seitdem nicht wesentlich geändert, da ist sich mein Gewährsmann sicher. Natürlich gab es einen Aufstand der Frauen, und natürlich kostete den Ressortleiter seine Äußerung den Job – wenige Monate darauf wurde ihm gekündigt. Die oft geschmähte politische Korrektheit, deren Dekade und Höhepunkt ja die neunziger Jahre waren, hat vermutlich mehr zur Kultivierung des Umgangs miteinander beigetragen, als uns bewusst ist.

Aber ausgerottet wurde das Macho-Denken dadurch nicht. Es lebt weiter, verbirgt sich, tarnt sich, verrät sich gelegentlich dort, wo Mann glaubt, er könne gefahrlos die Sau rauslassen, und manchmal entlädt sich der Männerhass auf die ältere starke Frau gänzlich ungeniert, zum Beispiel als Prinz Charles mit seiner Frau Camilla durch die USA reiste und in Washington von Präsident George W. Bush empfangen wurde. Frauen, das lernte man aus den Zeitungsberichten über dieses Ereignis, können viel falsch machen, vor allem, wenn sie älter sind. Dann kann so ein Besuch für eine Frau wie Camilla, die ständig mit der jugendlichen Prinzessin Diana verglichen wird, zum Spießrutenlauf werden.

Der Fernsehsender *ABC* bedauerte, dass Camilla in ihrem dunklen Rock mit Kaschmirjäckchen ein wenig zu «mütterlich» wirkte, während Laura Bush in ihrem roten Oscar-de-La-Renta-Kleid «grandios» ausgesehen habe. Auch sei es schade, dass Camilla bei ihrem ersten Auftritt in New York keinen aufregenden Hut getragen habe. Der *New York Times* missfiel Camillas Halsschmuck. Damit «hätte man ein Pferd erwürgen können», hieß es. Der britische *Evening Standard* hingegen lobte mit etwas feinerer Bosheit, das Perlencollier von Camilla sei besonders gut gewählt gewesen, weil es die Falten am Hals verdeckte. Der-

Daily Telegraph urteilte, das Debüt der Herzogin habe «Glamour vermissen» lassen. Und die amerikanische Boulevardzeitung *New York Post* brachte die Stimmung der Medienmeute mit der Schlagzeile «New York's Frump Tower» auf den Punkt, wobei «frump» in der *FAZ* mit «alter Schachtel» noch einigermaßen milde übersetzt scheint. In meinem Langenscheidt-Lexikon finde ich auch die Synonyme «Spinatwachtel» und «Schlampe».

Boulevardzeitungen und Trash-Fernsehsendungen leben davon, dass sie die niederen Instinkte im Menschen hervorkitzeln. Dazu gehört eben auch die Verachtung, Verspottung und Verhöhnung der älteren Frau. Die Macher dieser Zeitungen und Sendungen lauern geradezu auf einen Anlass, sie gnadenlos fertigzumachen.

So ein Anlass war gegeben, als die ehemalige Ministerpräsidentin von Schleswig-Holstein, die zweiundsechzigjährige Heide Simonis, es wagte, sich in eine RTL-Live-Tanzshow zu begeben. Heide Simonis engagiert sich als ehrenamtliche Vorsitzende von Unicef für die armen Kinder dieser Welt. Von ihrem Auftritt habe sie sich ein bisschen Publizität für ihre Unicef-Projekte erhofft, sagte sie, und das Honorar sei ebenfalls an Unicef gegangen. Die Show war ein Tanzwettbewerb, bei dem die tanzenden Paare vom Publikum von Sendung zu Sendung rausgewählt werden konnten, sodass am Ende ein Siegerpaar übrig bleiben sollte.

Simonis rechnete offenbar damit, nach den ersten Sendungen auszuscheiden; der eigentliche Zweck – Werbung und Geld für Unicef – wäre dann bereits erfüllt gewesen. Sie schied aber nicht aus, blieb drin, Woche um Woche, und das war für einige Journalisten der Anlass, sie für vogelfrei zu erklären und zum Abschuss freizugeben.

Es fing damit an, dass man die Kostümbildnerin der RTL-Show öffentlich über die Haut («blass»), den Bauch

(«Problemzone») und das Gesäß der einstigen Landesmutter räsonnieren ließ und die verletzende Kritik der RTL-Juroren an Simonis' Tanzkünsten ausführlich wiedergab. Dann bezeichneten Bundestags-Hinterbänkler Simonis' Auftritt als «beschämend», und Zeitungen erfanden den Spitznamen «Hoppel-Heide». Der siebenundsechzigjährige RTL-Gründer Helmut Thoma schwadronierte über weitere mögliche TV-Einsätze der ehemaligen Spitzenpolitikerin beim Bullenreiten, Promiboxen, bei *Big Brother* oder in Dschungelshows. Und schließlich musste sich Heide Simonis mit einem Kreislaufkollaps in ärztliche Behandlung begeben. Die Medien samt ihrer bei solchen Treibjagden bewährten Helfer hatten es wieder einmal geschafft.

Ältere Frauen öffentlich zu schmähen hat eine lange Tradition in Europa. Simone de Beauvoir hat das Phänomen ausführlich in ihren beiden Standardwerken *Das andere Geschlecht* und *Das Alter* beschrieben und die Verachtung mit vielen eindrücklichen Beispielen aus historischen und literarischen Texten der Antike, des Mittelalters und der Renaissance belegt. Auch ehrwürdigen Namen begegnen wir in dieser Tradition, dem großen Humanisten Erasmus von Rotterdam etwa, der über ganz alte Frauen wettert: «Diese verfallenen Frauen, diese wandelnden Leichname, diese stinkenden Gerippe, die überall einen Grabesgeruch verbreiten und dabei alle Augenblicke ausrufen: Nichts ist so schön wie das Leben …»

Ein bisschen was von dieser Verachtung hatte sogar meine eigene Großmutter, wenn sie sich angesichts einer Busladung bejahrter amerikanischer Touristinnen mit leuchtendem Rouge auf den Wangen, rosa Lippenstift im faltigen Gesicht und violett gefärbtem Haar mokierte, das seien «übertünchte Gräber».

Die Verachtung vieler Jahrhunderte wirkt fort in uns, unbewusst, und die Ansicht, sie sei es hauptsächlich, die uns in Form der fliegenden Hitze, der Schlaflosigkeit und des Herzrasens oder der depressiven Verstimmung zu schaffen macht, scheint mir nicht von der Hand zu weisen.

Ob wir wollen oder nicht: Damit müssen wir uns auseinandersetzen. Es tröstet zwar, wenn ein Leserbrief gedruckt wird, in dem jemand zu bedenken gibt: Nur weil Camilla sich nicht, wie viele New Yorker, in die Hände eines Schönheitschirurgen begeben habe, sei das noch kein Grund, schlechte Witze über sie zu reißen. Aber es hilft nicht.

Wir brauchen keinen Trost, wir haben Anspruch auf Respekt, und den müssen wir uns eben verschaffen, beispielsweise mit ein paar Fragen: Was ist eigentlich Charles, wenn Camilla eine alte Schachtel ist? Welches Maß an öffentlicher Beleidigung muss man sich als «öffentliche Frau» gefallen lassen? Gibt es einen vergleichbaren Fall, bei dem ein Mann allein aufgrund seines Äußeren oder seines Alters derart abqualifiziert worden wäre wie Camilla? Mir ist keiner bekannt. Mir ist auch nicht bekannt, dass Politiker über Monate und Jahre hinweg hauptsächlich wegen ihrer Frisur, ihrer Kleidung und ihrer herabhängenden Mundwinkel so kritisiert worden wären, wie Angela Merkel das widerfahren ist.

Frauen darf man offenbar beleidigen, nur weil sie nicht mehr jung und schön sind, wobei die Beleidigung bereits damit beginnt, dass sich das Interesse, wie bei Camilla, ausschließlich auf das Aussehen beschränkt. Am gelebten Leben dieser Frau, ihrer Entwicklung, ihrer Persönlichkeit, ihren Ansichten, Eindrücken und Erlebnissen, an so ziemlich allem, was einen Menschen ausmacht, zeigte sich die Journaille komplett desinteressiert. Ähnlich war es im Fall der Kanzlerkandidatin Angela Merkel. Ihr Aussehen wurde heftiger diskutiert als ihr politisches Programm. Erst seit sie mit der Autorität der Kanzlerwürde versehen ist – und den öffentlich erteilten Ratschlägen zu ihrer Frisur gefolgt ist –, hat das oberflächliche Geschwätz ein Ende.

Gewiss, wir sind nicht die Herzogin von Cornwall oder Kanzlerkandidatin, wir müssen nicht auf uns beziehen, was über diese beiden Frauen gesendet und gedruckt wird. Aber wir können daraus ableiten, wie man uns insgeheim begegnet und wie man uns beurteilt. Uns wird damit bedeutet, dass unsere Zeit vorüber sei, und wir merken, wie weit wir noch von einer wirklichen Gleichberechtigung zwischen Mann und Frau entfernt sind.

Denn eines hat uns unser Frausein von Anfang an gelehrt: Wenn Mann und Frau das Gleiche tun, wird es noch lange nicht gleich bewertet. Das erfahren wir nun wieder neu, wenn wir in die Jahre kommen, in denen uns Jugend und Schönheit nicht mehr vor der männlichen Verachtung schützen. Und diese Verachtung gilt nun mal von jeher der älteren Frau. Zumal, wenn sie sich unbeliebt macht, etwa durch sachliche, aber deutlich geäußerte Kritik an Männern. Dann wird das sachliche Argument schnell gekontert mit einer unsachlichen Anspielung aufs Alter oder Aussehen der Kritikerin.

Auch mit Kritik am eigenen Geschlecht tun wir uns keinen Gefallen: Es heißt dann sofort, wir führten einen «Zickenkrieg»; und wenn es sich um eine jüngere Kollegin handelt, unterstellt man uns blanken Neid. Mit Spott und Ironie sollten wir ebenfalls haushalten, wenn wir uns nicht nachsagen lassen wollen, wir hätten «Haare auf den Zähnen». Laut zu werden, ist der Frau eigentlich in jedem Alter verboten, denn damit outet sie sich schnell als «Hysterikerin», ein Schimpfwort wie gemacht für die Frau, das sich immer schon großer Beliebtheit erfreute, denn zum einen hat der Verweis auf den weiblichen Unterleib als Wurzel allen Übels ja seit Freud beziehungsweise seit der Antike Tradition. Zum anderen hat man die Frau damit flugs in die pathologische Abteilung gesteckt und muss ihre inhaltlichen Argumente nicht mehr ernst nehmen.

Sagt man einem Mann, einer Führungskraft, ein cholerisches Wesen nach – die männliche Entsprechung zur weiblichen Hysterie –, dann ist er halt ungeduldig, zielstrebig, erfolgsorientiert, ein Siegertyp eben, der nichts anderes will als gewinnen. Wer gelegentlich aufbraust, zeigt Führungsstärke und Durchsetzungswillen. So gesehen ist ein cholerisches Temperament doch nur hilfreich im globalen Wettbewerb.

Eine cholerische Frau dagegen wird es zur Führungskraft gar nicht erst bringen, weil sie vorher schon als «Megäre» oder «Furie» lächerlich geworden ist. Was bei Männern als Temperamentsausbruch und als Dominanzgeste akzeptiert wird – «Er hat mal wieder auf den Tisch gehauen» oder «ein Machtwort gesprochen» –, ist bei der Frau keine willentliche Entscheidung, sondern Folge ihrer Biologie. Bei schlechter Laune unterstellte man ihr, sie habe ihre Tage oder sei sexuell frustriert, und dann wurde das Rezept, wie ihnen zu helfen sei, gleich mitgeliefert: «Besonders lernt die Weiber führen», rät Mephisto dem Schüler im Faust: «Es ist ihr ewig Weh und Ach / So tausendfach / Aus einem Punkte zu kurieren», wusste schon Goethe, der Frauenkenner.

Nun muss man ja gar nicht abstreiten, dass sich ab und zu unsere gute Laune einer erotisch befriedigenden Nacht verdanken kann. Doch gilt das nicht auch für unsere männlichen Kollegen? Könnten wir ihnen ebenfalls ein solches Mittel anempfehlen, wenn sie uns griesgrämig und verstimmt gegenüberstehen? Käme auf einen Versuch an. Die Rollen einfach zu vertauschen, ist eine gute Methode, um Ungleichheiten ans Licht zu bringen, die ansonsten nicht als Ungleichheiten empfunden werden.

Wer in Beruf und Privatleben derart angegangen wird wie die fünfzigjährige Frau, hat natürlich auch in der Gesellschaft ein schwaches Standing. Wir sind raus aus der anzeigenrelevanten Zielgruppe der Werbeindustrie, obwohl wir jetzt erst in der Lage sind, uns manches von dem zu leisten, was da so attraktiv und sexy beworben wird. Als Wunschleserinnen der unzähligen Frauenzeitschriften kommen wir offenbar ebenfalls nicht in Betracht, die ihre Mode nur von Sechzehn- bis Fünfundzwanzigjährigen präsentieren lassen, alternde Frauen hingegen mit medizinischen Ratschlägen gegen Wechseljahrbeschwerden bedenken. Mit fünfzig sind wir offenbar so unanständig alt, dass kein Magazin es wagt, uns direkt anzusprechen. *Ab 40!* oder *Für die Frau ab 40* heißen die entsprechenden Journale, die sich an die Frau in der Lebensmitte wenden. Und obwohl *wir* und weniger die jungen Frauen die treuen, potenten Kundinnen der großen Couturiers und ihrer etwas teureren Mode sind, können wir uns kaum angesprochen fühlen, wenn minderjährige Magermodels mit für uns untragbaren Kreationen über den Catwalk staksen.

Im *Spiegel* sehe ich mir aus einer Laune heraus alle Reklameseiten an, auf denen einzelne Personen jeweils für ein Produkt werben, und stelle fest, was ich schon vermutet habe: Männer und Frauen, die da Versicherungen, Autos, Stromversorger, Fluglinien, Kreditkarten, Handys, DVDs und dergleichen anpreisen, unterscheidet etwas sehr Wesentliches voneinander: Während die Herren die ganze Bandbreite männlicher Altersstufen zwischen zwanzig und siebzig Jahren repräsentieren, ist bei den Frauen die Schauspielerin Veronica Ferres (Jahrgang 1965), die gleich dreimal hintereinander für einen Telefonanbieter wirbt, mit Abstand die Älteste. Alle anderen sind wesentlich jünger.

Und wie sieht es in der Fernsehwerbung aus? Da finden wir Frauen über fünfzig zuweilen wieder: Eine empfiehlt ein Mittel gegen Rheuma und Gelenkschmerzen, die andere eines für die Reinigung der dritten Zähne, und die immer schöne Senta Berger macht uns beim Hundespaziergang mit brechendem Stöckchen auf die Gefahren der

Osteoporose aufmerksam und möchte uns ein vorbeugendes Medikament verkaufen. Weiter an Jahren ist die Frau, die sich auf ihrem Treppenlifter nach oben befördern lässt, und dabei hat sie nicht etwa einen Aktenordner mit ihren Rentenbezügen, sondern, wie es sich gehört, den Wäschekorb auf dem Schoß. Hier und da wirbt eine Prominente, der man ihr Alter nicht ansieht, für ein Produkt, von dem wir glauben sollen, dass es auch uns um viele Jahre jünger erscheinen lassen würde. Aber keine «normale» Fünfzigjährige weit und breit, die mit irgendetwas in Verbindung gebracht würde, was sich nur ansatzweise schick nennen ließe.

Lassen wir uns also vom Werbefachmann Sebastian Turner aufklären, wie es sich verhält mit der Werbung und der Käuferin im reifen Alter. In einem am 16. September 2004 in der *Zeit* erschienenen Interview mit Sven Hillenkamp sagt Turner: «Um alte Menschen anzusprechen, müssen Sie keine alten Menschen zeigen. Im Gegenteil. So wie die meisten Männer in der Werbung lieber Frauen sehen wollen. Werbung wendet sich an Wünsche. Und weil sich die Alten Jugend wünschen, bekommen sie die vorgesetzt.» Außerdem hätten die Älteren heute ähnliche Interessen wie die Jüngeren, deshalb reagierten sie auch eher auf junge Werbung.

Dennoch – so der berechtigte Einwand Hillenkamps – könne man ja nicht ignorieren, dass es immer mehr Alte in der Gesellschaft gebe, die müsse man doch auch irgendwie abbilden.

Da ist Turner aber anderer Meinung: Die wenigen Alten, die wir in den Fernsehspots erlebten, seien schon eine gute Quote. Und dann kommt er offen zur Sache: Schließlich sei der Anteil der Hässlichen in der Werbung ebenfalls gleich null, was man von der Gesamtbevölkerung nicht unbedingt behaupten könne. Alter, sagt die Werbeindustrie, ist wie alles, was die Werbung wohlweislich ausblendet – Armut, Not, Elend, Krankheit, Tod – ein Makel, ganz besonders bei Frauen, die gefälligst jung und schön zu sein haben. «Werbung ist nur repräsentativ, was unsere Wünsche angeht.»

Wieder so eine unangenehme Wahrheit, die fast nackt daherkommt und an unserem Selbstwertgefühl nagt, denn in einem Satz zusammengefasst, bedeutet diese Botschaft des Werbefachmanns: An uns Fünfzigjährigen gibt's nichts Begehrenswertes; uns nimmt man hin, wie man Hässlichkeit, die Krätze oder Katastrophen hinnimmt.

5. FRAUENBILDER: So sieht heute 50 aus!

Nach so vielen schlechten Nachrichten mal eine gute und ein paar scheinbar gute. Zunächst die gute: Alle werden jünger, alle sehen besser aus, allen geht es besser, schreibt Claudius Seidl in seinem Buch *Schöne junge Welt.* Darin vertritt er die These, dass wir dank des medizinischen Fortschritts, gesünderer Ernährung und gesünderer Lebensweise heute im Durchschnitt zehn bis zwanzig Jahre länger jung bleiben als frühere Generationen. Jungsein, das sei mal etwas gewesen, «das spätestens mit dem dreißigsten Geburtstag vorbei war, und spätestens kurz nach dem vierzigsten war die Zeit gekommen, da blieb man an dem Ort, wo man war, verabschiedete allmählich die Kinder, begrüßte die grauen Haare und fing an, sich ans Rückwärtszählen zu gewöhnen: noch zwanzig, neunzehn, achtzehn Jahre bis zum Ruhestand».

Damit, so Seidl, sei nun Schluss. «Der blinde Glaube, die Jugend sei im Alter von dreißig Jahren beendet, ist gebrochen. Die Grenzen der Jugend haben sich offenbar innerhalb von nur dreißig Jahren, in jenem Zeitraum also, den man früher ‹eine Generation› genannt hätte, um mehr als zehn Jahre nach hinten verschoben.» Eine Revolution habe stattgefunden: Wir werden immer älter, bleiben dabei aber immer jünger, meint Seidl, und führt als Beleg Hollywood an, zum Beispiel *The Thomas Crown Affair,* ein Film, der 1968 in die Kinos kam und alles bot, «was damals für jung und schick galt». Er handelte von einem perfekten Raub und natürlich einem Mann und einer Frau, «die einander unwiderstehlich finden, obwohl sie eigentlich gegeneinander arbeiten». Die männliche Hauptrolle spielte Steve McQueen, die weibliche Faye Dunaway. Der Film, ein perfektes Hollywoodprodukt, ist weiter nicht erwähnenswert, auch nicht, dass einunddreißig Jahre später, 1999, ein Remake in die Kinos kam. Diesmal spielten Rene Russo und Pierce Brosnan die Hauptrollen. Das wäre ebenfalls weiter nicht erwähnenswert, aber dann ist Claudius Seidl etwas Entscheidendes aufgefallen: «Im Jahr 1968 war Faye Dunaway 27 Jahre alt, Steve McQueen war 38. Im Jahr 1999 war Rene Russo 45 Jahre alt, Pierce Brosnan war 46. Und daß Mrs. Russo in den Szenen auf der Palmeninsel nicht mehr anhatte als ein Bikinihöschen, war fürs Verständnis nicht unbedingt nötig, es belegte aber, wie ernst es ihr mit der Rolle war.»

Die Rollen, welche Lauren Bacall mit neunundzwanzig spielte, seien ja nicht verschwunden, argumentiert Seidl. Sie würden nur heute mit Frauen besetzt, die zehn bis zwanzig Jahre älter sind, mit Julianne Moore (Jahrgang 1960), mit Sharon Stone (Jahrgang 1958), die ungeheures Aufsehen mit ihrem Comeback in *Basic Instinct II* und spektakulären Nacktaufnahmen erregte, weil sie so alters- und makellos in Szene gesetzt wurde, dass man sich mit dem Filmkritiker Michael Althen fragt, was eigentlich die vergangenen vierzehn Jahre mit ihr angestellt haben.

Früher gab es für die Müttergeneration «jenseits der Vierzig bloß noch die grauhaarigen Rollen, die Tante des Helden oder seine Chefin, die von ihm Respekt wollte», schreibt Seidl. Heute sei das Hollywoodkino von Frauen bevölkert, «die vorne eine große Vier stehen haben» – eine Beobachtung, die Seidl mit der Filmkritikerin Susan Vahabzadeh teilt. Sie schrieb am 18. April 2005 in der *Süddeutschen Zeitung:* «Es gibt in Europa wie in Hollywood plötzlich viel mehr Rollen für Frauen über vierzig, viele Karrieren gehen mit Mitte dreißig erst richtig los – Halle Berry wird im nächsten Jahr vierzig, und Kim Basinger,

Sharon Stone oder Annette Bening, in diesem Jahr Oscarnominiert, sind Kinder der fünfziger Jahre.»

Man kann diese Aufzählung noch lange fortsetzen: Cathérine Deneuve, Isabelle Huppert, Andie MacDowell, Senta Berger, Iris Berben, Hannelore Elsner und Hannelore Hoger – alle zwischen Ende vierzig und fünfundsechzig. Manche von ihnen mit hochdotierten Werbeverträgen gesegnet, und die Kosmetikindustrie setzt sie neuerdings als Werbeträgerinnen ein. Zum Beispiel die achtundsechzigjährige Jane Fonda, die mit ihrer Reklame für eine Gesichtscreme im Fernsehen derzeit Furore macht, denn sie sieht wirklich klasse aus.

Nicht nur das Alter der Filmheldinnen hat sich geändert. Vielleicht noch erfreulicher ist die Tatsache, dass sich auch ihre Rollen und damit die Frauenbilder gewandelt haben. Es gebe, so Vahabzadeh, «jede Menge Filme, in denen Frauen weder nur Anhängsel des Protagonisten sind noch tragische Heldinnen. Frauen müssen nicht mehr dauernd gerettet werden – ganz im Gegenteil: In letzter Zeit geben sie sich kampflustig. In *Kill Bill* oder *Catwoman* oder einer Reihe von Fernsehserien wie *Alias* mit Jennifer Garner. Hilary Swank hat fürs Boxen in *Million Dollar Baby* gerade den Oscar bekommen». Und Thomas Gottschalk ließ sich angesichts eines Auftritts von Madonna in *Wetten, dass ..?* zu dem Statement hinreißen: «So sieht heute fünfzig aus! Madonna ist der beste Beweis: Als Mutti in der Menopause steht man heutzutage spektakulär in der Mitte des Lebens. Madonna ist der beste Beweis, dass man keine Angst mehr vorm Älterwerden haben muss! Dafür liebe ich sie!»

Nun gehen wir mal großzügig über die «Mutti in der Menopause» hinweg – so redet er halt, unser Thomas – und bleiben beim Text der ihn zitierenden *Bild*-Zeitung vom 7. November 2005, in der es zum passenden Szenenfoto von Madonna und ihm heißt: «Sie umschlingt mit ihren hammerharten Muskelbeinen seinen Hals. Grinst schelmisch wie ein Teenie – und fasziniert mit ihrem irre trainierten Körper.»

Spätestens hier fällt uns auf, warum all die guten Nachrichten von der Frauenfront nur scheinbar gut sind: Hammerharte Muskelbeine? Irre trainierter Körper? Habe ich nicht. Mit zwei Kindern und einem Zehn-Stunden-Tag im Sender komme ich nicht dazu, ins Fitness-Studio zu laufen. Und ehrlich gesagt habe ich auch keine Lust auf das Schwitzen in diesen Folterkammern. Für Kosmetikstudios, Wellness-Kuren, Yogakurse und Jazzgymnastik fehlt mir ebenfalls die Zeit, es sei denn, ich würde auf Lektüre, Kino, Theater verzichten und mich der Familie entziehen.

So schrumpft die frohe Botschaft über jung gebliebene Fünfzigerinnen auf die Nachricht: Wir dürfen zwar älter sein, uns das aber nicht ansehen lassen. Wenn wir schon über vierzig, gar über fünfzig sind, dann haben wir, wollen wir nicht der allgemeinen Frauenverachtung anheimfallen, bitte schön jenen Frauen zu gleichen, deren Tage morgens mit einer Gurkenmaske beginnen und abends mit einem angemachten Salatblatt und einem Mineralwasser enden.

Und schaut man genauer hin, hat sich an Hollywoods Rollenklischees letztlich doch nicht so viel geändert. Gewiss zeigt Hollywood heute andere Frauen als vor dreißig Jahren. Aber es ist die Traumfabrik geblieben, die für Frauen nach wie vor etwas anderes träumt als für Männer. «Die meisten Filme und Fernsehserien, die wir zu sehen bekommen», schreibt Susan Vahabzadeh, «halten uns genau dieselben Rollenbilder und Wertvorstellungen vor die Nase, die vor zwanzig Jahren schon langweilig waren. Es gibt immer mehr Singles in der westlichen Welt, aber Geschichten von Frauen, die auch am Ende nicht vergeben sind, wirken im Kino auch im Jahr 110 nach seiner Erfindung noch revolutionär. Männliche Helden dürfen wenigstens ab und zu am Ende eines Films einsam in den Sonnenuntergang reiten, Heldinnen müssen einen Mann finden, der sie vervollständigt.»

Ein ganz besonders verstaubtes Hollywood-Klischee habe sich hartnäckig durch alle Feminismus-Debatten bis in unsere Gegenwart gerettet: Heldinnen sind meist ein wenig dümmer als ihr Held. Zwar erlaubten Drehbuchautoren ihnen heute, anders als in den fünfziger Jahren, einen Beruf auszuüben, doch richtig ernst zu nehmen seien sie deshalb noch lange nicht. «Das Working Girl wurde niedergeknutscht, auf Manolos aufgebockt und mutiert zur Plüschtierversion dessen, was es wirklich ist. Damit die Männer, die im Kino oder vor dem Fernseher sitzen, sie aushalten.»

Frauen im Film und in der Wirklichkeit müssen offenbar noch immer die Unterlegenen sein, weil sie sonst zu gefährlich wirken. Wissenschaftliche Studien scheinen genau dies zu bestätigen: Frauen suchen sich Männer aus, zu denen sie aufblicken können, und Männer wählen Frauen, denen sie sich überlegen fühlen. Männer orientieren sich bei der Partnerwahl in der Hierarchie mehrheitlich nach unten, Frauen nach oben. Vier englische Universitäten haben den Zusammenhang zwischen Intelligenzquotient und Heiratschancen erforscht mit dem Resultat: «Die Heiratschancen von Männern steigen mit dem IQ, um 50 Prozent bei 16 IQ-Punkten. Bei Frauen fallen sie – 16 IQ-Punkte mehr lassen die Heiratschancen um vierzig Prozent sinken.»

Heutzutage dürfen Frauen also berufstätig sein im Hollywoodkino, aber dabei sollten sie möglichst hübsch anzuschauen und dem Mann ein bisschen unterlegen sein. Sie dürfen auch mit vierzig und fünfzig noch mitspielen, aber nur, wenn sie so wirken, als seien sie zwanzig bis dreißig. Über sechzig und aussehen wie fünfzig, das geht gerade noch, dann allerdings reicht es nicht mehr für eine positive Rolle. Christiane Hörbiger (Jahrgang 1938), wie fünfzig aussehend, wäre gern «die Schöne, die Edle, die Gewinnerin», sagte sie im April 2004 in einem Interview mit dem *Stern.* «Doch ab 50 sind wir nur noch Bösewichte. Immer ist die ältere Frau schuld, wenn der Sohn Drogen nimmt und die Tochter unglücklich verheiratet ist. Wenn eine Frau meines Alters mit einem jungen Mann ins Bett geht, was ihr gutes Recht ist, wird das vom Drehbuchautor mit einem bösen Ende bestraft.» Das sei weder fair noch realistisch, gegen solche Drehbücher kämpfe sie an.

Das scheint der große Unterschied zu sein: Männer können in Ruhe altern, ohne fürchten zu müssen, zum Abschuss freigegeben zu werden, Frauen müssen Tag und Nacht gegen ihr Alter kämpfen. Frauen ab fünfzig, so liest man in der Zeitung, welken dahin, Männer stehen im Mittelpunkt wie nie zuvor: Sie stellten, schrieb Michael Kröher am 5. Mai 2005 in der *Frankfurter Allgemeinen Sonntagszeitung*, die Schützenkönige und die Vereinsvorstände, sie dominierten in Stadt- und Gemeinderäten und allen anderen wichtigen Gremien. Und in der Rolle des «Big Spenders» könne der Mann von fünfzig Jahren sein möglicherweise leicht angekratztes Selbstwertgefühl wieder aufbessern. Dagegen hätten die Frauen, so Kröher, «in jener Lebensphase meist mit den Symptomen des Klimakteriums zu kämpfen – ein Zeichen des Verwelkens, nicht nur im körperlichen Sinn, das in der Folge Probleme im gesamten Ich-Welt-Verhältnis verursacht». Bis zur Menopause wären wir demnach normale Menschen, danach gerät unser Verhältnis vom Ich zur Welt aus den Fugen.

Da wird es nun Zeit, zu widersprechen. Zunächst mal ist fünfzig das Alter, in dem auch viele Männer in vielen Unternehmen als störend empfunden werden, weil sie teuer, aber angeblich nicht mehr mobil, flexibel, leistungsfähig und innovativ sind. Zwar sind die meisten Stadträte, Chefs, Abteilungsleiter, Bereichsleiter, Vorstände, Minister und Regierungsdirektoren tatsächlich Männer über fünfzig. Die Männer allerdings, die es in dem Alter nicht in Führungspositionen geschafft haben – und das ist die große Mehrheit –, haben mit ähnlichen Schwierigkeiten zu kämpfen wie die gleichaltrigen Frauen: Wenn sie Glück haben, werden sie höflich in die Altersteilzeit abgeschoben, auf einen unwichtigen Posten «outgesourct» und anschließend mit einer finanziellen Abfindung in den Vorruhestand hinauskomplimentiert; wenn sie Pech haben, werden sie hinausgemobbt oder einfach in die Arbeitslosigkeit «freigesetzt».

Außerdem würden viele Männer zwar gern von Zeit zu Zeit die Frau an ihrer Seite durch eine jüngere ersetzen, doch nur den beruflich und gesellschaftlich erfolgreichsten unter ihnen gelingt das. Das Gros der durchschnittlich und unterdurchschnittlich erfolgreichen Männer erlebt immer häufiger etwas anderes: Ihre Frauen trennen sich von ihnen. In der Regel nicht, um sich einen jüngeren Mann zu nehmen, sondern um sich zu befreien, weil sie es leid sind, sich noch weitere Jahre und Jahrzehnte fremdbestimmen und von ihren Männern dominieren zu lassen, ihnen zu dienen und die Hauptlast des Haushalts und der Familie zu tragen. Gerade in den Jahren zwischen vierzig und sechzig packt viele Frauen die Sehnsucht, ein Leben zu führen, wie es ihnen gefällt. Das Einzige, was sie daran hindert, ist oft der Ehemann, und ebendas treibt die Scheidungszahlen hoch in dieser Gruppe. Daher gibt es Heerscharen von Männern um die fünfzig, die zuerst von ihrem Unternehmen und dann von ihrer Frau «freigesetzt» wurden, sich verkriechen, ihre Wunden lecken und für die Öffentlichkeit kaum sichtbar sind. Ich glaube nicht, dass diese Männer gänzlich frei sind von Problemen «im gesamten Ich-Welt-Verhältnis».

Fünfzigjährige Frauen müssen nicht «knackig» sein wie Madonna mit ihren im Fitnessstudio gestählten Hammerbeinen. «Knackig sollte ein Apfel sein und scharf ein Rasiermesser, für eine Frau aber, denke ich, wäre das Attribut weiblich kein Schaden, aber dazu muss sie schon einiges auf dem Kerbholz haben», schrieb der Schriftsteller Bodo Kirchhoff in einem offenen Liebesbrief an seine zweiundfünfzigjährige Frau in der Zeitschrift *Bunte.* Denn das «Weibliche» – so Kirchhoff weiter – habe etwas «mit Substanz zu tun: es entsteht nicht im Fitness-Studio, es wächst mit den Jahren»; und in dem wunderbaren Film-Monolog *Mein letzter Film* mit der wunderbaren Hannelore Elsner lässt er diese einmal sagen: «Dann gäb's da nur eine offene Frage: Ist die Lebenserfahrung einer Frau sexy?» Und Hannelore Elsner, so erzählt Kirchhoff in jenem Brief weiter, habe sich die Freiheit genommen, die offene Frage zu beantworten: «Ja! – mit mindestens einem Ausrufezeichen.» Wer den Film gesehen hat, wird sich an den Triumph erinnern, den das schöne und lebenskluge Gesicht der Elsner da ausdrückt, «den Triumph, der seinen Preis hat, der eben nicht verhehlt, dass Erfahrung auch gelebte Jahre sind».

Und weil das so ist, weil zum Leben das Glück und die Freude genauso gehören wie die Zumutungen, das Leid und die Trauer, tragen wir deren Spuren in unserem Gesicht mit uns herum. Die Tränen, die wir vergossen, die Nächte, in denen wir schlecht geschlafen haben, der Ärger, den wir mit verkniffenem Mund quittiert haben, die Trauer über den Verlust eines Freundes, die Sorge um den geliebten Partner und die Kinder, die Spuren einer körperlichen Krankheit, die Narben seelischer Verletzungen, das Ende einer Liebe, aber eben auch der Beginn einer neuen Liebe, das Lachen über sich und andere, das Glück, das uns widerfahren ist, die Freuden, die wir genossen haben, die liebevolle Zuwendung von Freunden, die überraschende Entwicklung von Kindern und Enkeln, ein ausgefülltes Berufsleben – das alles gehört zu uns, sieht man uns irgendwie an, und dazu sollten, dazu dürfen wir stehen.

Und wenn uns irgendein Rüpel verweigert, was jedem Menschen selbstverständlich gebührt – Höflichkeit, Achtung, Respekt und eine unverletzliche Menschenwürde –, sind wir gestandenen Weibsbilder doch hoffentlich Manns genug, dem Rüpel gegen das Schienbein zu treten.

6. MIT MASKE UND WEICHZEICHNER: Wann ist man im Fernsehen alt?

Etwas von der Gnadenlosigkeit, mit der die englische und amerikanische Presse der Herzogin von Cornwall begegnen, widerfährt – in kleinerer Münze – auch anderen öffentlichen Frauen, zum Beispiel Fernsehgesichtern, zum Beispiel mir. Neulich, in Gesellschaft – ich erzählte gerade von meinem fünfzigsten Geburtstag –, kam sie wieder, die typische Frage, diesmal zu meinem Erstaunen von einer zirka zehn Jahre älteren Frau, die auch noch Psychoanalytikerin war: Es habe sich ja eine Menge verändert in den Medien, stellte sie wohlwollend fest, Frauen seien inzwischen viel länger auf dem Bildschirm als früher, und schließlich fragte sie quer über den ganzen Tisch, wie lange ich denn noch vorhätte, die Nachrichten zu präsentieren.

Ich zuckte zusammen. Wollte wissen, was bitte sie genau meine. Ob ich in ihren Augen schon das Alter erreicht hätte, in dem ich einer Jüngeren Platz machen sollte. Während ich sprach, spürte ich in meinem Innern eine heiße Welle des Zorns heraufsteigen und sagte schroff, ich mache mir doch über ihr Alter in ihrem Beruf auch keine Gedanken, Wickert habe die Tagesthemen übrigens noch mit knapp vierundsechzig moderiert und sich solche Fragen wahrscheinlich nicht gefallen lassen müssen.

Die Gastgeber nahmen den Faden taktvoll auf, lenkten das Gespräch geschickt auf ein anderes Thema und besänftigten mich auf der Stelle mit ihrer Liebenswürdigkeit.

Aber ich vergaß diesen Moment nicht, zumal erst zwei

Monate zuvor ein Gast in unserem eigenen Haus dasselbe gefragt hatte, nur etwas plumper und direkter. Ein Studienkollege meines Mannes hatte sich plötzlich erkundigt, wie lange ich denn jetzt noch moderieren «dürfe». Da wir zuvor über meine Arbeit an diesem Buch gesprochen hatten, wartete ich auf eine ironische Wendung, doch sie kam nicht – er hatte die Frage ganz im Ernst gestellt. Nun war ich verblüfft und fragte besorgt, ob er finde, dass ich zu alt sei, um meinen Beruf auszuüben. Nein, nein, er natürlich nicht, versicherte er eilfertig, aber er wisse doch, wie wichtig Äußerlichkeiten im Fernsehen seien, vor allem ein junges und schönes Antlitz. Ich musste also die Frage so verstehen, wie sie gemeint war: als höfliche Teilnahme an meinem Schicksal als Fernsehfrau, das ihm längst besiegelt schien.

«Eines der härtesten Gesetze unserer heutigen Welt heißt: Du musst schön sein, um im Beruf Erfolg zu haben und einen Mann zu finden, der dich liebt», schreibt die amerikanische Feministin Naomi Wolf in ihrem Buch *Der Mythos Schönheit,* und der Begriff «schön» kann als Synonym verstanden werden für alles, was uns zu jungen, attraktiven Frauen einfällt. Aber lassen wir den Mann als Lebensgefährten einmal weg – hier geht es ja nicht um Liebesgeschichten, sondern um den Erfolg im Leben als «öffentliche» Frau, den Erfolg in einem Beruf, für den die äußere Erscheinung eine Schlüsselrolle spielt.

Ebendarum wird die Fernsehfrau von fünfzig Jahren nicht umhinkönnen, von Zeit zu Zeit Auskunft darüber zu erteilen, wie lange noch mit ihr zu rechnen sei. Früher dachte ich, das Wichtigste sei, sich bloß nicht zu ärgern. Schließlich ist man Realistin, kennt die Branche und ihre Gesetze. Wir machen Fernsehen, kein Radio, arbeiten in einem oberflächlichen Medium, und da gelten eben einfache Gesetze: Eine schöne Haut zählt mehr als eine schöne Seele; Aussehen, Gestik, Mimik, Wohlklang der Stimme, Anzug, Kostüm, Outfit entscheiden darüber, wer telegen ist und wer nicht.

Natürlich ist Telegenität nicht alles, müssen Kompetenz und Ausstrahlung hinzukommen, aber ohne sie ist alles nichts. Oder könnten wir uns eine Moderatorin mit grauem Haar, runder Brille und stämmiger, untersetzter Figur vorstellen? Nein? Selbst dann nicht, wenn sie über einen brillanten Intellekt und eine geschliffene Sprache samt angenehmer Stimme verfügte? Wohl kaum, nur Männer dürfen mehr Geist als Schönheit besitzen, doch auch für sie gilt immer öfter das Diktat des modischen Stylings. Frisuren, Brillen, Krawatten, Hemdenfarbe – alles wird inzwischen von kritischen Marketingberatern unter die Lupe genommen und auf Quotentauglichkeit geprüft. In den Sechzigern konnte meine Großmutter noch tadelnd ausrufen: «Alles, was schielt und einen Sprachfehler hat, geht zum Fernsehen!» Das ist vorbei, für Männer wie für Frauen.

Ist es da nicht konsequent, Fernsehgesichter nach Ablauf ihres Verfallsdatums vom Schirm zu nehmen? Sollten sie nicht so klug sein und freiwillig rechtzeitig gehen?

Manche tun es. Und sagen hinterher, wie froh sie sind, sich dem harten Konkurrenzkampf vor der Kamera nicht mehr aussetzen zu müssen. Aber ich weiß, dass diese Kameramüdigkeit Gründe hat, dass sie nicht von selbst entsteht, sondern eine Reaktion auf Stimmungen ist; Stimmungen, die auf dem Resonanzboden des Senders widerhallen, für den man arbeitet. Man erfährt als Frau ja selten direkt, was die Männer im Sender so reden, aber ich erinnere mich gut an abfällige Bemerkungen über ältere Kolleginnen, als ich noch jung war. «Bei der krachen ja schon die Nähte», war der entschieden härteste Kommentar über eine Sprecherin, die kurz danach vom Bildschirm verschwand; ein «Sie sieht ihrem Dackel immer ähnlicher» über eine andere habe ich ebenfalls noch im Ohr.

Daran denke ich manchmal. Und überlege, wann die Kollegen mal so nette Bemerkungen über mich machen werden. Aber – verhindern kann ich es eh nicht, und erfahren werde ich es hoffentlich auch nicht, denn heute sagt so etwas keiner mehr laut, zumindest nicht, wenn eine Frau dabei ist. Wer will sich schon als Macho outen?

Dennoch: Dass öffentlich anders geredet als heimlich gedacht wird, können Frauen meines Alters, besonders wenn sie fürs Fernsehen arbeiten, manchmal erahnen. Obwohl ich nicht zum Showbiz gehöre und mich erst recht nicht als «Star» bezeichnen würde, meine ich wie manche meiner Kolleginnen die Erwartung zu spüren, die große, «richtige» Stars früher selbstverständlich erfüllt haben: dass sie sich freiwillig zurückziehen mögen. Am radikalsten haben das Greta Garbo und Marlene Dietrich vorgelebt. Das Gefühl, mit dem tausendfach reproduzierten Bild der eigenen Schönheit («Ich bin zu Tode fotografiert worden!») nicht mehr mithalten zu können, muss verheerend gewesen sein, so verheerend, dass selbst die drohende Isolation im Gefängnis der eigenen vier Wände, der jahrzehntelange Hausarrest weniger schrecklich schien als eine Konfrontation mit dem (unterstellten) Erschrecken der Außenwelt über den Verfall der Schönheit.

Diese strenge Selbstbestrafung wurde damals – ich erinnere mich an Kommentare von Mutter und Großmutter – als «klug» empfunden. Als konsequent. Denn wer sich als Frau ganz auf die Schönheit verließ und mit ihr Triumphe feierte, sah sich offenbar gezwungen, den einmal eroberten Status zu bewahren, den Nimbus der schönen Frau nicht zu zerstören. Die Konsequenz war, sich vollkommen aus der Öffentlichkeit zurückzuziehen, um keinem Fotografen die Gelegenheit zu geben, ein Dokument jenes Prozesses des Alterns und Vergehens zu schaffen, dem doch jeder normale Mensch ausgeliefert ist. Ein Star von der Größe einer Garbo und einer Dietrich durfte aber kein normaler Mensch sein, denn was hätte er seinen Bewunderern anderes vermittelt als die Erkenntnis, dass Schönheit – und damit möglicherweise auch Ruhm – vergänglich sind.

Dabei war gerade die Dietrich viel mehr als nur «schöne Frau»: So emanzipiert schien sie zu sein und ihrer Zeit voraus, unkonventionell, intelligent, ein politischer Mensch zudem, mit vielen Gaben gesegnet und mit der Freundschaft bedeutender Menschen. Eine hochinteressante Frau, eine Ikone – und doch eine Sklavin ihres eigenen Images.

Erwartet man von fünfzigjährigen Fernsehfrauen ebenfalls solch sklavischen Gehorsam gegenüber gewissen «Erwartungen des Marktes»? Als ich fünfzig wurde, erhielt meine gleichaltrige Kollegin Brigitte Bastgen den Anruf einer Illustrierten, die sie – auch mit Bezug auf mich – fragte, wie lange man als Frau im ZDF denn «bildschirmtauglich» bleibe. Da erst wurde uns bewusst: Brigitte und ich sind, seit Maria von Welser zum NDR gegangen ist, die ältesten Moderatorinnen des ZDF.

Sind wir also die weiblichen Dinosaurier der Branche? Es sieht so aus. Zwar werden heute viele aktuelle Sendungen von Frauen moderiert; allerdings gehören die meisten von ihnen der Altersgruppe zwischen zwanzig und vierzig an, schon deutlich weniger sind über vierzig, und dann wird es ganz dünn. Die überwältigende Mehrheit ist jung, hübsch und schlank und prägt so das Frauenbild, das uns auch in den Fernsehfilmen, in der Werbung und im Kino präsentiert wird. Ungeachtet der Tatsache, dass das Publikum seinerseits rapide altert.

«Wie fühlst du dich denn so als Zweitälteste, als Dinosaurierin?», frage ich Brigitte.

«Bis vor einem halben Jahr habe ich kaum einen Gedanken daran verschwendet», antwortet sie. «Körper und Gesicht haben exakt zu mir gepasst. Aber seit kurzem habe ich das Gefühl, aus dem Spiegel schaut mich jemand an, der älter ist, als ich mich fühle. Die Falten, die ich sehe, entsprechen einfach nicht meinem Lebensgefühl.»

Das kommt mir bekannt vor. Die Selbstwahrnehmung und das tatsächliche Alter klaffen immer weiter auseinander. Bei uns Fernsehfrauen wahrscheinlich noch eklatanter als bei anderen: So gut wie möglich von der Maske hergerichtet, werden wir in ein perfektes Studiolicht getaucht, das alle Hautvertiefungen aufhellt. Dazu kommt eine Art Weichzeichner in der Kamera, der unser Fernsehbild beträchtlich schönt. Dennoch sieht man uns unser Alter in der Großaufnahme an, das merken wir auch daran, dass wir im Alltag – Brigitte geht es ebenso – oft auf überraschte Reaktionen stoßen, weil wir live, so wird uns immer wieder versichert, doch jünger und hübscher aussähen als auf dem Schirm. Eines jener Rätsel, die ich mir nur damit erklären kann, dass ein Mensch, der einem leibhaftig gegenübersteht, durch lebhafte mimische Reaktionen mehr Lebendigkeit ausstrahlt als jemand, der eher verhalten und ernst Nachrichten präsentiert.

Dabei bemüht sich Brigitte, und das unterscheidet sie möglicherweise von vielen anderen Kolleginnen, ohnehin gar nicht, ihr geschöntes Kamerabild in ihr Leben hinein zu retten. Sie möchte auch in Zukunft nichts unternehmen, um Falten oder «Hängebäckchen» zu eliminieren: «Für mein Privatleben brauche ich keinen Weichzeichner!» Auch wenn sie sich jünger vorkommt, als sie aussieht – letztlich summiere sich im Gesicht eben alles, was man im Leben durchgemacht hat. Ihr Mann habe ein Recht darauf, diese Summe an gemeinsam erlebter Freude, an Leid und Erfahrung in ihrem Gesicht wiederzufinden. Und sie ist fest davon überzeugt, dass es den meisten Zuschauerinnen besser gefällt, jemanden im Fernsehen so normal altern zu sehen wie sich selbst.

Da dürfte sie recht haben. Schließlich ist die Mehrheit unserer Zuschauer eher in unserem Alter und älter, da wäre es doch ausgesprochen unrealistisch anzunehmen, dass diese Mehrheit nur junge Gesichter sehen will. Warum sollte sie – um das eigene Alter zu vergessen? Nein, vom Fernsehen erwartet man sicher auch, dass man sich in Serien, Filmen und Sendungen wenigstens von Zeit zu Zeit selber wiederfindet, also auf Frauen jeden Alters und jeder sozialen Schicht trifft. Und möglichst nicht nur als Opfer und Betroffene, sondern auch als Täterinnen, als Handelnde, als Subjekte. Frauen, die ab und zu noch etwas anderes antreibt als die Liebe. Frauen, die sich nicht ausschließlich über Klamotten, Sex und Kinder Gedanken machen.

Und man will neben den frischen, jungen auch die vertrauten, älteren Gesichter sehen, die man mag. Sympathie spielt – nach allem, was ich von den Zuschauern höre und lese – eine größere Rolle als das Alter, bei Schauspielern wie Fernsehleuten. Es ist wie im wirklichen Leben: Wen man mag, den lässt man altern, Falten oder eine Glatze kriegen und ein Doppelkinn, ohne ihm gleich das Vertrauen zu entziehen. Nicht anders, als es uns mit unseren Freunden und Verwandten geht.

Brigitte Bastgen ist sogar der Meinung, dass die Zeit der Altersdiskriminierung von Frauen in den Medien zu Ende gehe. Da habe sich in den letzten fünf, zehn Jahren sehr viel zum Besseren entwickelt. «Wir sind die Babyboomer», sagt sie selbstbewusst, «und wir altern alle.» Diese Tatsache könne niemand ignorieren. Und damit, so prophezeit sie, werde die Wertschätzung erfahrener Gesichter steigen. Selbst wenn sie sich, wie sie bekennt, öfter nach einem stressfreieren Leben ohne Fernsehkameras sehnt, so entlocke ich ihr schließlich doch das Versprechen, so lange weiterzumachen, wie es ihr, den Zuschauern und dem ZDF gefalle.

Die Voraussetzungen dafür verbessern sich seit Juli 2005. Da hat ZDF-Intendant Markus Schächter erklärt, sich aus der «babylonischen Gefangenschaft» der Werbeindustrie befreien zu wollen durch Erweiterung der werberelevanten Zielgruppe. Die bestand bisher, wie gesagt, aus den Vierzehn- bis Neunundvierzigjährigen. Jetzt entdeckt das ZDF, und nicht nur dieser Sender, die «aktive Mitte» der Dreißig- bis Neunundfünfzigjährigen. Die Zahl Sechzig ist offenbar noch so abschreckend, dass man sie lieber nicht in den Mund nehmen will. Aber da – Überraschung! – die Zuschauer der Privatsender ebenfalls altern (das RTL-Publikum beispielsweise hat inzwischen das stattliche Durchschnittsalter von siebenundvierzig Jahren erreicht), beginnt man wohl auch andernorts darüber nachzudenken, warum es lukrativer sein soll, sich um vierzehnjährige Konsumentinnen zu bemühen als um neunundfünfzigjährige. Es wird also, vermute ich, nicht mehr lange dauern, bis das Dogma der Privatsender von der werberelevanten Zielgruppe fallen beziehungsweise nach oben korrigiert werden wird.

Daher sehe auch ich die Chancen für ältere Frauen in den Medien eher optimistisch, zumal wir aus Amerika wissen, dass sich dort das Blatt längst gewendet hat. Soeben – im Frühjahr 2006 – ist eine neunundvierzigjährige Journalistin, Katie Couric, zur ersten alleinigen Moderatorin der *CBS Evening News,* einer der drei großen amerikanischen Nachrichtensendungen, ernannt worden, was die *FAZ* «eine kleine Revolution» genannt hat, schließlich waren die letzten zwanzig Jahre von drei allmächtigen Vaterfiguren geprägt, die inzwischen allesamt abgetreten sind: Tom Brokaw (NBC), Peter Jennings (ABC) und Dan Rather, Courics Vorgänger bei CBS.

Die legendären Frauen der US-Nachrichten in der Vergangenheit – Barbara Walters (Jahrgang 1931) und Connie Chung (Jahrgang 1946) – haben sich den Job noch mit männlichen Partnern geteilt. Katie Couric wird die Erste sein, die den Stuhl der «Anchorwoman» (für etwa 15 Millionen Dollar im Jahr) allein besetzt. NBC hatte – so heißt es – sie mit einem 20-Millionen-Dollar-Angebot zu halten versucht. Ohne Erfolg. Der Sender CBS erhoffe sich von Katie Couric nun höhere Einschaltquoten bei den *jüngeren* Zuschauern.

Barbara Walters, berühmt seit 1976 als erste Nachrichtenfrau und Anchorwoman der USA, langjährige Starmoderatorin der Politsendung *60 Minutes,* moderiert übrigens noch heute ihre eigene Talksendung *The View* bei ABC – mit Mitte siebzig! Und sie ist nicht die einzige Ältere: Starreporterin von CNN ist die spätestens seit dem Irakkrieg auch bei uns bekannte Christiane Amanpour (Jahrgang 1958), die von überall dort berichtet, wo es besonders gefährlich zugeht. Ihre Kollegin Judy Woodruff hatte beim selben Sender bis 2005 eine erfolgreiche politische Talkshow, entschied sich mit neunundfünfzig dann aber, zu schreiben und zu lehren. Auch die 1945 geborene Diane Sawyer, Co-Anchor und Korrespondentin bei *ABC-News* und *60 Minutes,* gehört zu den hoch angesehenen Fernsehfrauen jenseits der fünfzig, die man in Deutschland (noch) vergeblich sucht. Und Oprah Winfrey, Jahrgang 1954, hat es gar als erste Schwarze mit ihrer erfolgreichsten amerikanischen Talkshow («The Oprah Winfrey Show») aller Zeiten zur Milliardärin gebracht.

Warum gibt es Frauen in solchen Positionen (jetzt mal unabhängig vom – für deutsche Verhältnisse – utopischen Gehalt) nicht bei uns? Ein Grund scheint mir zu sein, dass man bei den deutschen Sendern erst seit kurzem auch Frauen als Reporterinnen und Auslandskorrespondentinnen fördert. Statt sie nur in Redaktionen und Studios als Moderatorinnen einzusetzen, also beim «Stubendienst» versauern zu lassen, schickt man sie jetzt früh raus «ins feindliche Leben». Denn nur als Korrespondentin eignet man sich die Welt- und Lebenskenntnis an, ohne die man wohl kaum die Souveränität und das Charisma entwickeln kann, durch die sich zum Beispiel der unvergessene Hajo Friedrichs auszeichnete. Sie erst machen einen Fernsehjournalisten zur Persönlichkeit. Diese Art der Karriereförderung war vor zwanzig Jahren fast ausschließlich den Männern vorbehalten. Sie konnten sich draußen («in the field», sagen die Amerikaner) den Wind um die Nase wehen lassen. Dann kehrten sie mit der nötigen Erfahrung ins Studio zurück und waren jeder Live-Situation hinfort gewachsen. Auf der Karriereleiter ging es steil nach oben.

Für die Frauen genügte es dagegen meist, jung, hübsch und intelligent zu sein, um – gern an der Seite eines großen, älteren Mannes, nach dem Rezept «alter Hase und junge Gans» – moderieren zu dürfen. Längst hatten die Senderchefs festgestellt: Auch die Frauen können «es» und werden vom Fernsehpublikum dankbar angenommen, und deshalb erschienen immer mehr Frauen auf dem Bildschirm. Eine erfreuliche Entwicklung zwar, aber doch nicht das, was es schien: die Gleichberechtigung der Frauen im Fernsehen.

Heute ist das anders, und das lässt hoffen. In zwanzig Jahren werden sich meine Kinder nicht nur an die Herren Gottschalk, Jauch und Schmidt erinnern, das große Dreigestirn der Unterhaltung, sondern eben auch an die einflussreichen Talk- und Newsladys ihrer Jugend: Sabine Christiansen, Maybrit Illner, Sandra Maischberger, an Marietta Slomka und Anne Will. Meine Kinder wachsen mit jeder Menge Frauen auf, die öffentlich etwas zu sagen haben. Und das wird seine Wirkung – ganz besonders auf die jungen Mädchen – nicht verfehlen.

Ob uns einige der Genannten noch die nächsten zehn, zwanzig Jahre begleiten? Ich hoffe es. Selbst wenn jedes Jahr unzählige neue dreißigjährige Fernsehjournalistinnen hinzukommen und so manche Entdeckung zu machen sein wird, würde ich doch auch in Zukunft gern das eine oder andere vertraute Gesicht auf dem Bildschirm sehen. Vielleicht ist dann endlich wie in den USA die ganze Alterspalette repräsentiert – bei Männern wie bei Frauen. Am besten in allen Sparten, in Filmen und Fernsehspielen, in der Unterhaltung (wo Frauen sowieso Mangelware sind), in Nachrichtensendungen und Politmagazinen. Erst dann wäre es auch Frauen vergönnt, in den Fernsehgesichtern ein Stück des eigenen Lebens, eine Spanne der eigenen Erfahrung wie in einem Spiegel wiederzuerkennen. Oder ein Stück der Zukunft: Man könnte auch im Fernsehen beobachten, wie Frauen auf höchst unterschiedliche Weise alt werden, geliftet oder ungeliftet. Und sich vielleicht was abgucken von der einen oder anderen.

7. FALTENFREI: Ein Kampf bis aufs Messer

Solange wir nur ganz wenige Frauen in Film und Fernsehen altern sehen, solange wir das Gefühl haben, ab fünfzig das eigene Haltbarkeitsdatum langsam zu überschreiten, so lange werden wir dem Jugendwahn mit allen seinen Folgen Vorschub leisten. Schon Dreißigjährige verwenden viel Zeit und große Sorgfalt darauf, die Spuren des Lebens in ihren Gesichtern und Körpern zu verwischen, zu beseitigen oder gar nicht erst entstehen zu lassen. Eine milliardenschwere Anti-Aging-Industrie – Kosmetik, Fitness, Beauty, Wellness, Diät, Antistresskur, Sport, Medizin, Reise, Freizeit, Zeitschriften und Ratgeberliteratur – lebt von diesem verbissenen Kampf der Frauen gegen die Sichtbarkeit ihres Alters und vom Bestreben, sich jünger zu machen, als man ist. Sie hält ein Arsenal von Vitaminen, Nahrungsergänzungsstoffen wie Pillen gegen zerstörerische freie Radikale, Antioxydantien und Enzyme zur Regenerierung der Zellen bereit, Spritzen mit dem Nervengift Botox zum Lahmlegen Falten verursachender Mimik, bietet Kollagen, Hautimplantate und Goldfäden zum Auffüllen von Furchen und zur Korrektur verrutschter Gesichtskonturen, Sauerstoff-Behandlungen für Haut und Zellen und eine Unzahl an Anti-Aging-Kosmetika auf. Und wirbt tatsächlich damit, dass Altern eine «behandelbare Erkrankung» sei, wie Christiane Grefe im Kursbuch *Das Alter* aus der Anti-Aging-Gemeinde zu berichten weiß, in der alle Menschen über dreißig per se zu Patienten erklärt würden. Im Kampf gegen die chronische Krankheit Alter, so schreibt sie weiter, gelte alles Physische endgültig als Feind, seine Zähmung werde zum vorrangigen Lebensinhalt.

Wie sich unsere Zukunft unter dieser Prämisse dereinst gestalten könnte, skizziert Grefe folgendermaßen: «Jahrelang bereitet man stets pünktlich viele kleine optimal zubereitete Mahlzeiten zu, natürlich nur vor 18, besser noch vor 16 Uhr. Man schläft lange, walkt und stretcht ebenso verbissen, wie man entspannt. Man cremt sich mehrmals am Tag ein und peelt regelmäßig, man schluckt wechselnde Hormone, lässt das Lifting in Abständen nachziehen, alle übrigen Formen des Restkörpers ebenfalls der Schönheitsschablone anpassen und zur Kontrolle wöchentlich, monatlich, halbjährig alle Vorsorgedaten neu erheben. Man raucht nicht und trinkt nicht. Man folgt diszipliniert alle Tage dem ganzen gestrengen Verkneifungs-Katechismus – und stirbt womöglich trotzdem!»

Seit etlichen Jahren wird dieser Kampf immer häufiger auch mit dem Messer geführt, genauer: dem Skalpell des Chirurgen. Und die Frauen, die sich besonders häufig und in großer Zahl unter dieses Messer begeben, kommen derzeit noch überwiegend aus jenem Gewerbe, in dem Falten die Karriere schädigen oder beenden können: Schauspielerinnen, Sängerinnen, Models, Showtalente, Fernsehleute, Promis.

«Ist es einfacher zu altern, wenn man prominent ist?» Die Frage des verehrten Kollegen Kerner in seiner Talkshow zum Thema «Frauen um die fünfzig» ging an die Schauspielerin Christiane Krüger, und die antwortete wie aus der Pistole geschossen: «Viel schwieriger!» Ständig werde hinter einem hergetuschelt, ob man nun wirklich so gut aussehe oder doch gerafft sei; immer und überall werde man als prominente Frau intensivst beäugt und beurteilt und nach den Jahren eingeschätzt, pflichtete ihr die Fernsehjournalistin Gabriele Krone-Schmalz bei. Und natürlich kam dann auch bei Kerner noch die Frage, die sich heutzutage jede prominente und semiprominente Frau ab vierzig in nahezu jedem Interview auf dem Boulevard stellen lassen muss, die eigentliche Gretchenfrage unserer Zeit: Wie sie es mit dem Lifting halte …

«Jugendwahn? Altersängste?», hieß die Podiumsdiskussion, die ich bei den Mainzer Tagen der Fernsehkritik 1998 moderierte. In der Runde unter anderem Hannelore Elsner, Gisela Schneeberger, Erich Böhme und Dieter Wedel. Sämtliche Gäste hatten viel beizutragen, allerdings fast ausschließlich zum ersten Teil des Themas: Der Jugendwahn in all seinen Facetten unter besonderer Berücksichtigung des Fernsehens.

Gisela Schneeberger sprach damals vom Mut, den es koste, sich öffentlich als Neunundvierzigjährige zu outen, überhaupt von der Angst, als Frau über sein Alter zu sprechen, «weil man durch die Werbung spürt, man wird nicht mehr so liebgehabt, wenn man älter wird». Hannelore Elsner hielt dagegen, dass sie froh sei, endlich alt genug für die interessanten Rollen zu sein; immer sei sie zu jung gewesen, zu jung und zu hübsch, und heute meckere man schon wieder an ihr herum, frage sich, wann sie endlich alt, wann sie endlich fett werde. Nein, sie stehe wirklich zu sich und ihrem Alter und sage immer, wer nicht älter werden wolle, müsse halt früher sterben. Erich Böhme *(Talk im Turm)* erklärte den Jugendwahn mit der Aberwitzigkeit des Zielgruppenfernsehens, das nur die Quote der unter Fünfzigjährigen anrechnet – und das bei einem achtundsechzigjährigen Talkmaster. Wie hellsichtig das war (Böhme in meiner Runde: «Die Kugel ist schon im Lauf, da bin ich ganz sicher!»), zeigte sich Ende desselben Jahres, als der damalige Sat.1-Programmgeschäftsführer Fred Kogel die so erfolgreiche Politrunde «Talk im Turm» samt Talkmaster aus dem Programm warf. Grund: Es hatten zu viele Alte (also über Fünfzigjährige) vor dem Bildschirm gesessen.

Die beiden Regisseure Vivian Naefe und Nico Hofmann

machten darauf aufmerksam, dass der grassierende Jugendwahn nicht nur für ältere Schauspieler(innen) oft das Aus bedeutet, sondern wussten von einer ganzen Generation von Regisseuren zu berichten, die ebenfalls von den Sendern keine Aufträge mehr bekämen.

Dieter Wedel äußerte sich als Erster und Einziger zum zweiten Teil des Themas. Und stellte fest, dass es doch «eine unglaubliche, eine unzumutbare Zumutung des Lebens» sei, älter zu werden und am Ende sterben zu müssen! Man horchte auf: Da saß ein extrem Erfolgreicher, der öffentlich von seinen Ängsten sprach. Nein, nicht Ängsten, sondern *Angst*, im Singular. Der ganz profanen, kreatürlichen Angst vor dem Altern und vorm Sterben, über die sich nun wirklich niemand gerne ohne Not verbreitet.

Es ist leicht, über den Kampf der Frauen gegen ihre Falten zu spotten. Es ist leicht, sich über ihre Eitelkeit zu amüsieren. Und noch amüsanter wird's, wenn ein Mann sich um sein Aussehen sorgt. Aber hat Wedel nicht recht, wenn er anklingen lässt, dass all die Mittel, die wir geradezu verzweifelt gegen unsere Falten und unseren Verfall einsetzen, nicht nur ein Ringen um Äußerlichkeiten sind, sondern letztlich ein Kampf gegen den Tod, ein Versuch, unser Ende möglichst weit hinauszuzögern? Und ein Ausfluss unserer Angst vor dem Tod? Der Traum vom Jungbrunnen ist schließlich so alt wie die Menschheit.

Da Wedel nun schon diesen ehrlichen Ton angeschlagen hatte, ging es weiter recht offen zur Sache, und so kam man zwangsläufig auch auf das Thema Lifting zu sprechen. Das solle jeder für sich selbst entscheiden, meinte Gisela Schneeberger. Hannelore Elsner sagte, sie würde ohne Not nie ein Messer an sich heranlassen. Aber wo beginnt die Not? Und wie groß muss sie werden, bis nur noch das Messer hilft?

Niemand redet gerne darüber, und gerade weil niemand gerne darüber redet, werden Frauen wie Hannelore

Elsner andauernd danach gefragt. Kein Interview ohne die neue Gretchenfrage. Viel Lüge, viel Heimlichtuerei, viel Verklemmtheit und viel zudringliche Neugier sind da im Spiel. Hannelore Elsner wusste sogar zu berichten, dass Kolleginnen ihre Maskenbildnerinnen beauftragt hätten, genau bei ihr nachzugucken, ob denn wirklich nichts gemacht sei bei ihr. Komisch, meinte Erich Böhme, ins Publikum feixend, das sei er noch nie gefragt worden!

Dieter Wedel empörte sich grundsätzlich über das öffentliche Interesse am Lifting: Man frage doch auch niemanden, ob er Zahnersatz trage. Aber ob Dagmar Berghoff geliftet sei oder nicht, das wolle man wissen, und das sei eine Unverschämtheit. Das gehe niemanden etwas an. Doch nur er ließ die Frage überhaupt an sich heran und stellte sich ihr: «Ich will nicht in den Spiegel schauen und sagen: Ich gefalle mir nicht mehr.» Wenn es medizinische Möglichkeiten der Verbesserung gebe, dann sollten Menschen sie auch wahrnehmen. Was sei schlecht daran, den Traum vom Jungbrunnen mit Hilfe von Wissenschaft, Technik, Medizin und handwerklicher Kunstfertigkeit so weit wie möglich zu realisieren?

Die Diskussion im ZDF ist nun schon lange her, doch es hat sich nichts Wesentliches geändert. Zwar sieht man inzwischen viel mehr geliftete Gesichter sowohl bei Prominenten als auch in einer bestimmten, gut situierten Gesellschaftsschicht als vor acht Jahren – dass die Zahl der Operationen angestiegen ist, bestätigen auch die Schönheitschirurgen –, aber es ist immer noch ein Tabu, jemanden darauf anzusprechen, ebenso wie selber ein Lifting zuzugeben. Und in dem Maße, in dem auch mir die regelmäßig wiederkehrenden Anfragen der Kollegen vom Boulevard, wie ich es mit dem Liften halte, auf die Nerven gehen, wird mir bewusst, dass mich das Thema doch interessiert und beschäftigt. Was in unserer Branche nicht unbedingt verwunderlich ist, wo ringsherum immer mehr geliftet, gerafft und gestrafft wird. Die eigenen Falten im Spiegel treten dann subjektiv umso deutlicher zutage, und der Druck, mit den scheinbar Alterslosen mitzuhalten, beginnt größer zu werden.

Das Problem könnte aber auch darin bestehen, dass «andere» ein Problem mit alternden Frauen haben und ihnen deshalb früh schon nahelegen, sich Gedanken um ihr Aussehen zu machen und eine verjüngende Schönheitsoperation in Betracht zu ziehen. Wer mit «andere» gemeint ist, muss in diesem Fall vage bleiben, denn es handelt sich sozusagen um ein «gefühltes» Subjekt. Man könnte es als Summe der Meinungsäußerungen und Fragen zum Themenkomplex Alter und Schönheit bezeichnen, mit denen man als öffentliche Frau ab Ende dreißig ständig konfrontiert wird und die einen – zugegeben – irgendwann mürbe machen können.

Ist das ein neues Phänomen? So neu wie die Möglichkeit, sich operativ verjüngen und verschönern zu lassen? Natürlich nicht. Schönheit war immer schon ein Machtfaktor – für die schöne Frau in ihrer jugendlichen Glanzzeit, vor allem aber für den Mann, der seinen eigenen Status mit einer schönen Frau erhöhte, wenn er sie in jungfräulichem, unberührtem Zustand erworben hatte. Und weil Schönheit bei Frauen stets an Jugend gekoppelt war, das Verfallsdatum also feststand und im Kopf jeder Frau verankert war, musste auch die Schöne so schnell wie möglich unter die Haube, denn schon nach ein paar Jahren in Freiheit wäre ihr Wert stark gesunken. Ihre Macht war also darauf beschränkt, vielleicht ein paar Wahlmöglichkeiten mehr zu haben als die nicht so schöne. Nur die Ehe konnte sie vor dem «hässlichen» Alter schützen, und wir wissen ja aus den Märchen: Alt und hässlich gehören zusammen – wann immer eine alte, unabhängige Frau auftaucht, ist es die böse Hexe.

Die Angst vor diesem Zerrbild der älteren Frau (Xanthippe, die arme Frau von Sokrates, gehört ebenfalls dazu) sitzt tief in uns. Die amerikanische Feministin Naomi Wolf analysiert 2003 in ihrem Aufsatz «Zwischen Natur und Mythos», warum sich Jugend und Alter bei Frauen so viel existenzieller auswirken als bei Männern: «Jugend (und bis vor kurzem Jungfräulichkeit) gehört zum weiblichen Schönheitsideal, weil sie für allgemeine und sexuelle Unerfahrenheit steht. Älterwerden gilt bei Frauen als ‹unschön›, weil es einen Zuwachs an Stärke bedeutet.»

Diese Stärke der älteren Frau müsse – so Wolf – gebrochen werden, und dazu diene der Schönheitsmythos, der Frauen in Konkurrenz zueinander treibe und Zwietracht zwischen ihnen säe. Deshalb blieben Frauen, solange sie ihre Identität auf «Schönheit» gründen, abhängig von äußerer Anerkennung, also vom Mann. Eine solche Abhängigkeit zu verlängern – dazu trage die Schönheitsindustrie bei, von Anti-Aging bis zur Chirurgie. Dabei werde die Illusion, sich zeitlos schön zu erhalten, rasch zu einer Form von Gewalt gegen den eigenen Körper.

So sieht Naomi Wolf (Jahrgang 1962) im Schönheitsmythos eine neue Form von männlicher Tyrannei als direkte Antwort auf die Emanzipation der Frauen. Nachdem es nicht mehr möglich gewesen sei, der Frau tugendhafte Häuslichkeit als obersten Wert zu verordnen, habe der Schönheitsmythos die Erlangung tugendhafter Schönheit an deren Stelle gesetzt. In dem Maße, wie es den Frauen gelungen sei, sich vom Weiblichkeitswahn zu befreien, fungiere nun der Schönheitsmythos als Instrument der sozialen Kontrolle. Er sei die politische Waffe gegen das Vordringen der Frauen. Und sehr effektiv, weil das Gefängnis Schönheit, in dem wir jetzt säßen, keine Tür habe, die wir hinter uns zuschlagen könnten.

Es ist – so könnte man Naomi Wolf entgegnen – aber nicht immer und nicht alles die Schuld des Patriarchats.

Den Druck, für ein möglichst perfektes Äußeres zu sorgen, verspüren heute auch die jungen Männer, vor allem die, die ihre Haut im Fernsehen und auf der Bühne öffentlich zu Markte tragen. Der Konkurrenzkampf verschärft sich von Jahr zu Jahr, da kann sich ein äußerlicher Makel rasch zu einem Wettbewerbshindernis entwickeln.

Generell zwingt die wachsende Ökonomisierung aller Lebensbereiche auch die Männer in den Schönheitswettbewerb. Im Fernsehen werden die dickbäuchigen Glatzköpfe zunehmend von smarten, durchtrainierten und durchgestylten Beaus verdrängt. Vor der unerbittlichen Herrschaft des Marktes werden Mann und Frau ein Stück gleicher.

Gegenwärtig bekommen die Frauen diese Herrschaft zwar noch deutlich stärker zu spüren als die Männer, aber das wird sich über kurz oder lang ändern. Ein Fortschritt ist es nicht, denn es ist keine wünschenswerte Gleichheit, die sich da anbahnt. Es ist eine Gleichheit, die zur Gleichmacherei führt, zur Normierung des Menschen und zu gestanzten Schönheiten, zu deren massenhafter Verbreitung das Fernsehen schon jetzt beiträgt, wie dem Journalisten und Kulturwissenschaftler Christian Kortmann aufgefallen ist: «Denn das Fernsehen als unsere Bild-Vorstellungen prägende Instanz», schrieb er am 18. Juli 2005 in der *FAZ*, «reproduziert überproportional viele Bilder von Jungen, Hübschen und Gelifteten, macht sie zu seinen Protagonisten und errichtet ein realitätsentrücktes Schönheitsideal.» Daraus entstehe der Irrglaube, schöne Menschen sähen tatsächlich so perfekt aus wie auf ihren Abbildungen. Fernsehgestalten aber seien «Kunstwesen, die einem gestohlen bleiben können».

Die Damen bei Kerner, mit denen ich dieses Kapitel begonnen habe, wiesen übrigens – bis auf Christiane Krüger («Sag niemals nie …») – jeden Gedanken an ein mögliches Lifting weit von sich. Und es scheint auf der Hand zu liegen: Der beziehungsweise die Ehrliche würde sich ins eigene Fleisch schneiden. Schönheitsoperationen zählen zu den letzten großen Tabus unserer Mediengesellschaft, in der sonst alles zur Sprache kommt, auch wenn das Christian Kortmann anders sieht und behauptet, es sei im Fernsehen mittlerweile salonfähig, sich zu seinen kosmetischen Operationen zu bekennen. Als Beleg nennt er eine «auf den ersten Blick nicht wiederzuerkennende Linda de Mol» und die Kessler-Zwillinge, die bei Beckmann die neue Selbstverständlichkeit schönheitschirurgischer Eingriffe – Tenor: das sei doch ganz normal – proklamierten. Und weil Beckmann den Damen nicht widersprach, tut es nun der Autor des Artikels emphatisch an dessen Statt: Nein, normal seien faltige Stirnen, prächtige Hakennasen und gemütliche Embonpoints. Dann analysiert er scharf: «Dieser vermeintlichen Offenheit liegt etwas Antiaufklärerisches zugrunde, weil sie die Gebote medizinischer und ästhetischer Vernunft zugunsten eines irrationalen Ziels ignoriert.»

Wie irrational dieses Ziel tatsächlich ist, darüber lässt sich streiten. Aber die paar Mutigen, die er anführt, die machen noch keinen Trend. Bei meinen Recherchen zu diesem Buch mit vielen Interviewanfragen bei Prominenten wurde mir deutlich, wie groß die Furcht ist, sich als geliftet zu outen. Hildegard Knef war die Erste in Deutschland, die sich offen zu ihren Schönheitsoperationen bekannt hat, und sie ist damit auf Unverständnis und Häme gestoßen. Außer ihr kenne ich nur eine andere Souveräne, die wunderschöne Nadja Tiller (Jahrgang 1929), die ich in einer *Mona-Lisa*-Sendung über das Alter zu diesem Thema befragt habe. Ihre Antwort hat sich mir sofort eingeprägt: Sie würde es heute nicht nochmal machen, sagte sie, die mir mit ihren damals knapp siebzig Jahren fast unverändert schön erschien; es habe Jahre gedauert, bis sie sich an ihr neues Gesicht gewöhnt habe, bis es wieder «eingelebt» gewesen sei.

Was aber ist überhaupt irrational an dem Wunsch, etwas länger gut auszusehen, als uns die ablaufende Zeit vergönnt, wenn wir den feministischen Überbau und die Forderungen des Marktes mal beiseite lassen? Was wäre an einem Facelift irrationaler als an Jacketkronen, gefärbten Haaren oder Fastenkuren? Stellen wir alle Theorie, alle möglichen Antworten und auch die Begründung des *FAZ*-Autors nochmal zurück und hören uns eine Familien-Unterhaltung im Hause Gerster beim Abendessen an.

«Was würdet ihr davon halten, wenn ich mich irgendwann liften ließe?», frage ich ohne Vorwarnung und lauere auf die Reaktionen.

«Hängt davon ab, wie du hinterher aussehen würdest», meint Moritz (12) pragmatisch.

«Ha, wenn ich das wüsste, wäre ich einen großen Schritt weiter», antworte ich. «Ich möchte mich schließlich nicht verändern, nicht plötzlich anders wirken. So wie Frau G., die ich auf der Party neulich beinahe nicht wiedererkannt hätte.»

«Also, ich fänd's dumm», sagt Livia (15).

«Warum dumm?»

«Weil ich Falten nicht schlimm finde. Und weil man ja auch nicht wirklich jünger aussieht danach. Hast du selbst gesagt.»

«Na, die R. sieht nach ihrer Renovierung schon saugut aus», wirft der Ehemann ein. «Um Jahre jünger. Hat mir wirklich sehr gefallen.»

Das habe ich jetzt nicht unbedingt hören wollen. «Siehst du?! Und ich soll mich nicht liften lassen!», ereifere ich mich sofort.

«Du brauchst das doch gar nicht», besänftigt mich der Meine.

«Also, ich find's dumm», erläutert Livia, «weil es immer mehr Frauen tun und irgendwann niemand mehr normal aussieht im Alter.»

«Das wird schon deshalb nicht passieren, weil das eine Menge Geld kostet», wendet der Ehemann ein. «Es wird eine neue Klassenfrage: Die Frauen aus unseren Kreisen werden in zehn Jahren alle geliftet sein. Schönheitschirurgie wird zur Fortsetzung der Kosmetik mit anderen Mitteln. Und nach der Chirurgie kommen möglicherweise teure gentechnische Eingriffe und Schönheitspillen, die keine Krankenkasse bezahlen wird. In den weniger gut verdienenden Schichten werden alle altern wie bisher, und man wird die Klassenunterschiede wieder, wie früher, am Äußeren erkennen.»

«Ich glaube nicht, dass in unseren Kreisen jemals alle Frauen geliftet sein werden», wende ich ein. «Denk nur an A. und G. und C., die würden lachen über diese Vorstellung.»

«Ja, die wirklich souveränen Frauen werden sich nicht liften lassen», sagt der Ehemann, «und alle, die es beruflich nicht nötig haben, werden es sich ebenso ersparen wie die, die sich in ihrer Ehe und Familie sicher und geborgen fühlen und nicht fürchten müssen, durch eine Jüngere ersetzt zu werden.»

«Aber O. und B. sind souveräne Frauen. Und führen gute Ehen, soviel ich weiß.»

«Nur nicht souverän genug, um offen darüber zu sprechen, dass sie ihrem guten Aussehen mit dem Skalpell haben nachhelfen lassen», wendet der Ehemann ein.

«Warum sollten sie? Und was wäre überhaupt unsouverän daran, wenn ich mich liften ließe? Ihr wart vor Jahren ja auch alle dagegen, dass ich mir die Schlupflider habe beseitigen lassen, die ich von meiner Mutter geerbt habe, weshalb ich schon Mitte vierzig total müde und fertig aussah. Meine Mutter hatte schon so unter ihren Schlupflidern gelitten – die sehen eben meistens nicht so cool aus wie bei Simone Signoret oder Charlotte Rampling. Und dann habt ihr es alle gut gefunden, dass ich wieder meine hübschen Augen von früher mit dem offenen Blick hatte – sogar meine Schwester Cornelia gab zu, dass sich die Sache gelohnt hat.»

«Stimmt, da musste ich mich revidieren», räumt der Ehemann ein. «Aber damit könntest du es nun doch auch bewenden lassen!»

«Was ist so schlimm daran, sich auch die Falten glatt ziehen zu lassen? Ich versuche ja auch sonst, mich leidlich jung und ansehnlich zu halten, lasse mir die Haare färben, achte auf meine Figur und meine Ernährung, treibe Sport, nutze die Errungenschaften der Kosmetik und der Pharmazie. Aber ein Facelift ginge zu weit? Wer zieht diese Grenze? Mit welchen Argumenten?»

«Ich weiß, eine Frau zieht aus dem Bewusstsein, gut auszusehen, mehr innere Sicherheit als aus religiösen Überzeugungen», mokiert sich der Ehemann.

Jetzt will ich es doch genauer wissen: «Bist du nun dafür oder dagegen?»

«Ich bin dagegen. Das heißt, ich bin dafür, wenn du das für dich brauchst, wenn du meinst, dass du dich hinterher besser fühlen würdest, ganz egal, aus welchen Gründen.»

«Ich bin dagegen», sagt Livia, «weil du auch so schön bist. Alle sagen doch immer, dass du viel jünger aussiehst.»

«Ja, jetzt. Von jetzt ist ja auch nicht die Rede. Aber wenn ich in ein paar Jahren plötzlich altere? Manchmal gibt es so Schübe. Du findest, jemand sieht jahrelang gleich aus, und wenn du ihn das nächste Mal triffst, denkst du: Mensch, er/sie ist aber alt geworden.»

«Dann wart doch einfach ab und entscheide, falls es dazu kommt.»

«Was ist denn das für eine Haltung? Soll man als erwachsener Mensch so mit seinem Leben umgehen? Eigentlich hätte ich es gerne etwas prinzipieller.»

«Verhaltensänderungen geschehen selten aufgrund prinzipieller Überlegungen», doziert mein Mann. «Irgendwann fängt irgendwer damit an, das machen andere nach, und auf einmal tun's alle, schon weil die Verweigerer zunehmend in die Minderheit geraten und dadurch auffallen.»

«Ich habe noch nie etwas allein aus dem Grund gemacht, weil's alle machen», widerspreche ich entrüstet.

«Dann überleg dir, für wen du dich verjüngen willst. Für mich ist es nicht nötig. Für die Zuschauer erst recht nicht. Die wollen doch nicht lauter glatte Gesichter. Außerdem mögen sie dich. Also ist es einzig und allein für dich, für dein Selbstwertgefühl als Frau, für deine eigene Eitelkeit. Es einfach geschehen lassen, edel altern, gelassen verwittern, es gerade anders machen als die anderen, mutig gegen den Strom schwimmen, das würde besser zu dir passen», sagt der Ehemann.

Irgendwie mangelt es ihm am richtigen Problembewusstsein, denke ich; und ich beschließe, mir kompetentere Gesprächspartner zu suchen. Daher lenke ich ab auf ein anderes Thema, Moritz ist am Tisch eingenickt, und wir heben die Tafel auf.

Am nächsten Tag rufe ich eine jener wenigen mutigen Frauen an, die zu ihren Liftings stehen und offensiv darüber reden: die bayrische Schauspielerin, Sängerin und Entertainerin Veronika von Quast (Jahrgang 1946), im Süden vor allem als Fräulein Vroni in der seit zwanzig Jahren erfolgreichen Sketch-Show *Kanal Fatal* bekannt, aber auch aus Filmen mit Gerhard Polt *(Kehraus),* von Münchner Bühnen und nicht zuletzt als Double von Renate Schmidt auf dem Nockherberg. Die fünffache Großmutter witzelt sogar auf der Bühne über ihre Schönheits-OP, bei den Zwischentexten zu ihrem Jazzprogramm, und das komme sehr gut beim Publikum an.

Vom Leugnen und Abstreiten hält sie gar nichts, denn damit wollten die Kolleginnen ja suggerieren, sie hätten sich von allein so gut gehalten. Viel Mineralwasser trinken und früh schlafen gehen und so. Was einigermaßen lächerlich sei. Sie halte es lieber mit den souveränen Amerikanerinnen, die auf Komplimente zum jugendlichen Aussehen entsetzt erwidern: «Sind Sie wahnsinnig? Mein Aussehen hat mich ein Vermögen gekostet!»

Und was genau hat sie nun «gemacht»? Also, mit fünfzig, da habe sie sich die Unterlieder straffen und «den Hals hinter die Ohrwatschln» ziehen lassen, davon profitiere auch die Mundpartie, und jetzt, mit sechzig, seien die Oberlider dran. Das alles verändere sie ja nicht, sagt sie, sie habe schließlich keinen aufgeblasenen Nacktschneckenmund, sondern wollte einfach weiter die gutaussehende Frau bleiben, die sie stets war. Und das sei ihr gelungen mit dem Eingriff: «Immer wenn ich in den Spiegel schau, freu ich mich und denk, hach, was bin ich schön mit meinen sechzig Jahren!» Ob sie berufliche Nachteile für sich befürchtet habe, vielleicht irgendwann beim Fernsehen ausgemustert zu werden, frage ich, doch das war ihre Sorge nicht, sie hätte es auch gemacht, wenn sie irgendwo hinter einer Fleischtheke stünde. «Mit Anstand alt werden – was für ein Quatsch!», ruft sie temperamentvoll in den Hörer, was das denn für eine Definition von Anstand sei? Sie sei sehr anständig und werde selbstverständlich auch mit Anstand alt. Nur wolle sie bitte hübsch ausschauen dabei!

Die Einstellung, über geliftete Frauen neidisch oder hämisch herzuziehen – «Kein Wunder, dass sie so ausschaut!» –, ist für sie Ausdruck jener Grundspießigkeit und Intoleranz, die sie schon immer verabscheut hat. Und: Auch wenn sie jetzt von der Anzahl der Jahre her «zu den Alten» zähle, so müsse sie noch lange nicht selbst alt sein. Sie fühle sich bei jüngeren und jungen Menschen viel besser aufgehoben, mit denen sie sich am liebsten umgibt, «um nicht stehenzubleiben». Wenn schon, dann möchte sie «eine coole Alte» sein, nein, «eine heitere Alte will ich sein!».

Ganz anders hat sich die Schauspielerin Jutta Speidel (Jahrgang 1954) entschieden. Sie möchte sich auf keinen Fall operieren lassen und hält prinzipiell nicht viel davon, ausgenommen die Korrektur von Schlupflidern, die sie «legitim» findet. Aufgespritzte Lippen jedoch nennt sie, wie die Kollegin Quast, «abartig» und «wahnsinnig ordinär». Von ihren Falten spricht sie hingegen wie von alten Freunden; sie habe viele davon und wisse auch den Grund dafür: weil sie ein so «bewegtes Gesicht», so eine ausdrucksvolle Mimik besitze – ein hohes Gut für eine Schauspielerin. Die Falten seien eng mit ihrem Leben verwoben: «Es ist ein Gesicht, auf das ich mich verlassen kann», sagt sie, und dass sie mit ihm alt werden möchte.

Klar, wenn sie neue Filme von sich sehe, registriere sie sehr genau, wo sie nicht mehr so schön ausschaue wie noch vor ein paar Jahren, andererseits feiert sie gerade in diesen Jahren als völlig ungeschminkte Nonne in der Serie *Um Himmels Willen* Triumphe: «Alles Charaktergesichter», sagt sie über ihre Mitnonnen, «alle über fünfzig, alle ungeliftet, keine Beauty dabei – und es ist ein Riesenerfolg!» Sie selbst sei ohnehin nie als Schönheit gefeiert worden, genoss eher Kumpel-Status und konnte damit gut leben, denn der habe ihr alle Freiheiten gelassen. Nichts sei schlimmer als das Prädikat «erotischste» oder «schönste Frau Deutschlands» – da habe man seinen Stempel weg und müsse diesem Image ständig gerecht werden.

Sie will gar nicht schön sein, jedenfalls nicht in erster Linie, sondern sucht die Herausforderungen in ihrem Beruf: «Die interessanten Rollen in meinem Alter sind die Charakterrollen, und die will ich spielen.» Aber vielleicht gibt es Regisseure, die ihr ein Facelift nahelegen? Im Gegenteil, ruft Jutta Speidel, die warnten sie dauernd, sie solle bloß nicht auf die Idee kommen. Druck erzeugten allenfalls die Kolleginnen, da sei man auch untereinander nicht offen, werde ständig angelogen. Das Tabu sei groß unter Schauspielerinnen, und manchmal horche eine Kollegin sie regelrecht aus: «Du siehst ja toll aus – hast du etwa was machen lassen?», lauten dann die zweischneidigen Komplimente. «Natürlich», pflegt Jutta darauf zu antworten, «ich war vier Wochen in der Karibik und habe mir einen jüngeren Liebhaber zugelegt.»

Jutta Speidel nimmt auch die Wechseljahre sportlich, ohne Zusatz-Hormone, kaum dass sie ab und zu eine Hitzewallung verspürt. Bei ihr sei im Leben alles früher als bei anderen gewesen, sagt sie, ihre Krise habe sie bereits Ende dreißig gehabt, als sie sich von ihrem Mann trennte, da sei es ihr nicht gut gegangen. Jetzt, mit Anfang fünfzig, vermittelt die Mutter zweier Töchter das Gefühl, sie könne Bäume ausreißen, so selbstbewusst und zuversichtlich wirkt sie: «Ich habe immer tolle Beine und einen tollen Busen gehabt, dafür bin ich ein bisschen dicklich um die Taille und habe zu wenig Po. Aber das ist mir egal. Man muss sich auf die positiven Dinge konzentrieren, mit seinen Pfunden wuchern – und wenn's nur der Charakter ist!»

Es klingt wie die perfekte Anleitung zum Glücklichsein, und ich nehme mir fest vor, es gleich auszuprobieren.

Über das Alter mache sie sich heute tatsächlich überhaupt keine Gedanken, denn wenn man sich selber möge und akzeptiere, dann sei Älterwerden kein Problem, sagt sie. Ihre Mutter zum Beispiel reise mit achtzig Jahren um die Welt und sei topfit, und diesen Lebenswillen und die Lebenslust hat Jutta Speidel offenbar von ihr geerbt.

Beide Standpunkte haben viel für sich, beide verstehe ich. Und bin so ratlos wie zuvor.

Also wende ich mich an eine erfahrene Expertin, die

die Techniken der plastischen und der Wiederherstellungschirurgie als eine der Ersten aus dem Ausland mit nach Deutschland gebracht und hier mit aufgebaut hat: Die inzwischen emeritierte Professorin Ursula Schmidt-Tintemann gilt als Koryphäe ihres Fachs.

Sie legt Wert darauf, nicht Schönheits-, sondern «ästhetische Chirurgin» genannt zu werden, weil sonst, wie sie sagt, der Eindruck entstehen könnte, Schönheit ließe sich auf dem Operationstisch herstellen. Das sei aber nicht der Fall. Aus einem hässlichen Entlein könne man keinen Schwan zaubern, auch wenn das dubiose Sendungen und die vielen Scharlatane auf diesem Gebiet suggerierten. Zur Schönheit gehöre nun mal mehr als ein puppenhaftes Näschen und eine glatte Haut. Die eigene Ausstrahlung sei wesentlich, wenn wir über Schönheit urteilten. Und sie nennt gleich als Beispiel die berühmte, 1988 verstorbene Schauspielerin Brigitte Horney – vielen wird sie noch von den Fernsehfilmen *Jakob und Adele* mit Carl-Heinz Schroth und *Das Erbe der Guldenburgs* in Erinnerung sein –, die so viel Ausdruckskraft besessen habe, dass man ihre Falten nicht als Zeichen des Alters wahrnahm.

Genauso sei es mir mit Geraldine Chaplin ergangen, ergänze ich im Gespräch, als ich sie kürzlich bei einer Talkshow kennenlernte, in der sie Publikum, Gäste und Moderatoren gleichermaßen mit ihrem Charme und ihrer zarten Schönheit verzauberte. Falten spielen dann tatsächlich keine Rolle mehr. – Was allerdings beweist, dass es bei dieser Frage wie häufig im Leben alles andere als gerecht zugeht, denn: Schöne Frauen altern eben auch schöner, können mit Falten, wie Schmidt-Tintemann sagt, «ungeheuer eindrucksvoll» aussehen. Aber ebenso gilt: Schöne bleiben mit Lifting wiederum länger schön.

Das kann Schmidt-Tintemann bestätigen, die vielen Schauspielerinnen zu einer eindrucksvollen Verlängerung ihrer Karriere verholfen hat. Für die Nöte dieses Berufsstandes hat sie jedes Verständnis und manchmal auch schon operiert, wenn die Frauen noch relativ jung waren, obwohl sie das eigentlich ablehnt. Frauen unter vierzig hat sie fast immer nach Hause geschickt, wenn es nur um die ersten Fältchen ging: «Lebenslinien sind ja nichts, was man verbergen muss.»

Doch der Trend geht in eine andere Richtung. Und da Schmidt-Tintemann seit einigen Jahren nicht mehr operiert, verweist sie mich für die aktuelle Situation an ihren Schüler Dr. Goswin von Mallinckrodt. Der erzählt, dass die Kollegen in den USA inzwischen schon bei den Achtundzwanzig- bis Dreißigjährigen anfangen zu liften – je früher, desto besser, sei die Devise; auch bei uns werde es wohl in einigen Jahren dahin kommen.

«Aber eine Dreißigjährige hat doch keine Falten, was soll man denn da liften?», frage ich. Die jüngere Haut sei eben elastischer, sie heile besser und die Narben seien nicht so sichtbar, antwortet Mallinckrodt. Und tatsächlich, lese ich nach, überschreitet der Körper seinen Zenit bereits mit fünfundzwanzig, ab da beginnen Knochen, Muskeln, Haut zu altern. Das frühe Liften hält Mallinckrodt allerdings für reine Geschäftemacherei; er lehne es ab, solch junge Frauen zu operieren. Das Gleiche gelte für ältere, wenn er eine Schönheitsoperation für überflüssig, medizinisch nicht angezeigt oder nicht erfolgversprechend hält. Denn er legt – das hat er von seiner Lehrerin Schmidt-Tintemann gelernt – größten Wert auf die Vorgespräche und sorgfältige Prüfung des Anliegens: «Der Leidensdruck muss groß genug sein», sagt er, dann erst ist er bereit, eine Operation in Betracht zu ziehen.

Die meisten Frauen, die zu ihm kämen, seien zwischen vierzig und fünfzig, aber auch Männer suchten ihn zunehmend auf. Sie stellten mittlerweile schon fast ein Drittel. Es handele sich übrigens keineswegs nur um wohlhabende Frauen, die sich einem Facelift für immerhin acht- bis zehntausend Euro unterziehen; er erlebt «die ganze Bandbreite», also auch die kleine Angestellte, die sich das Lifting statt des neuen Kleinwagens leiste, die Sekretärin, die dafür auf ihren Jahresurlaub verzichte, aber natürlich nach wie vor sehr viele Prominente.

Brustoperationen, Fettabsaugung und was es sonst noch gibt, lässt Mallinckrodt in seiner Klinik nur von den Kollegen durchführen, die darauf spezialisiert sind, er selber konzentriert sich ausschließlich auf das Gesicht und da vor allem auf Augen, Wangen und Hals. Die Stirn straffe er übrigens nicht, das verändere den Gesichtsausdruck zu stark.

Um wie viele Jahre kann Mallinckrodt eine Frau jünger aussehen lassen? Da müsse er mich enttäuschen: «Jünger kann ich niemanden machen – nur glücklicher.» Und richtig zufrieden ist er mit seiner Arbeit, wenn die Patientinnen hinterher – mit einer klitzekleinen Enttäuschung in der Stimme – sagen, es habe überhaupt niemand gemerkt, dass sie sich hätten operieren lassen, lediglich sehr gut erholt würden sie auf ihre Umwelt wirken.

Aber er betont es noch einmal: «Ich würde nie jemandem raten, sich liften zu lassen. Das ist eine rein persönliche Entscheidung.»

Genauso sieht es Ursula Schmidt-Tintemann, die lieber von den Fällen erzählt, bei denen sie eine Operation verweigert hat, als von ihren chirurgischen Erfolgen. Zum Beispiel von der jungen, attraktiven, aber etwas unglücklich wirkenden Frau, die sich mit dem Verlobten aus reichem Haus und der Schwiegermutter in spe vorstellte und ihre zu große Nase korrigiert haben wollte. Die Ärztin lehnte nach sorgfältigem Gespräch die OP ab mit der Begründung, die Nase mache das hübsche Gesicht der jungen Frau charakteristisch, wenn man sie verkleinere, würde es zu einem uninteressanten Puppengesicht. Nach drei Jahren trat ihr auf der Straße eine fröhliche junge Frau in den Weg und dankte überschwänglich, dass sie sie damals nicht operiert hatte. Das Gespräch mit der Ärztin habe ihr erst die Augen darüber geöffnet, dass sie drauf und dran gewesen sei, sich den Wünschen anderer völlig unterzuordnen. Sie habe die Verlobung gelöst und sei sehr froh darüber.

Solche Geschichten hat Schmidt-Tintemann viele erlebt. Auch mit einer berühmten Schauspielerin übrigens. Inge Meysel – man glaubt es kaum – stand tatsächlich in fortgeschrittenem Alter bei Schmidt-Tintemann in der Praxis und wünschte ein Facelifting: «So, jetzt möchte ich meine Falten weghaben», habe sie im typisch Meysel'schen Befehlston gefordert. «Tut mir leid», hat ihr die Chirurgin ebenso bestimmt geantwortet, «das mache ich nicht.» Und erklärte der verblüfften Schauspielerin, dass sie dann nicht mehr «die Meysel» sei, und das könne sie nicht wollen. «Sie werden operiert aussehen, ganz gleich, wie gut ich arbeite. Also lassen Sie's bleiben.» Inge Meysel habe sich zwar ein wenig darüber echauffiert, dass sie den weiten Weg von Hamburg nach München umsonst gemacht habe, ließ sich aber schließlich überzeugen.

Und wann hat Schmidt-Tintemann operiert? Immer dann, wenn ein medizinischer Befund vorlag oder wenn sie in ihren Vorgesprächen merkte, da entscheidet sich jemand aus freien Stücken und will oder braucht das Lifting für sich selbst. «Es hängt immer von der Lebenssituation ab, die man sehr genau erfragen sollte, bevor man operiert.» Also nicht die Frau, deren Ehe gerade in die Brüche geht und die im Facelift den letzten Strohhalm sieht, den Mann zu halten. Und auch nicht unbedingt jene Damen der Society, die «mit alterslosen Gesichtern den Mangel an geistiger Masse» ausgleichen wollten. Wohl aber die mittelalte Boutiquenverkäuferin, die ihren Beruf liebt und fürchtet, mit Falten entlassen zu werden. Oder die ältere Dame aus dem europäischen Hochadel, die schon ihr ganzes Leben unter ihrer Hakennase gelitten hat und nun im Alter nicht wie eine Hexe aussehen möchte.

Das leuchtet doch ein, finde ich, und es würde mich interessieren, ob Christian Kortmann, hätte er diese Geschichte von Ursula Schmidt-Tintemann gehört, seinen *FAZ*-Artikel genauso bestimmt beendet hätte: Eine geliftete Nase, schreibt er, sei niemals schön, weil sie den Zweck habe, wie eine schöne Nase auszusehen. Wem das zu philosophisch ist, der sollte zumindest jenen Satz Kortmanns bedenken, dem Schmidt-Tintemann wie Mallinckrodt sicher sofort zustimmen könnten: «Sich nicht vorschreiben zu lassen, wie man auszusehen hat, ist ein Recht des aufgeklärten Menschen.»

Ursula Schmidt-Tintemann selber, eine äußerst attraktive Dame, hat sich übrigens nicht unters Messer gelegt, obwohl sie viele renommierte Chirurgen ausgebildet hat. Aber sie sei nie berufsblind geworden, sah immer die Gefahr der «Vereinheitlichung der Gesichter», wie sie sagt. Und dieses neue amerikanische Schönheitsideal, das allen Frauen die gleichen niedlichen Stupsnäschen und Schmollmünder verpasst, lehnt sie als Kunstprodukt vollkommen ab. Steht nicht doch zu befürchten, frage ich, dass in zwanzig, dreißig Jahren alle so aussehen, die sich Schönheitsoperationen leisten können? «Nein», sagt sie und klingt dabei sehr sicher, «wer es sich leisten kann, wird es ganz bleiben lassen.»

Der Ball ist also wieder bei uns selber. Niemand nimmt uns die Entscheidung ab.

Und wie immer, wenn ich nicht weiterweiß, fällt mir meine Großmutter ein, die schon jede Form von Make-up ordinär fand und keinerlei Schminke an uns sehen wollte – aus dem moralischen Anspruch heraus, dass man nichts anderes sein oder scheinen sollte, als man ist. Und dass man es als wertvoller und selbstbewusster Mensch nicht nötig habe, sich äußerlich anzubiedern, irgendwelchen Moden zu unterwerfen, dem Zeitgeist hinterherzulaufen. Sie würde es ganz und gar unwürdig und enttäuschend finden, dass ich über dieses Thema auch nur nachdenke.

Aber die Ansprüche meiner Großmutter waren stets außergewöhnlich hoch, und ihnen in dem Leben, das ich führe, gerecht zu werden, fällt mir schwer. Nein, ich habe moralisch nichts einzuwenden gegen Schönheitsoperationen, ebenso wenig wie gegen Schminke und schicke Kleider. Warum sollte man Falten haben wollen, wenn es ohne geht? Muss denn der Zahn der Zeit sichtbar an allen nagen? Muss denn Gerechtigkeit herrschen nach dem Motto: Dem Alter haben sich gefälligst alle zu stellen? Nein! Und ich betrachte Schönheitsoperationen auch nicht als unzulässigen Eingriff in die Schöpfung.

Ob es uns persönlich gut bekommt, körperlich und seelisch, wenn wir uns chirurgisch auffrischen lassen, das ist die große Frage. Zum einen kann man nie hundertprozentig sicher sein, ob es gutgeht, ob man sich dabei ähnlich bleibt – und was ist erschreckender, als anschließend nicht mehr ganz man selbst zu sein? Zum anderen ergibt sich das Problem, was man hinterher den Leuten sagt. Denn wer Wahrhaftigkeit über alles schätzt, möchte nicht in die Situation kommen, Märchen erzählen zu müssen, wenn einen jemand indiskreterweise nach dem Quell des Jungbrunnens fragen sollte. Und Freunde und Freundinnen möchte man schon gar nicht belügen.

Darüber ist mir doch tatsächlich eine fast zwanzig Jahre alte Freundschaft zerbrochen.

Meine Freundin P., eine attraktive, weltläufige Journalistin, nämlich war der Ansicht, dass man sich zwar liften lassen solle, das jedoch gegenüber niemandem zugeben dürfe. «Und wenn du gefragt wirst?», wollte ich wissen. Dann müsse man sagen, man habe die Frisur gewechselt und wirke deshalb verändert (wofür man denn auch tunlichst sorgen sollte). Oder: Wir haben uns lange nicht gesehen, du hast mich halt anders in Erinnerung. Oder: Ich war im Urlaub und bin hervorragend erholt. Oder: Ich trinke jeden Tag drei Liter Mineralwasser, deshalb ist meine Haut so glatt.

«Aber das glaubt doch kein Mensch», wandte ich ein; «es ist doch peinlich, mit solchen Ausflüchten zu kommen!» Das sei egal, meinte sie, man dürfe es nicht zugeben, um keinen Preis, das sei Regel Nr. 1.

Nun – dass sie diese Regel dann auch mir gegenüber eisern befolgte, als es bei ihr so weit war, das hatte ich, nach all unseren Gesprächen darüber, nicht für möglich gehalten. Dass sie mir tatsächlich mit der neuen Frisur kam, als sie mir phänomenal gut aussehend, allerdings mit leicht verändertem Ausdruck gegenüberstand, das hat mich dann doch vor den Kopf gestoßen. Dass man sich nicht gerade in der *Bild*-Zeitung outet, ist das eine – es gibt Netteres, als mit diesem Thema am Pranger des Boulevards zu stehen. Aber selbst einer alten Freundin nicht zu vertrauen, die Freundschaft der Fassade zu opfern – das fand ich bitter, und es bestärkte mich in der Einschätzung, dass das einzig Unwürdige am Lifting die ganze Heimlichtuerei ist!

Zum Schluss sei zur Abwechslung einmal ein Mann angeführt: Dustin Hoffman. Er sei vor der Entscheidung gestanden, zitierte ihn die *Süddeutsche Zeitung* am 17. Februar 2005, «Lasse ich mich liften und färbe mir die Haare, oder können die mir alle mal den Buckel runterrutschen?». Hoffman hat sich für Letzteres entschieden: «Ich ziehe mein Ding durch, und die können mich am Arsch lecken.»

Ich glaube, das ist so ziemlich die gesündeste Einstellung, die mir bisher zu diesem Thema begegnet ist.

8. VON REIFEN FRAUEN UND ZITRONENTÖRTCHEN: Alter in der Literatur

«Ich ... schalte gegen 19.00 Uhr die Fernsehnachrichten ein. Die Informationen interessieren mich kaum, ich will nur das öffentliche Altern der Nachrichtensprecherinnen beobachten. Wenn eine Sprecherin ein paar Wochen keinen Dienst hatte und dann plötzlich wieder auf dem Schirm auftaucht, ist sie eine Spur bitterer, sich selbst aber auch ähnlicher geworden, eine geheimnisvolle Verschränkung, die mich tröstet.»

Als ich in Wilhelm Genazinos wunderbarem Roman *Die Liebesblödigkeit* auf diese Sätze stieß, erschrak ich ein wenig, das muss ich zugeben. Wen kann er meinen, wenn nicht mich? Oder gibt es noch andere Nachrichten um 19 Uhr? Und wenn ja, dann mit welchen alternden Moderatorinnen? Und was, so fragte ich mich beklommen, will uns der Dichter damit sagen?

Für alle, die das Buch nicht kennen: Einmal ist es die Geschichte eines Mannes, der sich nicht zwischen zwei Geliebten entscheiden kann. Außerdem aber ist es ein Buch über das Altern, das Altern des Helden und Ich-Erzählers, der sehr aufgeregt und panisch auf alle Anzeichen des Alters reagiert – bei sich selbst und bei anderen. Die Liebe zu den beiden Frauen, die Nöte, die sich aus seinem Doppel- und Versteckspiel ergeben, stellen sich schließlich als das heraus, was sie eigentlich sind: eine Ablenkung des Erzählers von seiner Angst vor Alter und Tod.

Dass ich mehr oder weniger deutlich drin vorkomme, selbst im Kontext des Alterns, fände ich nicht weiter schlimm, wäre der Autor nicht dabei ausgerechnet auf die

Vokabel «bitter» verfallen. Vieles bin ich – mimosenhaft empfindlich, leicht erregbar und oft bar jeder Contenance, auch launisch und aggressiv, wenn mir danach ist –, aber «bitter» nun wirklich nicht. Dieses Attribut passt – das bestätigt mir die Familie – so gar nicht zu mir. Deshalb beschloss ich, allein dieses Wörtchens wegen ein solches mit dem Autor zu reden. Und siehe da, wenige Monate später kam ich nach einer Literatursendung neben Herrn Genazino zu sitzen und fragte ihn bei Penne arrabiata, was er sich eigentlich bei der Stelle gedacht hätte.

Nun war er doch ein bisschen erschrocken darüber, als er sah, was er angerichtet hatte, den unterschwelligen Furor in meinen Worten durchaus bemerkend; aber dann arbeiteten wir sehr schön gemeinsam heraus, dass das angesprochene Altersproblem natürlich das des Helden ist, der seine Ängste («Wer altert, wird unbemerkt aus der Kurve getragen») auf alles um ihn herum projiziert. Also auch auf die Frauen im Fernsehen, die regelmäßig zu ihm ins Wohnzimmer kommen. Das eventuelle Altersproblem der höchst sensiblen Rezipientin gleichfalls ins Auge zu fassen – davon sahen wir vernünftigerweise an diesem Abend ab.

Wir sind, was wir erlebt und uns erlesen haben. Und das Verrückte daran ist: Manchmal können wir kaum noch unterscheiden, auf welchem Wege wir unser Wissen erworben haben – über die Liebe und die Sehnsucht nach dem Glück, über Ehebruch, Betrug und Verrat, Mord und Totschlag. Wie viel man sich da allein erspart durch Lesen! Was man nicht alles schon im Kopf erleben kann, ohne gleich in die Abgründe zu stürzen, die sich überall auftun. Und wie tröstlich die Geschichten von Menschen, die uns ähnlich sind oder ähnliche Fehler machen wie wir! Wie schön, sie in den Büchern wiederzufinden, die Dummheiten, die auch wir begehen, die Träume, die wir tagträumen, die Wünsche, die wir uns kaum eingestehen.

Und wie klar alles plötzlich wird, sowie es in kleine Lettern gefügt dasteht, schwarz auf weiß, ganze Seiten, in denen wir Gedanken finden, die uns vertraut sind, obwohl wir selbst sie so nicht gedacht, sondern nur wirr und undeutlich empfunden haben: Mit einem Mal steht es uns vor Augen, als wär's ein Stück von uns, geadelt jedoch durch jene dichterische Ausdruckskraft, die einer wahren Empfindung, einer menschlichen Handlung oder einer Reflexion darüber seine poetische Form verleiht und sie dadurch wieder ein wenig von uns wegrückt – in genau die richtige Distanz, die uns so vieles erst beim Lesen erkennen lässt. Es ist, als reiche uns jemand einen starken Ast, an dem wir uns aus dem schlammigen Morast dunklen Fühlens und affektiven Reagierens herausziehen können. Und mit jedem Stück Boden unter den Füßen gewinnen wir manchmal sogar – wenigstens für diesen Moment – etwas von der Herrschaft über unser Leben zurück.

Indem wir das Fremd-Vertraute also lesend wiederfinden, ziehen wir unsere Schlüsse für uns selbst daraus – auch, weil wir vieles erst in der literarischen Spiegelung als bedeutsam wahrnehmen. Wir lernen an anderen, fiktiven Alter Egos, wie es vielleicht hätte ausgehen können für uns – im Guten wie im Schlechten, was uns das Schicksal nicht gegönnt und wovor es uns bewahrt hat, weil wir meistens feiger sind im wirklichen Leben und weniger konsequent in unseren Gefühlen und vorsichtiger zu Werke gehen, um uns zu schonen. Oft sind wir lebensklüger als die Personen im Roman, ein Vorteil, den ebendiese Vorsicht – oder auch nur: Ängstlichkeit – hervorbringt, denn zu viel Schicksal wollen wir für uns ja gar nicht haben, und wir merken, dass wir für so viel Leidenschaft und vor allem für so viel Leiden nicht geschaffen sind. Wir wollen nämlich überleben! Schon allein, um weiter lesen zu können, was auch viel wert ist, und um darüber alt zu werden. Und ein bisschen klug schon auch. Ja, das meiste im Leben haben wir wahrscheinlich sogar aus der Literatur gelernt.

Nur: Wir müssen uns wiederfinden können in den Geschichten, wenn wir lernen wollen, wenigstens einzelne Gedanken von uns. Zum Beispiel: Wie verschieden Menschen altern. Oder was sie in dem Alter erleben, in dem ich mich jetzt befinde. Da nützen mir die jungen Schriftsteller nichts, das will ich von Älteren wissen. Ob aus männlicher oder weiblicher Sicht, ist erst einmal egal.

Doch mir kommen fast ausschließlich Männer in den Sinn.

Thomas Manns Gustav Aschenbach fällt mir ein, der sich in *Der Tod in Venedig* in den bildschönen Tadzio verliebt, einen Jungen von vierzehn Jahren, der ihm, dem schon vom Tod Gezeichneten, die Sinne verrückt; doch nicht so, dass ihm der Unterschied zwischen beiden nicht klar ins Bewusstsein träte: «Angesichts der süßen Jugend, die es ihm angetan, ekelte ihn sein alternder Leib; der Anblick seines grauen Haares, seiner scharfen Gesichtszüge stürzte ihn in Scham und Hoffnungslosigkeit.» Und Aschenbach sucht einen Coiffeur auf, der ihm mit seinen Künsten die verlorene Jugendlichkeit zurückgeben soll: seinen Haaren und Brauen ihr früheres glänzendes Schwarz und damit den Schein der Fülle, den ledernen, eingefallenen Wangen ein belebendes «zartes Karmin» und seinen Augen «durch eine leichte Untermalung des Lides» jenen schimmernden Blick, der die Runzeln und Krähenfüße drum herum «unter Creme und Jugendhauch» verschwinden lässt. Dergestalt verjüngt, ähnelt Aschenbach schließlich jener Karikatur eines stutzerhaft zurechtgemachten Greises, die ihn zu Beginn seines Venedig-Aufenthaltes so schockiert hatte, «als er mit einer Art von Entsetzen erkannte, dass der Jüngling falsch war».

Beim falschen Jüngling und dem Vexierspiel mit erschreckenden Altersspiegelbildern schiebt sich sogleich

Oscar Wildes *Bildnis des Dorian Gray* vor das innere Auge. Der lässt ja – statt seiner – ein Gemälde, ein Porträt von sich altern. Und bewahrt sich selbst – trotz eines lasterhaften Lebenswandels – seine jugendlich schöne Außenfassade. Im Gegensatz zu uns muss er Spiegel nicht fürchten: «Er kannte nie jenes fast groteske Grauen vor Spiegeln und glatten Metalloberflächen und stillen Wassern, das (andere) so früh im Leben überkam und das durch den plötzlichen Verfall einer Schönheit veranlasst worden war, die einstmals so bemerkenswert gewesen.» Das Porträt von Dorian Gray hingegen verändert sich auf furchtbare Weise, zeigt in den gemalten Zügen eine derart widerliche Fratze seines üblen Lebens und raschen Alterns, dass Dorian Gray das Bildnis, das ihn wie sein in Öl gemaltes Gewissen ständig daran erinnert, wie es tatsächlich um ihn steht, schließlich mit einem Messerstich durch die Leinwand vernichten will. Doch ahnt man schon, dass ein Teufelspakt so nicht aufzulösen ist. Die, die zuletzt die Szene betreten, finden an der Wand ein unversehrtes Abbild seiner Jugend und Schönheit. «Auf dem Boden aber lag ein toter Mann im Smoking, mit einem Messer im Herzen. Er war welk, runzlig und ekelhaft von Angesicht. Erst als sie die Ringe genauer betrachteten, erkannten sie, wer es war.»

Dass es sich bei beiden Geschichten um homophile Sujets handelt, ist sicher kein Zufall. Jugend und Schönheit, die Sorge um ihren Erhalt und das panische Erschrecken vor ihrem Vergehen werden seit alters den Frauen – und eben den Homosexuellen – zugeordnet, die dem äußeren schönen Schein bei sich selber erfahrungsgemäß eine viel größere Bedeutung beimessen, als heterosexuelle Männer das üblicherweise tun.

Die beiden Geschichten von Thomas Mann und Oscar Wilde sind moderne Versionen des in unzähligen Variationen existierenden Vanitas-Motivs aus früherer Zeit – in der Spätrenaissance ist es meist die schöne, junge Frau, die sich selbstverliebt im Spiegel betrachtet, während ihr Gevatter Tod schon über die Schulter lugt. Oder wie auf dem Bild der zwei Frauen des Dürer-Zeitgenossen Hans Baldung, der die alte vom Sensenmann unterhaken lässt, während die sich noch an die junge zu halten versucht. Jugend und Schönheit sind ein Geschenk auf Zeit, ist die Botschaft; wir alle sind sterblich, schön oder nicht schön; und manche ereilt der Tod sogar in der kurzen Zeit der Blüte. Eitelkeit und Stolz in jungen Jahren wären demnach unbegründet und reine Zeitverschwendung.

Auch die jahrtausendealte Vorstellung vom guten und vom schlechten Altern spielt bei Wilde mit hinein: Wie einer sein Leben verbringt, so altert er; lebt er wüst und haltlos, wird er dafür die Quittung im Alter erhalten. Die aber, die ihr Leben lang Körper und Geist trainiert sowie maßvoll gelebt haben, die lassen im Alter nicht wesentlich nach, wie Cicero in seiner Schrift *Über das Alter* Cato über Appius (den Erbauer des ersten römischen Aquädukts und der berühmten Fernstraße Via Appia!) sagen lässt, der zuletzt «blind und hochbetagt» war: «Die Straffheit seines Geistes war wie die eines gespannten Bogens, und der erschlaffenden Wirkung des Alters erlag er nicht.» Daraus schließt Cato, dass es im Alter «ehrenhaft» sei, «wenn man sich selbst verteidigt, wenn man sein Recht behauptet, wenn man seine Vollmacht keinem anderen übertragen hat und wenn man bis zum letzten Atemzug über die Seinen herrscht». Ein interessanter Gedanke in unserer Zeit, in der – Papst und englische Königin ausgenommen – ständig davon die Rede ist, wie früh man sich in sein Privatleben zurückziehen will oder soll, um Jüngeren Platz zu machen, während die Alten immer mehr, ihre Lebensspanne immer länger und ihre Versorgung immer ungewisser werden.

Aber dass solch straffer Geist nur mit einem hohen Maß an Selbstdisziplin zu haben sei, daran besteht für Cicero kein Zweifel, denn er lässt Cato aufzählen, was er alles an geistigen Übungen und anderen öffentlichen Tätigkeiten leistet, um – neudeutsch ausgedrückt – fit zu bleiben. «Man muss gegen das Alter wie gegen eine Krankheit kämpfen; man muss gesundheitliche Rücksichten nehmen und sich maßvollen Übungen unterziehen; man sollte so viel essen und trinken, dass man seine Kräfte stärkt und nicht belastet.» Es gelte jedoch nicht nur, den Körper, sondern noch viel mehr den Verstand zu unterstützen. Denn der Geist werde dadurch, dass man ihn übt, gestärkt. Daher merke man gar nicht, «wenn man immer in diesen Beschäftigungen und Arbeiten lebt, wann das Alter unvermerkt herankommt».

Das, was hier vor mehr als zweitausend Jahren geschrieben wurde (und schon Cicero hat sich bei den dreihundert Jahre zuvor von Platon notierten Sokrates-Gesprächen über das Alter bedient!), konnte man im Frühjahr 2006 als *Spiegel*-Titel über neueste Ergebnisse der Hirnforschung lesen: dass das Gehirn, so es in Gebrauch bleibt, keineswegs im Alter abbaut, sondern sogar ständig neue Zellen produziert. Und dass die Aktiven, die viele soziale Kontakte pflegen und Sport treiben, körperlich und geistig jünger bleiben als phlegmatische Menschen.

Die unterschiedlichen Konzepte zu altern sind also so alt wie unsere Kultur. Und unsere scheinbar neuen wissenschaftlichen Erkenntnisse gehen nicht sehr weit über das hinaus, was damals schon gedacht und geschrieben wurde.

Ganz anders erscheint uns heute der Umgang mit der Lust. In Altertum und Mittelalter wurden gerade das Schwinden der Begierde und das Nachlassen der Sexualität als größter Vorzug des Alters gepriesen – wie ein Geschenk, das nun die Konzentration auf andere, wichtigere

Dinge erlaubt. «Ich glaube», sagt Cato bei Cicero, «es besteht nicht einmal ein Verlangen danach. Man leidet aber nicht unter einer Sache, die man nicht vermisst.» Und er zitiert den griechischen Dichter Sophokles, den jemand in vorgerückten Jahren nach seinem Liebesleben befragte: «Gott bewahre!», habe dieser geantwortet. «Zu meiner Freude bin ich dem wie einem rohen, rasenden Herrn entronnen.» Cato selbst lobt die Lebenszeit, «in der die Kämpfe der Wollust, des Ehrgeizes, der Rivalitäten, der Feindschaften und sämtlicher Begierden ausgestanden» seien und «der Geist für sich» sei. Denn jetzt könne er sich der Wissenschaft und der Muße widmen, wobei man wissen muss, dass Muße damals nicht Ausruhen, sondern die rundum erfreuliche, Persönlichkeit und Geist weiter ausbildende Beschäftigung mit den schönen Künsten bedeutete.

Auch in Mittelalter und Renaissance galt das Alter als eine «Erlösung» von fleischlichen Begierden, demnach war nichts widernatürlicher und lächerlicher als ein alter verliebter Greis oder sein – selteneres – weibliches Pendant. Alte Männer und Frauen mit sexuellen Phantasien verstießen scheinbar gegen das Gesetz der Natur, galten als verrückt und wurden sozial geächtet, was man sehr schön in der neuen englischen Kulturgeschichte *Das Alter* von Pat Thane (2006) nachlesen kann. Frauen, die sich vor dem Spiegel den flach gewordenen Busen zum üppigen Dekolleté hochrüsten – damals noch mit ausgestopftem Mieder anstelle von operativ runderneuerten Brüsten –, oder närrische alte Männer, die sich um junge Mädchen bemühen, waren besonders in dieser Zeit Zielscheibe von Hohn und Spott und wurden sowohl auf dem Theater als auch in zahlreichen Darstellungen lächerlich gemacht.

Das geht uns heute anders. Heute machte sich lächerlich, wer kundtäte, sich nun verstärkt der eigenen Vollendung widmen zu wollen und daher froh sei, seine Zeit nicht mehr mit schalen Sexabenteuern verplempern zu müssen. Auch wenn es der eine und die andere in Wahrheit so empfinden mögen. Aber das wäre geradezu das öffentliche Eingeständnis, alt zu sein. Nein, heute wird Sex sportlich gesehen und als ein weiterer Quell für den Erhalt von Jugendlichkeit betrachtet. Was medizinisch übrigens umstritten ist: Es gibt sowohl die These, dass Sex jung hält (der sicherlich die meisten von uns anhängen, weil wir es uns so wünschen und deshalb selbst zu fühlen meinen), als auch die, dass er unsere Lebenszeit verkürzt: Als Beweis hierfür zieht man die im Tierversuch besonders alt gewordenen Mäuse heran, denen die Möglichkeit, es miteinander zu treiben, versagt worden ist. Dass dieses Ergebnis auf Menschen übertragbar sei, sollen wiederum die eindrucksvollen Lebensdaten steinalter Mönche und Nonnen belegen. Aber ob Sex nun fit hält oder doch eher verschleißt – unsere lustbetonte Einstellung dazu hat die gesellschaftliche Moral so weit verändert, dass sogar in der Öffentlichkeit stehende ältere Männer heutzutage weniger davor zurückscheuen, ihre angejahrte Ehefrau abzustoßen, als auf eine den Sex beflügelnde neue Liebe zu verzichten.

Denn natürlich ist auch bei heterosexuellen Männern in Anbetracht des eigenen Verwelkens die Sehnsucht nach der Jugend so stark wie bei Frauen und Homosexuellen – nur ist sie traditionellerweise weniger auf das eigene Spiegelbild, den eigenen Leib und mehr auf das erotische Objekt der Begierde fixiert.

Faust ist sicher nicht der erste, aber der berühmteste in einer langen Reihe literarischer Helden, die in der Lebensmitte oder danach tiefste Depression befällt. Er rettet sich, indem er dem Teufel seine Seele verkauft. Dafür erhält er ein Viagra-ähnliches Substrat, dessen Wirkung Mephisto wie folgt beschreibt: «Und bald empfindest du mit innigem Ergetzen, wie sich Cupido regt und hin und wider springt.» Und prompt sieht Faust, «mit diesem Trank im Leibe, bald Helenen in jedem Weibe». Sein erstes Opfer heißt Margarethe und zählt, nur zur Erinnerung, wie Tadzio vierzehn Jahre. Welchen Verlauf die Sache nimmt, wissen wir.

Erinnern wir uns ein paar modernerer Geschichten. An die Erzählung *Montauk* von Max Frisch zum Beispiel, mit seiner wohl selbst erlebten Altersliebe, der jungen Amerikanerin Lynn, die mit einunddreißig ebenso alt wie die ältere Tochter des Erzählers ist und damit halb so alt wie dieser: «Ich bin jetzt 61, 62, 63. Wie wenn man auf die Uhr blickt und sieht: So spät ist es schon! Die Angst vor dem Alter ist melancholisch ...» Wenn sie Hand in Hand über die Insel gehen, wird ihm bewusst, dass man ihn für ihren Vater halten könnte, und überhaupt stört ihn bei seinem Liebeswochenende mit der «jungen Fremden», dass immer schon Erinnerungen da sind, die sich vor das unmittelbare Erleben der Gegenwart schieben. Und so empfindet er diese späte Liebe denn als ein sehr bewusstes «Memento mori», weshalb daraus keine «Geschichte» werden kann: «Unter anderem weiß ich, dass es sich verbietet, eine jüngere Frau an diese meine Zukunftslosigkeit binden zu wollen.»

Auch bei Martin Walser sind es immer wieder die jungen Frauen, von denen die alten Männer Rettung erhoffen: Schon in der fast dreißig Jahre alten Novelle *Ein fliehendes Pferd* findet die Krise des Mannes in der Lebensmitte ihren hochdramatischen Höhepunkt bei einer Bootspartie mit dem Nebenbuhler in einem Kampf auf Leben und Tod. Auslöser ist die viel jüngere Frau, die an der Seite des alten Schulfreundes auftaucht und gründlich Verwirrung stiftet. Verwirrt ist natürlich der Held der Geschichte, Oberstudienrat Halm, behaglich eingerichtet in seiner alten Ehe, in der man sich ohne viel Worte versteht und nur noch selten miteinander schläft, schon in eine Phase der Ruhe hinübergleitend.

Im Roman *Brandung* ist es die amerikanische Studentin Fran, die denselben Halm, nun fünfundfünfzig Jahre alt, während seines Lehrauftrags am College in Los Angeles bestrickt, und in *Der Augenblick der Liebe* reißt die junge Doktorandin Beate den vierzig Jahre älteren Privatgelehrten Zürn aus seinem zurückgezogenen häuslichen Leben. Doch je forscher, je fordernder die junge Wissenschaftlerin, desto defensiver wird der alternde Mann: «Die Jahre, die er zwischen ihr und ihm aufbaut wie ein unpassierbares Gebirge, putzt sie weg wie nichts.» Und wenn er mit ihr nur noch in chinesischen Restaurants essen will, weil es da «so schummrig» ist, dann führt sie ihn gnadenlos ins Helle: «Unter eine Operationslampe wird sie ihn legen zum Küssen und so weiter.»

Derart zwangssensibilisiert, erleidet Zürn bei seinem Friseur, den er seit fünfundzwanzig Jahren frequentiert, eine Panikattacke, springt plötzlich auf und verlässt den Salon auf Nimmerwiedersehen: «Sein Spiegelbild war es. Er hielt sein Spiegelbild nicht mehr aus ... Was die Jahre in seinem Gesicht angerichtet hatten, das musste er nicht auch noch anschauen ... Er musste einen Friseur finden, der ihm die Haare vor einem verhängten Spiegel schnitt.»

Wieder das Motiv des Spiegels, der seit Schneewittchens böse alternder Stiefmutter-Königin bis heute dieselbe Funktion hat: Eitelkeit durch gnadenlose Reflexion des Verfalls zu bestrafen.

Den gesellschaftlichen Spiegel halten ihm hingegen seine Ehefrau und eine Freundin vor. Ausgelassen ziehen sie in seiner Gegenwart anzüglich über andere ältere Männer her, pappen ihnen das hässliche Wort «altersgeil» wie ein lustiges Schild auf den Rücken, ein Wort, das auf den folgenden vier Buchseiten etwa fünfzehnmal in verschiedenen Variationen auftaucht. Die Frauen sind sich jedenfalls einig: «Beide fanden Altersgeilheit gleich widerlich.» Zürn muss bei dieser Debatte naturgemäß verstummen – anstatt die Damen zu fragen, «warum ein Älterer, wenn er das war, was sie geil nannten, nicht einfach geil, sondern altersgeil war … Die haben eine Moral», vermutet er, «die sie ästhetisch-sittlich drapieren. Es schickt sich nicht nur nicht, es ist ekelhaft, alt und geil zu sein … Und weil das so ist, weiß Gottlieb, daß er, was bei ihm altersgeil genannt werden konnte oder musste, zu verbergen hatte, so wie er als Fünfzehnjähriger seine Jugendgeilheit zu verbergen hatte.»

Gleichzeitig sieht er mit analytischem Blick, was ihn antreibt: «Je weniger Leben dir zusteht, desto heftiger reißt du es an dich. Das ist das Gesetz. Des Lebens.» Und: «Er fühlte, er war lebenswütig, aufbruchstoll.»

Und abermals vollzieht sich das bekannte Liebesabenteuer-Schema von Aus- und Aufbruch zurück in Jugend und Leidenschaft und erleichterter Rückkehr ins altvertraute Ehenest. Doch dieser Rückkehr zu Anna nimmt Walser das Abgeschmackte, das Kitschige des Happy Ends, indem sie wie der Anfang von etwas Neuem zelebriert wird: Zürn bietet seiner Frau das Sie an und zeigt ihr damit seinen Respekt: «Sie sollte, sagte er, so tun, als könne sie sein Angebot ernst nehmen. Vielleicht könnten sie ja einander kennenlernen.» Was er sich von seiner Liebesgeschichte erhofft hatte, entdeckt er jetzt als Potenzial seiner Ehe: «die Möglichkeiten klirren».

In Genazinos *Die Liebesblödigkeit* klingen die Unschlüssigkeit des Erzählers, der sich nicht zwischen zwei Frauen entscheiden kann, seine Altersangst und die libidinösen Sehnsüchte weniger dramatisch, weniger emotional, aber wahrscheinlich täuscht einen der selbstironische Ton des Erzählers. Einmal liest der statt des Wortes «Endredaktion» (für einen zu schreibenden Artikel) «Enderektion»: «Der Verleser führt sofort zu einer Verelendung meiner inneren Lage und zu einer Ermattung aller meiner Glieder. Ich will nicht schon wieder vom Altersproblem durchzuckt werden, aber es gibt neuerdings keine Ruhe mehr ... Ich stehe, liebestechnisch gesehen, mit dem Gesicht, das heißt mit dem Geschlecht, zur Wand. Ich sollte mich vom Sexualleben zurückziehen; ich verliere, wie soll ich sagen, mehr und mehr Liebessubstanz, vornehmer ausgedrückt: an Libido. Ich müsste Mut haben und zu Sandra und Judith sagen: Der aktive Teil meines Sexuallebens geht vermutlich bald zu Ende, ich bitte darum, verlassen zu werden ... So viel ist klar: Ich will bei meiner Enderektion nicht dabeisein. Das heißt, ich muss vorher aufhören.»

Dann wären da Philip Roth und seine obsessiven alten Collegeprofessoren: der einundsiebzigjährige Coleman Silk, wie er in *Der menschliche Makel* einer sehr einfachen, sehr jungen Putzfrau und Farmarbeiterin verfällt, die jene «Kraft» in ihm wachruft, «die er so lange unterdrückt hat, dass sie beinahe verschwunden war», und die «eine sexuelle Sehnsucht befeuert durch das quälende Wissen um seine Sterblichkeit», oder der zweiundsechzigjährige Ich-Erzähler und Professor David Kepesh im Roman *Das sterbende Tier,* der nach jedem Einführungskurs in die Literatur eine junge Studentin vernascht.

Kepesh macht sich jedoch keinerlei Illusionen über sein Verhältnis zu der fünfundzwanzigjährigen Exil-Kubanerin Consuela: «Es ist nicht so, als könnte man sich mit Hilfe einer Consuela vorgaukeln, hier biete sich eine letzte Gelegenheit zu einer Rückkehr in die Jugend. Der Unterschied zur Jugend ist nie spürbarer ... Man müsste schon ein Idiot sein, um sich jung zu fühlen. Wenn man sich jung fühlen würde, wäre alles ganz leicht. Aber man fühlt sich keineswegs jung – vielmehr empfindet man schmerzlich, wie unbegrenzt ihre Zukunft im Vergleich zu der eigenen, begrenzten ist ... Man spürt voller Qual, wie alt man ist, aber man spürt es auf eine neue Weise.»

Diese Erfahrung vermittelt der Sex. Sex ist bei Roth das

Lust- und Lebensprinzip schlechthin. Opposition gegen alles, was er verachtet: Puritaner, Spießer, die Welt genormter Lebensläufe. Und: «Mit Sex übt man auch Vergeltung am Tod. Vergessen Sie nicht den Tod. Vergessen Sie ihn nie. Ja, auch die Macht des Sex hat ihre Grenzen. Ich weiß sehr wohl, wie begrenzt sie ist. Aber sagen Sie mir: Welche Macht ist größer?»

Doch dann passiert das ganz und gar Unerwartete: Consuela kehrt nach Jahren der Trennung zu ihm zurück, sterbenskrank. Die Junge «kennt jetzt die Wunde des Alters». Denn ihr ist mit der Diagnose schlagartig die Zukunft genommen worden. «Jetzt bemisst sie die Zeit, indem sie nach vorn sieht, dem nahenden Tod entgegen. Die Illusion ist zerstört, die metronomische Illusion, der tröstliche Gedanke, dass alles – tick, tack – zur richtigen Zeit geschieht. Ihr Zeitgefühl ist nun wie meins: Es ist beschleunigt, und sie hat sogar noch mehr Anlass zu Verzweiflung als ich. Im Grunde hat sie mich überholt.»

Eine Volte, die alles zurechtrückt. Die Angst vor dem Tod ist zwar Ursprung jeder Altersproblematik, aber eigentlich an kein Alter gebunden. Und so macht das sterbende Tier Consuela die Lebenslüge des alten Mannes zunichte: dass jede Form von Bindung «kindisch» sei. Erst als sie stirbt, ist er in der Lage, die seine an sie zu erkennen.

Die Reihe ließe sich leicht verlängern, zum Beispiel durch John Updike, dessen Helden gar mit der eigenen Schwiegertochter ins Bett gehen (Rabbit in *Rabbit in Ruhe*) oder mit siebzig (Owen in *Landleben*) feststellen, dass das, was ihr Leben ausmacht, offenbar fast ausschließlich aus sexuellen Eroberungen besteht: überall sehnsuchtsvolle alte Männer, die sich an jungen Frauen berauschen und uns alles über ihre sexuellen Obsessionen erzählen. Sex wird zu ihrer Droge, zum Stimulans, das sie am Leben hält. Dass die Erzähler das eigene Alter und die Angst vor der Endlichkeit des Lebens als eigentliche Quelle all dieser – im bürgerlichen Verständnis – unwürdigen Greisenlieben mitreflektieren und dabei die Gefahr nicht aussparen, sich lächerlich zu machen, das macht ihre Bekenntnisse zur Literatur. Und wir stellen ein wenig erstaunt auch bei uns selber fest: Die alten Vorstellungen davon, was im Alter schicklich sei, sind – bei aller Liberalität, bei allem Selbstverwirklichungshedonismus unserer Zeit – höchst lebendig in unseren Köpfen.

Nochmal zu Walser und dem *Augenblick der Liebe*, woraus die folgende Stelle ganz zitiert sei, weil sie das Bestürzende an Zürns Erkenntnis, alt zu sein, auf den Punkt bringt: «Er sagte, es ist, als sei vor ihm noch nie ein Mensch alt geworden. Was er erlebe, scheine noch nie erlebt worden zu sein. Auf jeden Fall hat es ihm keiner gesagt, wie schlimm es sein würde. Auf jeden Fall hat auf ihn, was er bisher über das Altsein gehört hat, keinen Eindruck gemacht. Man kann nur jung oder alt sein. Er habe seit längerem geglaubt, er sei schon alt. Das war, wie er jetzt wisse, ein naseweises Anempfinden. Das einzige, was ein wenig in die richtige Richtung ging, war eine Art Mitleid mit Alten. Jetzt weiß er, der Junge kann nichts empfinden von dem, was der Alte empfindet. Es gibt kein Verständnis füreinander. Der Alte versteht den Jungen so wenig wie der ihn. Es gibt keine Stelle, wo Jugend an Alter rührt oder in Alter übergeht. Es gibt nur den Sturz. Aus. Nachher bist du drunten und kannst tun, was du willst, du reichst nicht zurück. Mit nichts. Durch nichts. Ob du lachst oder schreist, ist gleichgültig. So zu tun, als könne man sich auf diesen Sturz vorbereiten, ist unsinnig. Dieser Sturz gestattet kein Verhältnis.»

Natürlich gilt die Erfahrung des Alters und der Unmöglichkeit, ihr zu entfliehen, unabhängig vom Geschlecht. Dennoch würde ich nun auch gern mal von Frauen lesen, was sie so umtreibt in den Jahren ab der Lebensmitte – und zwar weder in Ratgeber- noch in wissenschaftlicher Form, sondern in literarischer: in einem Roman zum Beispiel, dessen Protagonistin zwischen fünfundvierzig und sechzig ist und die ein Schicksal hat, das mich interessiert. Oder meinetwegen auch ohne Schicksal, also eine, die nichts erlebt – vielleicht weil sie hauptsächlich mit dem Altern beschäftigt ist. Oder die – wie Genazinos Held in der *Liebesblödigkeit* – vor lauter Altersangst keine Entscheidung mehr treffen kann, auch nicht die, wie und mit wem sie eigentlich alt werden will.

Aber wie wenige Bücher machen uns mit der Intimität des weiblichen Alterns vertraut! Und den weiblichen Sehnsüchten. Falls sie es doch tun, dann so dezent und fein, dass man merkt, es ist beinahe eine Ungeheuerlichkeit, wenn sich eine Frau jenseits der fünfzig verliebt. Monika Maron schreibt in ihrem klugen und ironischen Wende- und Altersroman *Endmoränen* so schön und zart darüber, wie die Liebe wieder in das Leben ihrer älteren Erzählerin zurückkehrt, dass sich – nimmt man das Buch beispielsweise nach Updike in die Hand – kein größerer Gegensatz zwischen männlichem und weiblichem Schreiben denken lässt. Wo sich die männlichen Protagonisten halbstark aufbäumen und (Viagra sei Dank!) testosterongesteuert dem eigenen Verfall davon- oder entgegenvögeln, da sitzen die weiblichen an Schreibtischen und reflektieren ihr (Liebes-)Leben in vorauseilender Resignation.

Erzählerin und Brieffreund in *Endmoränen* befinden sich in jenem Alter der Lebensmitte, in dem alles «zu spät oder zu früh ist. Riskante Aufbrüche stehen uns erst wieder zu, wenn wir Rentner sind. Bis dahin ist Sklavenzeit … wir können nichts mehr entscheiden. Alle wichtigen Kontrakte unseres Lebens haben wir vor langer Zeit geschlossen, auch die falschen, in deren Schlingen wir gefangen bleiben bis zum Ende, wenigstens aber bis zur Rente. Der

Beruf, die Anzahl der Kinder, der Wohnort, alles ist endgültig. Die einzige Entscheidung, die uns noch freisteht, ist die Ehescheidung als letzte mögliche Veränderung. Ich vermute, dass nur darum, weil nichts anderes mehr geht, so viele Menschen über fünfzig einander verlassen», schreibt der Freund, den die Erzählerin seit vielen Jahren nicht gesehen hat, und er fragt im Brief, ob und wie sehr sie sich möglicherweise verändert hat in der Zwischenzeit. Er erinnert sich an lange Haare, einen Pferdeschwanz, um den er nun bangt: «Oder hast Du inzwischen auch eine dieser Stutzfrisuren, die Damen um die Fünfzig scheinbar bevorzugen? ... Jedenfalls legen sich nach und nach alle Frauen meiner Altersgruppe ähnliche Kurzhaarfrisuren zu, was mir immer vorkommt wie die endgültige Kapitulation, obwohl vermutlich das Gegenteil gemeint ist. Nein, Dir binde ich die Haare am Hinterkopf zusammen, auch wenn mir das natürlich nicht zusteht.»

Der Satz verfehlt seine Wirkung nicht. Sie glaubt beim Lesen des Briefes seine Hände zu spüren, wie sie sich mit ihrem Haar am Hinterkopf beschäftigen: «Mir fiel ein, dass meine Haare, würde ich sie nicht färben, grau wären und dass ich in der Vorstellung, ein vielleicht auch schon grauhaariger Mann schlinge ein Band in das graue Haar einer Frau, nur eine aus der Jugend entliehene Geste, die uns nicht mehr zustand, erkennen konnte. Trotzdem setzte allein dieser Satz, diese immaterielle Form einer Geste, in meinem Körper ein ebenso jugendliches, aber durchaus materielles Syndrom in Gang: Temperaturanstieg, Pulsbeschleunigung, Gesichtsröte; eine Erregung, die einer Erwartung galt; einer Erwartung, die auf nichts aus war als auf sich selbst. Ich wollte Christian P. nicht wiedersehen. Die mögliche Entzauberung durfte nicht zugelassen werden.»

Typisch Frau. Lieber die Erotik im Kopf als eine Bauchlandung in der Wirklichkeit. Sie trifft ihren Christian P. tatsächlich nicht wieder, und auch wenn sie am Ende eine Nacht mit einem jungen Russen verbringt, ist man als Leserin doch nur schwer zu überzeugen von so viel kluger Entsagung.

Ähnlich verhält sich das Ich in Elke Heidenreichs Erzählung *Winterreise* im ersten ihrer beiden wunderbaren Erzählbände. Das Ich einer älteren Frau, die sich in einen jungen schönen Mann verliebt hat, nicht mehr aus noch ein weiß und ihr Heil in der Flucht sucht, im winterlichen Wien. «Du warst jung und wunderbar und fröhlich, du zeigtest mir alles, was ich für immer verloren hatte, es wurde mir unerträglich, in deiner Nähe zu sein. Es war aber auch unerträglich, ohne deine Nähe zu sein», erzählt sie ihm in Gedanken aus der Ferne, als sie sich Rechenschaft ablegt über alles und darüber nachdenkt, «ob es etwas Wunderbares oder etwas Peinliches war», was ihr da passiert ist: die Leidenschaft zu diesem jungen Menschen, der sie so in Flammen setzt, dass ihr alles durcheinandergerät, was sie in ihren «Gefühlen schon geordnet und beiseite gepackt hatte».

Wieder die Reflexion der Frau, ob ihre Liebe, ihre Gefühle ihrem Alter angemessen sind – Jahrhunderte an weiblicher Gesellschaftserfahrung liegen in diesem Gegensatzpaar von «wunderbar» und «peinlich»!

Auch Charlotte Worgitzky beschreibt in *Traum vom Möglichen* – einem Roman aus den letzten Jahren der DDR – eine Liebe, die erst in der Lebensmitte beginnt. Und auch hier steht neben der Politik vor allem die Liebe und das eigene Altern im Zentrum, das die Protagonistin im Spiegel verfolgt: «Zu den Abwärtsfalten hatten sich querverlaufende gebildet; die älteren waren schärfer geworden. Trotzdem bekam Sonja oft zu hören, die Liebe bekäme ihr. Sie benötigte jetzt eine Brille, um nicht zu übersehen, was Jüngere ohne weiteres sehen konnten: die Vertiefungen, die das Leben in ihr Gesicht gebügelt hatte … Längsfältchen auf der Oberlippe, der Übergang vom Kinn zu den Wangen war längst kein glatter mehr, sondern ausgebeult von dem, was sich haltlos herabsenkte. Erfahrungen kosteten Kraft. Man kann nicht alles haben … Die magische Fünfzig war überschritten, der Abbau unwiderruflich und unübersehbar.»

«Angst vorm Altern» empfindet Sonja indes nicht, sie hofft vielmehr, dass das, was sie mit den Wechseljahren körperlich peinigt, bald ein Ende haben möge, hofft «auf eine Zeit, in der Beschwerden wie die immer häufiger werdenden Schweißausbrüche oder die Kapriolen, die ihr Blutkreislauf seit einiger Zeit vollführte, vorüber wären, damit sie sich noch einige Jahre gesund fühlen konnte, bevor die Kräfte allmählich abnahmen und ihr den gänzlichen Schwund gnädig erleichterten». Eine der ganz wenigen realistischen und gleichzeitig literarischen Beschreibungen des Klimakteriums von einer Frau. Als wäre es Frauen noch immer unangenehm, über ihren Körper zu schreiben.

Eine andere, eindrucksvoll genaue Beschreibung der Wechseljahre stammt ausgerechnet von einem Mann, der sich offensichtlich nicht nur in alternde Männer wie Gustav Aschenbach, sondern auch in Frauen dieses Alters einfühlen konnte. Folgendermaßen macht Thomas Mann uns mit der Lebenssituation seiner Heldin in *Die Betrogene* bekannt: «Im Frühling geboren, ein Maienkind, hatte Rosalie ihr fünfzigstes Wiegenfest mit ihren Kindern und zehn oder zwölf Hausfreunden … begangen und war fröhlich mit den Fröhlichen – nicht ganz ohne Anstrengung; denn seit längerem schon, und so gerade an diesem Abend, litt ihr Wohlbefinden unter organisch-kritischen Vorgängen ihrer Jahre, dem stockenden, bei ihr unter seelischen Widerständen sich vollziehenden Erlöschen ihrer physischen Weiblichkeit. Es schuf ihr ängstliche Wallungen, Unruhe des Herzens, Kopfweh, Tage der Schwermut und einer Reizbarkeit, die ihr auch an jenem Festabend einige der ihr zu Ehren gehaltenen launigen Herrenreden als unleidlich dumm hatten erscheinen lassen.»

So die missliche, aber unbedeutende Ausgangslage der Protagonistin in der Novelle, bevor eine Liebesgeschichte beginnt, die nicht gut ausgeht. Die geschilderten Symptome sind jedoch offenbar dieselben, die Frauen zu allen Zeiten zu schaffen machen. Auch heute noch wird sich eine Frau, der die nämlichen Beschwerden vertraut sind, hier finden können, wenn auch vielleicht mit Einspruch gegen die «seelischen Widerstände» und vor allem das allzu begrenzte Verständnis von «physischer Weiblichkeit», dessen enge Verzahnung mit den fruchtbaren Jahren in der Tat problematisch erscheint; denn natürlich hört auch eine Frau mit sechzig oder achtzig nicht auf, Frau zu sein. Aber sonst: die ängstlichen Wallungen, die Unruhe des Herzens, das Kopfweh, die Tage der Schwermut, die Reizbarkeit – nichts, was mir nicht sehr bekannt vorkäme, aus eigenem Erleben, den Schilderungen der Freundinnen und den Studien der Mediziner.

Eine Fünfzigerin im Zentrum des Geschehens, gar als Hauptfigur – das an sich war schon ein Ereignis. Bei den Erzählern der großen Romane des 19. Jahrhunderts fristet ihres- beziehungsweise unsresgleichen meist nur als Mutter und Matrone ihr Dasein, und ihr einziges Interesse im Leben besteht in der standesgemäßen Verheiratung der Töchter. Ansonsten ist die Frau in der Lebensmitte nur noch als alte Jungfer, Gouvernante und Stiftsfräulein zu haben, sorgt als Kupplerin zweifelhaften Charakters für die Würze im Geschehen oder wird als alte Wucherin von einem heißblütigen jungen Russen wie ein Insekt erschlagen.

Doch die eigentliche Sensation ist etwas anderes: Die Offizierswitwe Rosalie verliebt sich nämlich zum Entsetzen der Tochter in den jungen Hauslehrer ihrer Kinder, was schon angesichts des Altersunterschieds skandalös ist; zu allem Überfluss aber sieht sie sich in ihrer Leidenschaft von der Natur bestätigt: Ihre Blutungen, hier «Ehrentage» genannt, kehren zurück, von Rosalie froh als Zeichen wiedererwachter Fruchtbarkeit begrüßt. Doch am Ende wird ihre Liebe nicht nur nicht erwidert, sondern auch noch mit einer Krankheit zum Tode bestraft: Die Blutungen nämlich erweisen sich als Vorboten des Todes, Kennzeichen des unheilbaren Unterleibskrebses, der sie schließlich dahinrafft.

Warum muss die Dame so elend sterben? Weil sie gegen die Natur aufbegehrt: gegen die «stockende, dorrende Rückbildung ihres Weibstums», weil ihr Gemüt «von Würde und vom verehrten Matronenstand noch gar nichts wissen will», sondern «überströmt» wird von Liebessehnsucht und Liebeslust, «überschwemmt von schamvoller Süßigkeit». Das kann, das darf nicht gutgehen.

Neues Liebesglück in diesem Alter ist jedenfalls ohne Preis nicht zu haben, die Hypothek einer solchen Verbindung zu Beginn des Alters enorm: Beide, Frau und Mann, schleppen in Charlotte Worgitzkys Roman über eine Altersliebe ihre Erfahrungen, ihre gescheiterten Ehen und die Lieben eines halben Lebens mit sich herum, als Ballast, der sich jederzeit trennend zwischen sie schieben kann, wenn sie eigentlich offen füreinander sein wollen, hinter dem sie sich auch immer wieder verstecken, um nicht aufs Neue verletzt zu werden. Die Furcht, noch einmal auf die Nase zu fallen, noch einmal zu scheitern, führt – beinahe – das Scheitern der neuen Verbindung erst herbei. Und bei jedem neuen Fluchtgedanken fragt sich Sonja, «wie kann ich Frieden auf der Welt erwarten, wenn ich selbst nicht fertig bringe, mit einem Menschen, den ich liebe, auszukommen … wenngleich es manchmal so aussah, als sei dieses Immerwiederdaraufeinlassen die bloße Furcht vor einer radikalen Lösung». So bleibt als hoffnungsvoller Schluss, als *Traum vom Möglichen,* der wunderbare letzte Satz: «Leben dauert, solange wir es miteinander versuchen.»

Vielleicht, sehr wahrscheinlich sogar gibt es noch andere weibliche literarische Texte zu dieser Thematik, die ich nicht kenne, aber viele werden es nicht sein, und schon gar nicht werden sie es an Zahl und Bekanntheit mit denen männlicher Autoren aufnehmen können. Nuala O'Faolain und ihre schockierend ehrliche Autobiographie *Nur nicht unsichtbar werden* habe ich ja bereits erwähnt, ebenso wie den Roman *Ende gut* von meiner derzeitigen Lieblingsschriftstellerin Sibylle Berg, beides übrigens keine Lektüre für empfindsame Damen. Nichts, was einen beruhigt einschlafen ließe. Höchstens in dem Sinne, dass wir sehen: Wir sind nicht allein auf der Welt mit unseren Ängsten und Problemen.

Nicht dass es unbedingt die Liebe sein muss, von der wir lesen wollen – der kleine tägliche Ehekrieg ist doch auch etwas, womit wir uns auskennen und auseinandersetzen müssen, so wie ihn Ann Tyler in ihrem Roman *Vom Krieg und von der Liebe* beschreibt. Vom ganz normalen Ehewahnsinn im Nachkriegsamerika erzählt sie, mit Sympathie und Wärme für die Frau *und* für den Mann, die sich erwählt haben, obwohl sie eigentlich gar nicht zusammenpassen, und davon, wie die beiden nach vielen Jahren schließlich doch noch aneinander scheitern.

Und auch bei der großartigen Paula Fox *(Was am Ende bleibt)* klingt an, was das Altern an sich («Ihr Körper war nicht mehr der Ihre, sondern hatte aus eigenem Antrieb in irgendeine Richtung abgehoben. In diesem letzten Jahr hatte sie entdeckt, dass seine Beschwerden, sobald sie interpretiert waren, immer die Einschränkung oder das Ende einer Freude bedeuteten. Sie konnte nicht mehr so essen und trinken wie früher. Unerbittlich wurde sie von Elementen gestört, die sowohl ungeheuerlich als auch lächerlich waren. Erst vor kurzem hatte sie begriffen, dass das Altsein lange dauert») und vor allem das gemeinsame Altern so schwierig macht: «Sie standen beide steif da, und jeder sammelte halbbewusst Material gegen den anderen, Beschuldigungen, die als Gegengewicht zu der Verzweiflung galten, die keiner von ihnen ermessen konnte.» Ausgerechnet der Biss einer wilden Katze und die panische Furcht vor der Tollwut löst in der Ehefrau aus, was sie bisher verdrängt hat – die Angst vor Alter und Tod: «Das Leben war so lange weich gewesen, ohne Kanten und wie ein Schwamm, und jetzt gab es hier in seiner ganzen oberflächlichen Banalität und seinem unterschwelligen Grauen dieses idiotische Ereignis … diese würdelose Konfrontation mit der Sterblichkeit.»

Einfacher werden wir ja alle nicht mit den Jahren, im Gegenteil; da muss schon so etwas wie Liebe und Loyalität dazukommen, wenn wir das alles miteinander aushalten wollen oder sollen. Damit es uns nicht so gehe wie Marie in Bodo Kirchhoffs *Mein letzter Film* – die Rolle, die er für Hannelore Elsner geschrieben hat oder ihr auf den Leib, wie man so sagt, und die sie verkörpert hat, als wäre es ihr eigenes Leben. Im Zenit ihres Ruhms rechnet die fünfzigjährige Filmschauspielerin Marie mit den Männern in ihrem Leben ab. Nun steht sie an der Schwelle zum Alter, sie, die zeitlebens Schöne, und erfährt, was alle irgendwann zum ersten Mal erfahren: «Man altert bei lebendigem Leib, da liegt das Problem.» Von der «gelassenen Heiterkeit», die ihr so gut zu Gesicht stehe, jedenfalls keine Spur, sie stammt in Wahrheit vom Regisseur und den Produzenten: «Sie haben einfach ein Gefühl erfunden, das ankommt, auch wenn es bei keiner Frau meines Alters vorkommt.» Und: «Was auf mich zukommt, kann auch der beste Anwalt nicht aufhalten.»

Das sitzt und tut weh. Dass es wieder ein Mann geschrieben hat, spielt dabei keine Rolle.

Doch wo sind die anderen Romane alle, die von Frauen in unserem Alter und aufwärts erzählen: von Frauen, die vor ihren Ängsten davonlaufen, die sich aufmachen zu neuen Ufern, den Beruf wechseln, die Ehe brechen, den alten Mann zu Hause gegen einen jüngeren eintauschen; oder von Frauen, deren erwachsene Kinder das Haus verlassen haben und die den Mann, der schon so lange an ihrer Seite ist, wieder neu entdecken, davon, wie sich ihr gemeinsames Leben verändert, jetzt, wo sie sich auf einmal wieder nah sind? Es gibt doch so viele Möglichkeiten, wie Menschen älter werden miteinander und gegeneinander: Warum lesen wir davon nicht mehr aus weiblicher Sicht, aus Frauenperspektive?

Vielleicht liegt es daran, dass Frauen einfach immer noch zu viel Alltag bewältigen müssen, bevor sie zum Schreiben kommen, zumindest die mit Anhang. Oder dass sie zu viel Angst haben, sich dem zu stellen, was Kirchhoff die nicht mitgealterten Wünsche nennt, die stets unseriös bleiben. Dass sie eher an ihren Erfahrungen ersticken, anstatt sie sich mit Wörtern und Sätzen vom Leibe zu halten?

Doch nur, wenn andere das alles schreiben, können auch wir es ein bisschen besser bewältigen; wenn wir lesen, wie andere Frauen es schaffen, das Älterwerden, oder auch: nicht schaffen. An der Liebe verzweifeln. Am Alleinsein. An lieblosen, desinteressierten Kindern. Daran, dass sie keine Kinder haben. Am fehlenden Eros. Am verständnislosen Ehepartner. An zynischen Kollegen oder Vorgesetzten. Oder wie sie mit dem Mann an ihrer Seite hadern, obwohl (oder gar: weil) der sie längst so akzeptiert, wie sie sich selber noch gar nicht anzunehmen bereit sind. Also von der ganz alltäglichen Kunst, unglücklich zu sein, die wir doch alle ziemlich gut beherrschen.

So kompliziert sind Frauen ja manchmal. Schwer zu ertragen, aber auch: spannend.

Eine Menge Romanstoff allemal.

9. REIFEPRÜFUNGEN: Wie Frauen damit umgehen

Alter ist kein Verdienst, aber eine Schande ist es auch nicht und schon gar keine Krankheit. Trotzdem ist es ein Problem für viele Frauen. Simone de Beauvoir, unsere feministische Ahnfrau, schildert es schonungslos offen: Von Anfang an erfolgten die biologischen Übergänge bei Frauen von einem Stadium ins nächste «mit gefährlicher Brutalität», schreibt sie. Übergänge «wie Pubertät, erste geschlechtliche Erfahrungen, Klimakterium geben sich durch viel entscheidendere Krisen zu erkennen als beim Mann. Während dieser kontinuierlich altert, wird der Frau die Weiblichkeit schlagartig genommen. Noch verhältnismäßig jung verliert sie den erotischen Anreiz und die Fruchtbarkeit, aus denen sie in den Augen der Gesellschaft und in ihren eigenen Augen die Rechtfertigung ihrer Existenz und ihre Glücksmöglichkeiten ableitete. Ihrer ganzen Zukunft beraubt, hat sie etwa die Hälfte ihres Lebens als Erwachsene vor sich».

Klingt nach einer ziemlich männlichen Sicht der Dinge. Vor mehr als einem halben Jahrhundert hat Beauvoir das geschrieben. Und heute?

Heute erzählt mir meine Freundin Silvia, zweiundfünfzig, wie sie neulich von ihrem Vorgesetzten vor zwei anderen Kollegen aus heiterem Himmel laut zurechtgewiesen wurde. Die beiden Kollegen fanden die Gelegenheit offenbar günstig, selbst noch eine Rechnung zu begleichen, ließen ihrem Ressentiment der Überrumpelten gegenüber freien Lauf, und so kam es, dass sich Silvia drei hysterisch schreienden Männern gegenübersah, die ihr vor allem vorwarfen, dass sie komme und gehe, wann sie wolle, und selbstherrlich immer nur tue, was sie für richtig halte. «Glaub mir, das ist mir in meinen zwanzig Jahren dort noch nie passiert», sagte sie, «ich wusste gar nicht, wie mir geschah und was das alles zu bedeuten hat.» Doch dann fiel ihr wieder ein, was ihr eine ältere Kollegin gesagt hatte, als sie damals frisch von der Uni kam, jung und hübsch, wie sie war, und alle um sie herumscharwenzelten. «Warten Sie nur, bis Sie fünfzig werden», hatte sie die lebens- und flirtlustige Silvia gewarnt, «dann werden Sie nur noch angegiftet.»

«Daran musste ich denken, sofort, und, Petra – genauso ist es gekommen: Sobald die Männer nichts mehr spüren, wenn sie eine Frau anschauen, wird ihnen das Weib zum Feind.» Silvia war schon immer eine Freundin klarer Worte, deshalb greift sie an dieser Stelle zu einer drastischeren Formulierung, um die Abhängigkeit des männlichen Gehirns von jenem Organ deutlich zu machen, um das wir nach Freud die Männer angeblich so beneiden. Jedenfalls sei ihr bei diesem Vorgang klar geworden, dass sie «plötzlich nicht mehr die begehrenswerte Frau, sondern nur noch Konkurrentin» war, oder schlimmer noch «die Alte», die den Jüngeren den Arbeitsplatz wegnimmt und die man am liebsten wegmobben möchte.

Wie geht man mit so einer Situation um? Wie geht man überhaupt mit solchen Nebenerscheinungen des Älterwerdens um? Man könnte dazu Wissenschaftler befragen, man sollte die Literatur, die großen Romane und Erzählungen daraufhin abklopfen und einen Blick in die Kulturgeschichte werfen, aber auf jeden Fall muss man mit anderen Frauen, die sich in der gleichen Situation befinden oder sie schon hinter sich haben, darüber reden. Und wie so oft zeigt sich: Je mehr man sich darüber austauscht, je offener man damit umgeht, desto mehr lernt man auch über sich selbst, und es wird einfacher, eine Einstellung zu den neuen Erfahrungen zu gewinnen, die uns in diesen Jahren das Leben nicht gerade versüßen.

Genau das habe ich getan, und das Ergebnis ist: Was wir als unser ureigenes Problem empfinden, ist so individuell gar nicht. Oder besser: Es ist eine Erfahrung, die jeder Mensch macht, wenn sie auch – je nach Geschlecht, genetischer Ausstattung und sozialem Status – unterschiedlich ausfällt und natürlich immer anders erlebt wird. Deshalb lohnt es sich, um uns herum nach kompetent gereiften Frauen Ausschau zu halten, von denen wir lernen können. Das entlastet und bereichert um die eine oder andere Lebensweisheit. Es stärkt einen auch, das, was man zunächst nur als vages Unbehagen bei sich ausmacht, offensiv anzugehen und dem Übel klare Konturen zu verleihen. Und nur dann, wenn alle Ängste erkannt und beim Namen genannt sind, hat man noch viele gute und fröhliche Jahre vor sich.

«Wie hast du reagiert?», frage ich Silvia. «Gar nicht», sagt sie. «Ich habe mich rumgedreht und bin gegangen. Ich mache weiter meine Arbeit und bekomme die Anerkennung von meinen Studenten. Mit diesen Kollegen rede ich nur noch das Nötigste.»

«Und?», frage ich weiter: «Deprimiert dich das?»

«Ich habe keine Zeit für Depressionen», antwortet sie. «Ich habe eine fünfzehnjährige Tochter, ich muss mich um meine alten Eltern kümmern und betreue meine zweiundneunzigjährige Tante. Ich habe gerade alles so einigermaßen im Griff, da kann ich mich doch von solch ungehobelten Kerlen nicht terrorisieren lassen.»

Biologen, Anthropologen und Verhaltensforscher fragen ja, welchen Sinn und Nutzen Frauen nach dem Ende ihrer Gebärfähigkeit noch für die Evolution besitzen, warum wir Menschenweibchen im Gegensatz zu den Primaten und allen anderen Tieren noch so viele Jahre unfruchtbar auf der Erde herumtapern. Und wir nehmen erleichtert zur Kenntnis, dass die Anthropologen Kristen Hawkes und James O'Connell bei den Jägern und Sammlern der Hazda, einem Stamm im Norden Tansanias, eine Antwort auf diese Frage gefunden haben – womit ein starkes Argument für unsere Daseinsberechtigung angeführt wäre. Dort beobachteten die beiden Forscher nämlich, wie sich die älteren Frauen nützlich machen, indem sie den jüngeren die Kinder abnehmen und sie versorgen, während die Mütter ihrer Arbeit, dem Sammeln von Nahrung und deren Zubereitung, nachgehen. So sorgen die älteren Frauen für das Überleben der Sippe. Darin besteht ihr evolutionsbiologischer Sinn nach der Menopause.

Warum die beiden Forscher dafür die weite und beschwerliche Reise nach Afrika unternehmen und dort erst das Volk der Hazda ausfindig machen mussten, ist eine andere Frage. Ein Ausflug in bayerische Dörfer hätte auch gereicht. Dort, aber eigentlich überall in Europa, besonders in der Provinz, in ländlichen und eher konservativ strukturierten Regionen, hätten sie noch viele Familien gefunden, in denen es genauso zugeht wie bei den Hazda.

Das Modell hat ja etwas Bestechendes. So hätte ich es auch gerne gehabt, als ich meine Kinder bekam: Mutter und Schwiegermutter, die sich liebevoll um meinen Nachwuchs kümmern, während ich zusammen mit meinem Mann für den Unterhalt der Familie sorge. Ein paar wenige Glückliche kenne ich, bei denen das exakt so funktioniert. Aber das ist die Ausnahme. Wir zum Beispiel, mein Mann und ich, sind beide jüngste Kinder relativ alter Mütter und haben selbst ebenfalls in unseren späten Dreißigern Kinder in die Welt gesetzt; so kam es, dass meine Mutter schon starb, als meine Kinder erst drei Jahre beziehungsweise vier Wochen alt waren, und dass auch meine Schwiegermutter, von lebenslanger schwerer Arbeit gezeichnet, zu alt und krank war, um diese Aufgabe noch übernehmen zu können.

Allerdings hätte meine Mutter auch zehn Jahre früher, mit fünfundsechzig, meine Kinder nicht gehütet, sie hat es schließlich auch meinen älteren Schwestern nicht angeboten. Sie war ja eine Pionierin der Spätemanzipation. Nachdem sie vier eigene Kinder großgezogen hatte und nach allem, was sie durchgemacht hat, war eben eines Tages «Schluss mit dem ganzen Kinderkram». Und sie sagte zu ihren Töchtern: «Jetzt will ich selber leben. Zieht eure Brut alleine groß.»

Von Frauen wie ihr gibt es heute immer mehr. Und Nachwuchs, der zu versorgen wäre, immer weniger. Also brauchen die älteren Frauen auch kein schlechtes Gewissen zu haben, wenn für sie mit den Wechseljahren der große Aufbruch kommt. Den Kinderlosen unter ihnen stellt sich die Frage ohnehin nicht.

Das ist der Preis der Selbstbestimmung, der Preis unserer Emanzipation: Wo sich der Mann weiterhin der Mitwirkung verweigert und es auch der Staat nicht schafft, adäquat für Kinder zu sorgen, hinterlässt die neue Weigerung der Frauen, sich bis ins hohe Alter selbstlos um andere zu kümmern, ein tiefes Loch. Ein Loch, in das alle fallen, die noch an Familie glauben und eine gründen, weil sie in Kindern ihr Lebensglück sehen.

Doch es wäre fatal, nur diese beiden Altersversionen zu sehen: hier die sich lebenslang aufopfernde Mutter und Großmutter, dort die Frau, die, unabhängig davon, ob sie Kinder hat oder nicht, mit den Wechseljahren alles über Bord wirft und nur noch ihre eigenen Ziele verfolgt. Diese Alternative wird in Zukunft schon deshalb hinfällig werden, weil viel mehr Frauen als heute einem Beruf nachgehen werden. Ihr Leben wird sich also in den Wechseljahren nicht mehr so einschneidend ändern, wie das bislang der Normalfall ist.

Meine älteste Schwester Cornelia beschreibt diesen entscheidenden Lebensabschnitt so: «Als ich im Oktober

1990 meinen fünfzigsten Geburtstag, unsere Silberhochzeit und die deutsche Einheit mit euch gefeiert habe, da lag das Schlimmste hinter mir.» Das «Schlimmste» war in diesem Fall: Krankheiten und Tod enger Familienmitglieder, die (vorübergehende) Trennung von ihrem Mann, der schwierige Wiedereinstieg in ihren Beruf als Landschaftsarchitektin – nach zweiundzwanzig Jahren Familienarbeit. Jetzt waren die beiden Söhne erwachsen und aus dem Haus: «Ich hatte das Gefühl, ich kann anfangen, freier zu leben. Ich werde nicht mehr nur gefordert, sondern kann mir – zum ersten Mal in meinem Leben! – selber aussuchen, was ich nun anfangen will.»

Ihr Fall stellt für mich eine erstaunliche Verbindung von Emanzipation und jenem weiblichen Altruismus dar, den sich die Gesellschaften in allen Jahrhunderten so geschickt zunutze zu machen wussten. Und ich erzähle davon, weil ich glaube, dass auch das zur Vielseitigkeit von Frauenleben gehört.

Cornelia entschied nun, den ungeliebten Beruf wieder aufzugeben, weil sie in ihm das Gefühl hatte, aufs Neue fremdbestimmt zu sein. Stattdessen steckte sie die gewonnene Freizeit für ein Jahrzehnt mit Vergnügen in die Mitarbeit bei der örtlichen Unicef-Arbeitsgruppe und widmete sich anschließend mehrere Jahre lang der intensiven Betreuung von Asylbewerberkindern. Diese Arbeit mit Kindern und Jugendlichen aller Altersstufen von einem Jahr bis sechzehn, die, neu angekommen, zum Teil verstört und orientierungslos waren und so gut wie kein Deutsch verstanden, hat sie zwar unglaublich gefordert und angestrengt, aber sie fand darin mehr Freude und Erfüllung als darin, Biotope für die regionale Landschaftsplanung auszuweisen.

Ähnlich erging es meiner anderen Schwester Donate. Sie, die immer Hausfrau war, erinnert sich an Depressionen in jenen Jahren des Wechsels, in denen man Bilanz zieht und sich fragt, ob das Leben jetzt gelaufen sei. Plötzlich begann sie darüber nachzugrübeln, ob es richtig war, ihren Lehrerberuf für die Kinder ganz aufgegeben zu haben – ohne die Möglichkeit, wieder einzusteigen. Beide Schwestern hatten sich ja bewusst für das konservative Gegenmodell zum Leben unserer Mutter entschieden – sie wollten ihren Kindern mehr Zeit widmen, als diese für uns hatte. Andererseits betont auch Donate, wie befreit sie sich fühlte, als ihre Söhne das Haus verließen, die sie manchmal mit ihrem so anderen Lebensrhythmus, wenn sie etwa bis mittags im Bett lagen, zur Weißglut brachten. Und wie sie es genoss, jetzt, wo sie nicht mehr allein für vier Leute zu sorgen hatte, ihre Zeit für sich zu nutzen. Aber Frust und Lust – die Depressionen, das Grübeln und die Freude über die neue Freiheit – währten nur kurz, denn bald schon begann auch sie sich Gedanken darüber zu machen, was sie befriedigender fände, als ihren Hobbys nachzugehen. Und sie beschloss, sich um alte, allein lebende Menschen zu kümmern, besuchte sie etliche Jahre und brachte ihnen ihre warmen Mahlzeiten per Auto, bekannt als Essen auf Rädern. «Das hat mich psychisch stabilisiert in jener Zeit», sagt sie.

Hausfrauen, so lehren uns viele Studien zu den Wechseljahren, leiden stärker unter den unangenehmen Symptomen des Klimakteriums als Berufstätige. Das leuchtet ein. Denn Berufstätige müssen einfach weiter funktionieren, während Hausfrauen oft in ein tiefes Loch fallen, wenn die Kinder groß und sie ihrer Funktion als Familienmutter beraubt sind. Dann haben sie noch viele Jahrzehnte vor sich und die wenig verlockende Aussicht, in den späteren, ihren sechziger Jahren den nun ganztägig zu Hause weilenden Ehemann zu umsorgen, der sich seinerseits – ungeübt in Haushaltsdingen – gern im «wohlverdienten Ruhestand» weiter verwöhnen lässt.

Und dann kracht es häufig.

Auch Dorothea gehört zu jenen Frauen, die sich erst in diesem Alter – sie war fünfundfünfzig – von ihrem Mann trennen. Nach einer langen Ehe, die sie jung eingegangen war. Sie ist Künstlerin, aber sie hat – wie das bei weiblichen Künstlern oftmals ist – ihre Kunst, die Malerei, zurückgestellt und sich um die Familie gekümmert. «Die Kunst kann warten, mein Kind nicht», hat sie mal zu mir gesagt, als ich besorgt war, weil sie nach der sehr späten Geburt des zweiten Sohns erst mal nicht wieder zum Malen kam. Doch als der ihr groß genug erschien, beschloss sie, keine Kompromisse mehr einzugehen und sich von ihrem Mann zu trennen. «Es war ein Befreiungsschlag – für uns beide», sagt sie. Die Ehe war zum Gefängnis geworden, in dessen Mauern sich beide anschwiegen. Sie hatten das Gefühl, in der Enge nicht aneinander vorbeizukommen, sich gegenseitig zu behindern, auf der Stelle zu treten. «Alle Fehler, die man hat, verstärken sich im Alter, und plötzlich erträgst du die deines Partners nicht mehr. Dann ist es Zeit zu gehen», befand sie.

Ihre Scheidung entspricht dem Ideal einer modernen Trennung zweier zivilisierter Menschen von Charakter: Beide helfen sich nach wie vor gegenseitig beim Aufbau der jeweils neuen Existenz, der noch nicht ganz erwachsene Sohn wohnt bei der Mutter, pflegt aber auch mit dem Vater sehr engen Kontakt. Sie hat in Köln-Nippes ein großes Atelier mit darüberliegender Wohnung gefunden und arbeitet «wie verrückt. Ich muss ja einiges aufholen», sagt sie, «aber meiner Kunst hat die Trennung gutgetan – ich habe mich weiterentwickelt, viele neue Bilder gemalt.» Er hat eine neue Frau gefunden, die besser zu ihm passt, mit über sechzig eine Jazzband gegründet und ist glücklich. Sie sucht noch nach einer neuen Liebe, ganz unbefangen, weil sie es erst mal genießt, frei zu sein.

Die Kunst ernährt sie allerdings nicht, und so muss sie

erfinderisch sein – aber das hält sie für einen Vorteil: «Ich werde mir immer etwas ausdenken müssen, um über die Runden zu kommen, und das ist gut.» Seit einigen Jahren schon nutzt sie die Erfahrungen, die sie als langjährige Ehefrau und Gastgeberin gesammelt hat, und stellt ihre Kochkünste Freunden und Bekannten und anderen netten Menschen zur Verfügung; auch mit Catering bei Partys verdient sich Dorothea etwas dazu. Außerdem hat sie in ihrem Atelier ein Art-Forum gegründet, wo Konzerte und Lesungen stattfinden. So bekommt sie ein interessantes und interessiertes Publikum zusammen, das die unkonventionelle Atelier-Atmosphäre bei ihr schätzt und sich auch gerne für einen kleinen Obolus bewirten lässt. Und sie hofft im Stillen, dass sich darunter eines Tages auch ein Mäzen für ihre Kunst findet oder ein Sammler oder einfach nur jemand, der ihre Arbeiten nicht nur bewundert, sondern kauft.

Aber sie hätte auch nichts gegen eine neue Beziehung: «Sex brauche ich eigentlich nicht», bekennt sie, «aber der Eros, der ist schon wichtig im Leben, für die Inspiration und damit ich lebendig bleibe!»

Probleme mit dem Alter? «Nein», sagt sie, «da ich mich nie für besonders attraktiv gehalten habe, halte ich mich jetzt auch nicht für besonders unattraktiv. Und meinen Bildern sind meine Falten so was von egal!» Dass sie dicker geworden ist, stört sie etwas, aber dagegen lässt sich ja was tun, weiß sie. Walking-Stöcke hat sie sich schon gekauft, und ob das blöd aussieht oder nicht, ist für sie gar keines Gedankens wert. Dorothea ist eine Frau, die immer hauptsächlich ihren Kopf eingesetzt hat, obwohl sie Künstlerin ist – doch das ist ja vielleicht gar kein Widerspruch, sondern sogar die Bedingung für gute Kunst.

In Köln lebt es sich ihrer Ansicht nach sehr viel leichter als beispielsweise in München, wohin es sie vorher eine Zeit lang verschlagen hatte. «In Köln guckt man dir ins Gesicht und denkt: interessante Frau! Und wenn du allein in eine Kneipe gehst, kannst du dich zu einem jungen Paar dazusetzen und wirst sofort akzeptiert, sobald du irgendetwas Schlaues oder Lustiges oder auch nur Nettes sagst.» In München – so hat sie es empfunden – schaut man ältere Frauen überhaupt nur an, wenn sie Prada-Schuhe tragen und ein Hermès-Tuch um die Schultern. «Ohne das Signal, dass du Geld hast, verschwindest du in der Unsichtbarkeit.»

Deswegen geht es ihr gut in Köln. Immer probiert sie neue Dinge aus – «Das Leben ist nun mal kein Ententeich», ist ihr Bild dafür, «sondern ein reißender Strom, und manchmal lässt du dich einfach mitreißen und entdeckst die Welt.» Leben als ständiges Abenteuer, das es zu bestehen gilt – Dorothea traut sich das nicht nur zu, die zu überwindenden Widerstände bereiten ihr geradezu Lust.

So kann es gehen, wenn jemand souverän ist und sich nicht so schnell ins Bockshorn jagen lässt. Für den traditionellen Mann sicher nicht die Traumfrau, und vielleicht hat Simone de Beauvoir – mit Blick auf sich selbst – auch an diesen Typ Frau gedacht, als sie schrieb: «Die alternde Frau weiß sehr wohl: Sie ist kein erotisches Objekt mehr, nicht allein, weil ihr Körper dem Mann keine frischen Reize mehr bietet, sondern auch, weil ihre Vergangenheit, ihre Erfahrung aus ihr wohl oder übel eine Persönlichkeit geschaffen haben.» Deshalb waren Unerfahrenheit und Naivität immer attraktiv bei Frauen, weil dadurch Abhängigkeit signalisiert wurde, Erfahrung und Wissen hingegen bedeuteten Unabhängigkeit, und Autonomie wirkte abschreckend.

Auch Annette ist Malerin, doch lebt die Mainzerin ein ganz anderes Leben als Dorothea. Sie ist nämlich gleichzeitig die intensivste und glücklichste Familienfrau, die ich kenne, und bestrebt, jederzeit für Kinder und Enkel (sie ist jetzt dreiundfünfzig) da zu sein. Deshalb wohnen Tochter und Sohn und Schwiegertochter im selben Haus, wenn auch in eigenen Wohnungen, mit dem gemeinsamen Garten als zentralem Treffpunkt. Was den großen Vorteil für diese hat, dass Annette – wie bei den Hazda in Tansania –, wann immer nötig, auf die beiden Enkel aufpassen kann. «Zum Malen komme ich natürlich jetzt viel weniger», sagt sie, «vielleicht noch an zwei Tagen pro Woche, aber die Familie geht vor.»

Die Familie ging im Leben von Annette und ihrem Mann Michael immer vor. Beide haben zusammen Kunst studiert und sind seit mehr als dreißig Jahren schöpferisch tätig: Er bildhauert, sie malt. Doch den Lebensunterhalt verdient Michael als Kunstlehrer am Gymnasium, ihr war es wichtig, zu Hause bei ihren kleinen Kindern zu sein. Sie malte eben nur, wenn sie Zeit hatte. Dann wurden die Kinder größer, verließen irgendwann das Haus, um zu studieren, und Annette erlebte sieben freie Jahre, in denen sie «wie in einem Rausch» rund tausend Bilder gemalt hat. Jetzt erst konnte sie sich darum kümmern, auszustellen, zu verkaufen und öffentliche Anerkennung zu bekommen.

Nun hat sie die Familie wieder eingeholt, und alles ist fast wie früher. Beide Kinder zog es nach Studium und Heirat zurück ins Elternhaus, wo sie selbst schon eine so glückliche Kindheit hatten – und dasselbe für ihre Kinder wollen. Dabei können sie arbeiten, weil ja Annette da ist. «Ich habe mich gefragt, was schöner war, die sieben Jahre meiner Freiheit oder der neue/alte Zustand jetzt, und ich denke, alles muss genauso sein, wie es ist. Denn alles hat seine Zeit. Ich sehne mich nicht nach Dingen, die ich nicht habe, sondern liebe und lebe das, was die Gegenwart mir ganz unmittelbar bietet. Ich hatte nie das Gefühl, nicht das zu machen, was ich wollte.» Und weil Annette diese sonnige Ausstrahlung besitzt, die nur wirklich zufriedene Menschen haben, glaube ich ihr das aufs Wort.

Inzwischen sucht der Sohn ein eigenes Haus in Mainz, sodass seine Schwester dann die größere Wohnung im Elternhaus übernehmen und selbst mit Kindern «loslegen» kann. Zumal sie nur eine Wochenendehe mit ihrem Mann führt, der im Ruhrgebiet arbeitet. Aber in einer anonymen Großstadt zu leben, die Kinder von einer Tagesmutter betreuen zu lassen und sie dann in eine Kita zu schicken, wofür sich wahrscheinlich die meisten anderen jungen Menschen entscheiden würden – keine Alternative für Annettes Tochter. Auch ihre Kinder sollen in den ersten Jahren zumindest in der Großfamilie aufwachsen, und das Schöne ist: Alle sind glücklich, wenn sie so zusammenglucken. Sogar in Urlaub fahren alle gemeinsam, und spätestens hier hört das Verständnis ihrer Umgebung langsam auf. Wie, auch noch im Urlaub zusammen, wo ihr doch sowieso schon dauernd aufeinanderhockt?, fragen die Freunde entgeistert und fast ein wenig pikiert. Und Annette lacht und sagt: «Wir fühlen uns halt am wohlsten so.»

Wie kommt es, dass sie nicht die Probleme haben, die für die Familien sonst so typisch sind, dass sich keiner eingeengt und dominiert fühlt im großen Clan? «Wir sind letztlich alle unkompliziert, gehen offen und ehrlich miteinander um, und jeder von uns kann zurückstecken», erklärt Annette. Aber werden ihr die Enkel nicht mal zu anstrengend? «Nein», sagt sie, ohne zu zögern, «Kinder sind mein Leben, es gibt nichts Schöneres für mich und Michael. Und mein einziger Wunsch ist: dass meine Kinder und Enkel glückliche Menschen werden.»

Die Wechseljahre hat sie ausgespart, bis jetzt nichts davon gemerkt. Allerdings lebt Annette seit sechs Jahren ohne Gebärmutter – «Mit einem Schlag war ich alles los und fand's herrlich» – und hat, was mir zu denken gibt, seitdem nie mehr unter Migräne gelitten, was früher oft der Fall war. Es hat keinen Zweck, weiterzustochern, Annette hat einfach kein einziges Problem mit ihrem Alter und mit ihrem Leben, sie ist rundum glücklich.

Maria-Dorothee, die Münchner Kieferorthopädin, ist sozusagen das Gegenteil von Annette: Seit ihrer Trennung vor neun Jahren lebt die Achtundfünfzigjährige ganz allein, hat keine Kinder, keinen Mann, keine Haustiere, keine Familie in der Nähe. Aber eine gutgehende Praxis mit sechs Mitarbeitern, für die sie Verantwortung trägt. Und täglich kommen jede Menge Kinder zu ihr, deren Zukunftschancen sie mit Zahnspangen für tadellose Zähne verbessert. Sie arbeitet wie ein Berserker, denn die Zeiten im Gesundheitsbereich sind hart, sagt sie. Und die Konkurrenz ist groß. Krank ist sie sowieso nie – «Das kann man sich als Selbständiger doch gar nicht leisten!» –, deshalb muss sie auch länger überlegen, ob und welche Beschwerden sich mit den Wechseljahren eventuell doch eingestellt haben. Aber sie wird nicht recht fündig; leichte Hitzewallungen, das ja, sonst nichts. Keine Zeit für Beschwerden. Schlafprobleme? Nie gehabt. Stimmungsschwankungen? Nachdem sie vor neun Jahren ihren Fernseher rausgeworfen hat, nicht mehr: «Ich habe gemerkt, dass ich mir – weil ich ja allein war – abends jeden Mist reingezogen habe, das hat mich deprimiert.» Seitdem arbeitet sie abends oder geht aus, so oft wie möglich, trifft sich mit anderen zum Essen, verabredet sich mit Freundinnen zum Sport oder schaut sich einen Film im Kino an. Männer? Fehlanzeige. «Ich lerne überall nette Frauen kennen, aber Männer? Wo soll ich einen Mann treffen, der für mich in Frage kommt? Die Netten in meinem Alter sind entweder Ehemänner oder schwul, zu haben sind nur ganz Hässliche oder alte Säcke, und die will ich nicht. Überhaupt möchte ich, wenn schon, dann eher einen jüngeren als einen älteren Mann, einen, der noch aktiv und dynamisch ist und nicht vor der Glotze hängt und sich von mir verpflegen lassen will. Für die Jüngeren komme wiederum ich nicht in Betracht. Die gucken nur nach den dreißigjährigen Frauen. Also bleibe ich lieber allein. Das ist besser als so eine Not-Beziehung.»

Eigentlich ist Maria-Dorothee auch so ganz zufrieden, war sie doch zeitlebens auf sich gestellt – in jeder Hinsicht. Nie hat es einen gegeben, der für sie da war, ihr wichtige Dinge abgenommen hat, immer hat sie Geld verdient und alles in ihrem Leben selbst organisiert, auch wenn sie es sich vielleicht anders gewünscht hätte. Kinder zum Beispiel hätte sie gerne bekommen, aber ihr damaliger Freund wollte keine, und so hat es sich eben nicht ergeben. Jetzt darüber nachzudenken oder ihnen nachzutrauern, kommt ihr nicht in den Sinn. Ärgerlich findet sie allerdings, als alleinstehende Frau kaum eingeladen zu werden. Als sie noch liiert war, habe man sich als Paar nicht retten können vor Terminen, das sei vorbei. Sie frage sich nur, was nach den vielen Trennungen, die sie auch bei den anderen um sich herum beobachte, die Männer so trieben, wo die eigentlich abgeblieben seien. «Vielleicht sollte ich ja in einen Golfclub eintreten», überlegt sie, aber verwirft den Gedanken gleich wieder, weil sie dafür eh keine Zeit hat.

Für Sabine, erfolgreiche Abteilungsleiterin im Kulturbereich des Fernsehens, existierte das Thema Alter zunächst gar nicht. Im Gegenteil: «Als ich ein paar Tage nach meiner ausgiebigen Geburtstagsfeier zum Fünfzigsten ins Büro fuhr, dachte ich: Jetzt müsste die Zeit stehen bleiben», erinnert sie sich. «Ich war fast wie in einem Rausch voller Glück, Stärke und Kraft.» Doch die Euphorie währte nicht lange. Schon am Tag danach kam der Absturz.

Es begann damit, dass ihr die Handtasche mit wichtigen Papieren und unwiederbringlichen Dokumenten, einer größeren Summe Geldes und vielen Geburtstagsgeschenken aus dem Auto gestohlen wurde – sie hatte es nur für zwei Minuten verlassen, um jemandem eine Nachricht zu bringen. Eine Stunde später dann der Anruf ihrer Mutter, dass ihr alter Vater mit siebenundachtzig Jahren gestürzt war und sich den Oberschenkelhals gebrochen hatte. (Inzwischen sind vier weitere Brüche erfolgt.) Und damit war alles plötzlich anders: «Das bis dahin genossene Glück, auch mit fünfzig Jahren noch gelegentlich Kind sein zu dürfen, verwandelte sich in ein Gefühl von großer Verantwortung.» Von da an hieß es für die alleinerziehende Mutter einer zehnjährigen Tochter noch öfter als sonst am Wochenende die vierhundert Kilometer zu ihren Eltern zu düsen, um ihnen zur Hand zu gehen. Auch jetzt, im Alter von neunundachtzig beziehungsweise neunzig, leben die beiden noch immer in ihrer eigenen Wohnung, worüber Sabine natürlich froh ist. Denn für die kleine Tochter sind die Großeltern ebenfalls sehr wichtig. Gleichzeitig drückt sie die tägliche Sorge um sie, auch wenn sie die Woche über eine Frau für die beiden organisiert hat, die dort wohnt und im Haushalt hilft. Und rein physisch stellt es eine enorme Belastung für Sabine dar, am Wochenende eben nicht ausspannen zu können, sondern ständig unterwegs zu sein.

Denn die Wochen selbst sind schon anstrengend genug. Sie arbeitet viel und holt die Stunden, die sie ihrer kleinen Tochter täglich widmet, nachts am PC nach. Gegen ein Uhr fällt sie todmüde ins Bett und schläft, wie sie sagt, innerhalb von zwei Minuten ein, denn um halb sieben ist die Nacht bereits wieder zu Ende. «Ich sende jedes Mal ein Dankes-Stoßgebet zum Himmel, dass da keiner neben mir liegt und noch was von mir will.» Nein, Sabine hat nach einigen missglückten Verbindungen und einer früh gescheiterten Ehe keinerlei Sehnsucht mehr nach einem Mann: «In allen meinen Beziehungen war immer ich die Gebende, ich habe selten etwas zurückbekommen.» Außerdem wüsste sie gar nicht, wie sie auch noch einen Freund in ihr arbeitsreiches, vollgepacktes Leben integrieren könnte. Und Sex ist für sie sowieso nur in einer stimmigen Beziehung von Interesse, sonst braucht und will sie keinen.

Sabine sieht die Wechseljahre als eine Art umgekehrte Pubertät an: «Oft habe ich beobachtet, dass Mädchen, die die Welt hätten erobern können, sich mit dem Beginn der Pubertät plötzlich durch die Augen der Umwelt, vor allem der männlichen Umwelt sahen. Damit schrumpfte ihr Radius. Die Wechseljahre können für Frauen jedoch die Chance sein, sich aus dieser Außenbetrachtung wieder zu befreien und sie selbst zu sein; sie schütteln die ‹sexuelle Dominanz› ab, erinnern sich wieder an ihre alten Träume und beginnen, die Welt zu erobern.» So haben die Wechseljahre für sie ihren Schrecken verloren.

Anfangs hatte sie das Gefühl, dass irgendetwas unwiederbringlich vorbei sei: «Alles verändert sich, nichts bleibt so, wie es ist, und alles geht bergab.» Jetzt betrachtet sie diese Phase des Wandels als Eintritt in eine unabhängigere Periode des Lebens, die freier macht.

Gleichzeitig merkt sie natürlich auch, wie die Kräfte nachlassen und dass sich Energien nicht mehr so einfach erneuern lassen: «Ich spüre die Endlichkeit, und ich weiß, dass ich mehr Zeit dafür bräuchte, mich zu regenerieren – aber ich weiß nicht, woher ich sie nehmen soll.»

Ihr ist bewusst, dass es so, wie sie lebt, auf die Dauer nicht gutgehen kann, dass sie dabei ist, wie eine Kerze an zwei Enden abzubrennen. Schon hat ihr die Hausärztin die rote Karte gezeigt, denn mit den Wechseljahren haben sich bei ihr Symptome eingestellt, die ihr Angst machen: Ihre Hände zittern plötzlich so, dass sie schon denkt, sie habe Parkinson, ihr Herz beginnt zu rasen, und nachts plagen sie Angstträume: «Ich träume fast jede Nacht, dass ich sterbe.» Es ist diese Todesangst, die sie dann erschreckt und belastet.

Betablocker soll sie schlucken, rät die Ärztin: «Das tue

ich natürlich nicht.» Auf Hormone verzichtet sie ebenfalls, nimmt stattdessen etwas Pflanzliches «aus dem Phyto-Pharma-Bereich», damit sei es ein wenig besser geworden. Mehr hat ihr geholfen, sich und ihrer Tochter einen Lebenstraum erfüllen zu können, ein eigenes Pferd, und mit fünfzig hat sie angefangen zu reiten. «Das ist meine große Flucht», sagt sie, «auf dem Rücken dieses Tieres vergesse ich für eine Stunde alles um mich herum.» Seitdem fühlt sie sich viel besser, weiß aber dennoch, dass sie ihr Leben, vor allem den Zeitdruck und den damit verbundenen Stress, ändern muss: «Ich sehne mich nach einem ruhigen Leben ohne diese ständige Aufgeregtheit und Anspannung, dann wird sich mein Herz vielleicht auch wieder beruhigen.» Und so klingt sie schon wieder sehr zuversichtlich, mit dem Blick in eine ganz positive Zukunft: Die Anforderungen an sie werden eines Tages nachlassen, wenn sich die Familie – zwangsläufig – verkleinert. Dann wird sie auch wieder die Chance haben, zu sich selbst zu kommen und die Ängste abzulegen. Aber noch ist es nicht so weit. Noch ist sie mittendrin in der Verantwortung. Und sie trägt sie gerne.

Mit den ihr untergebenen Männern hat die jetzt dreiundfünfzigjährige Abteilungsleiterin übrigens nie Schwierigkeiten gehabt, mit den Frauen sowieso nicht. Sie genießt es vielmehr, dank ihrer Lebens- und Berufserfahrung Talente zu entdecken «und auf die richtige Schiene zu setzen», Tipps zu geben und zu fördern. Nur mit den jüngeren Männern, die ihr vorgesetzt sind, wird es mit zunehmendem Alter offenbar schwieriger. «Ich war ja schon in jungen Jahren Chefin und konnte immer gut mit Männern, vor allem wenn sie älter waren als ich, viel lief über die Charme-Ebene. Ich wusste, wenn ich ein bisschen nett bin zu ihnen, bekomme ich, was ich will.» Jetzt aber sind die jungen Aufsteiger oft ratlos, welche Rolle sie der älteren verdienten Mitarbeiterin geben sollen: «Ich habe das

Gefühl, Männer akzeptieren die Leistung älterer Frauen nicht ohne weiteres. Die erotische Spannung funktioniert auch nicht mehr, und mich einfach als Ältere zu respektieren, lehnen sie ebenfalls ab, gleichzeitig können sie ihre Autorität mir gegenüber nicht überzeugend ausspielen. Sie wissen also nicht, wie sie mich in Konfliktfällen behandeln sollen, und ich weiß – offen gestanden – auch nicht so recht, wie ich mit ihnen umgehen soll.»

Zum letzten Geburtstag bekam Sabine von ihrem jüngeren Chef übrigens eine Flasche ihrer Lieblingsrebsorte. Der Blick auf das Etikett klärte sie darüber auf, was er ihr eigentlich sagen wollte: Es war ein «Hex vom Dasenstein».

Nun haben in Deutschland sicher die wenigsten Frauen die Sorge, wie sie mit ihren Untergebenen umgehen. Sehr viel häufiger dürfte die Erfahrung sein, dass ihnen plötzlich ein weitaus jüngerer Chef vor die Nase gesetzt wird – ungeachtet ihrer eigenen jahrelangen Verdienste. Eine Erfahrung, die übrigens Männern nicht minder zu schaffen macht und die eine zentrale Alterserfahrung für alle ist, die mit fünfzig eben nicht so hoch auf der Karriereleiter geklettert sind, wie sie einst hofften, und auch nicht mehr damit rechnen können, dass da noch viel auf sie zukommen könnte an Ämtchen und Pöstchen.

Dennoch scheint mir der rein männliche Konkurrenzkampf zwischen Alt und Jung irgendwie natürlicher als der zwischen den Geschlechtern zu sein – wahrscheinlich weil wir da unbewusst an die männlichen Rudeltiere und ihre Beiß- und Hackordnung denken, wo es zum Überleben der Gruppe und damit der Spezies gehört, dass der jüngere, kräftigere Wolf oder Löwe den älteren, schwächeren des Platzes verweist. Zwischen weiblichen und männlichen Tieren aber gibt es im Tierrudel keine Rivalität, soviel ich weiß. Weibchen treten gar nicht erst an, dem männlichen

Alphatier den Rang streitig zu machen, sondern lassen vielmehr kämpfen und warten in Ruhe ab, um sich anschließend um den Sieger zu scharen.

Wir Menschenfrauen sind also in der ganzen langen Evolutionsgeschichte die ersten Weibchen, die gegen Männchen antreten und auch an die Macht wollen (die Amazonen gehören leider ins Reich der Mythologie) – zumindest einige Mutige unter uns. Wer wollte leugnen, dass es ein ungeheurer Prozess der Umwälzung ist, der sich da in wenigen Jahrzehnten in Gang gesetzt hat und an dessen Konsequenzen selbst wir Frauen noch nicht alle gewöhnt sind?

Eine, die dabei immer vorne mitgemischt hat, ist meine frühere Kollegin Maria von Welser. Sie kann sich noch gut erinnern, als sie vierzig und fünfzig wurde. Von wegen erotische Tarnkappe! «Als frisch geschiedene Vierzigjährige hatte ich besonders bewegte Jahre. Und mit siebenundvierzig habe ich mich Hals über Kopf in meinen jetzigen Mann verliebt. Wir haben uns bereits nach acht Tagen (!) an einem schiefen Plastiktisch auf dem Flughafen Mailand verliebt schielend gegenseitig einen Heiratsantrag gemacht.»

Nein, in ihren Jahren um die fünfzig sei sie eine besonders starke, zuversichtlich-optimistische Frau gewesen. «Frisch verheiratet, total verliebt in meinen Mann, haben wir mit guten Freunden bis in die Frühe gefeiert. Auf der Einladung stand: ‹Smoking und Abendkleid›, die Freunde haben erst gemosert, aber dann fanden sie es richtig schön. Es war ja 1996, das Jahr der Preise bei ML Mona Lisa, und in der Redaktion haben wir uns einen witzigen Film über mich angesehen. Erinnerst du dich noch? … Ängste hatte ich keine. Ich fühlte mich so richtig im Aufwind.»

Und tatsächlich hat sie damals richtig durchgestartet, ein neues Magazin aus dem Boden gestampft, die Leitung des Londoner Studios übernommen, schließlich sogar nochmal den Sender gewechselt: Mit siebenundfünfzig wurde sie Funkhaus-Chefin im NDR.

Dass es später besser wird, diese Erfahrung machte auch Gisela Schneeberger. Hatte sie bei jenem ZDF-Gespräch auf den Mainzer Medientagen 1998 noch gesagt, dass es Mut koste, sich als Neunundvierzigjährige zu outen, und dass es kaum noch Rollen gebe für Schauspielerinnen ihres Alters, so ist sie jetzt plötzlich im Geschäft wie nie, bekommt mit ihren siebenundfünfzig Jahren so viele Rollen angeboten, dass sie dauernd etwas absagen muss. Noch vor zehn Jahren sprach sie in einer Rede beim Bayerischen Fernsehpreis vom berühmten Knick, den die Berufsbiographien der Schauspielerinnen bekommen, wenn sie zu alt für die Liebhaberin und zu jung für die komische Alte sind. Jetzt schwärmt sie von dem neuen Frauenbild, das sich nun langsam auch in der Filmwelt Bahn breche.

Gerade hat sie eine Rolle aus Zeitgründen ablehnen müssen, in der sie die Mutter einer erwachsenen Tochter spielen sollte, in die sich deren junger Freund verliebt – «So was wäre einem früher nie angeboten worden», sagt sie. Überhaupt gäb's diese Konstellation immer öfter: ältere Frau und jüngerer Mann, nicht nur im Film, auch in ihrem Bekanntenkreis. Sie selbst hätte ebenfalls nichts gegen einen jüngeren Mann an ihrer Seite, doch dann gibt sie zu, dass sie sich vielleicht doch nicht trauen würde: «Die Männer scheren sich ja nicht um ihren Schwabbelbauch, aber die Frauen haben gleich tausend Komplexe, wenn ihr Busen ein bisschen hängt. Obwohl wir Frauen im Grunde viel besser altern als die Männer», meint sie: Männer bekämen, besonders wenn sie dünn seien, «schnell so was Verlebtes in die Züge». Jedenfalls ist der berufliche Erfolg derzeit groß, und das helfe beim Älterwerden, denn: «Man hat einfach weniger Zeit, über sich nachzudenken.»

Natürlich habe ich mehr Gespräche mit mehr Frauen geführt, als ich hier wiedergeben kann. Aber die ausgewählten Biographien dürften deutlich gemacht haben, worauf es ankommt: Die heute Fünfzig- bis Sechzigjährigen – also die Nachkriegsgeborenen – haben eine Vielfalt von Lebensmodellen entwickelt, die historisch einmalig sein dürfte. Zwar ist das traditionelle Modell – Kinder aus dem Haus, gemeinsam mit dem Ehemann alt werden und auf Enkel warten oder sich bereits an ihnen erfreuen – keineswegs verschwunden, aber manche werden mit dem zweiten oder gar dritten Ehemann älter, sind jedoch kinderlos geblieben, manche werden es allein, weil sie geschieden sind, andere waren nie verheiratet. Immer mehr Fünfzigjährige haben, wie ich, schulpflichtige Kinder, während andere schon die Enkel hüten, und vielen wird in diesen Jahren die größte Leistung ihres Lebens abverlangt: im Beruf mit Leitungsfunktion, zu Hause als Eltern, außer Haus mit einem reichen gesellschaftlichen Leben und zugleich vielen Verpflichtungen. Und oft kommt auch noch die Sorge um die eigenen, nicht selten pflegebedürftigen Eltern und Schwiegereltern hinzu.

Und noch etwas sehr Tröstliches stellte sich heraus: Je weiter die Frauen sich von jener magischen Zahl Fünfzig entfernen, desto besser geht's ihnen. Maria von Welser zum Beispiel, die sich, als ich mit ihr sprach, seelisch gerade auf ihren sechzigsten Geburtstag vorbereitete und dafür einen Artikel für die Zeitschrift *Emma* schrieb. Darin erzählt sie, zunächst habe die Zahl Sechzig sie schon sehr mitgenommen. Sie habe sogar mit «dem Gedanken gespielt, das Datum einfach zu verleugnen, jedem Gratulanten energisch zu erklären, er habe sich getäuscht, nein, es sei ja noch nicht so weit ...»

Jetzt aber könne sie «einen ganzen Berg von Argumenten nennen, warum alles besser wird». Zum Beispiel mit dem Aussehen. Jahrelang habe sie «Unsummen» ausgegeben «für extrem teure Cremes, Lotions, Augenpflege, Lippenfaltenreducer, Handcremes gegen so genannte Altersflecken. Sorgfältig sorgte ich dafür, dass mein lieber Mann die Belege aus der Parfümerie nicht zufällig irgendwo entdeckte. Er hätte eine Herztablette gebraucht.»

Bis sich jemand vehement bei ihr meldete: Ihre eigene Haut. «Mit roten Stellen. Monatelang. Sie wollten nicht verschwinden, wie eine mahnende Erinnerung. Die Maskenbildnerin schickte mich in der für mich ja noch fremden Stadt Hamburg zum Dermatologen.» Der sagte nur drei Sätze, die sie nicht vergessen würde: Ihre Haut sei überversorgt, sechs Monate nichts als Wasser. Dann nur noch eine Feuchtigkeitscreme aus der Apotheke für zwölf Euro. Und drittens: «Wer keine Falten hat, der hat nicht gelebt. – Seitdem: eine Creme für alles, weg mit den anderen Tiegeln, endlich wieder Platz im Bad …»

Und was ist, wenn sich die Männer nicht mehr nach einem umdrehen? «Ja, es gibt wohl diesen Moment im Leben jeder Frau», sagt Maria. «Aber – ist das so schlimm? Sollen doch die triebgestauten Halbgreise nach jüngeren, gebärfähigen Mädels Ausschau halten. Den Stress, den diese Herren mit den jungen Frauen sich antun, den will ich wirklich nicht mehr haben. Wer dennoch nach dem erotischen Abenteuer lechzt – wer sagt denn, das sei jetzt vorbei? Christiane Hörbiger hat als liebende Mathilde in der ARD vor kurzem beeindruckend bewiesen, was sich alles im geballten Frauenleben abzuspielen vermag.»

Sie freue sich auf ihr Fest zum Geburtstag. «Erst wollte ich gar nicht feiern, aber jetzt kommen gute alte Freunde und Kinder. Und ich will tanzen bis zum Morgen.»

EMANZIPATION HEUTE: Was haben wir Frauen erreicht?

Neulich in der Redaktion, ich versuchte gerade, ein Frauenthema nachrichtenfähig zu reden, leitete ich meine Argumentation mit den Worten «Ich als alte Emanze» ein, wie ich das öfters mache, und das muss auf einen der jüngeren Kollegen, für den das neu war, gewirkt haben, als ob ich mich der Trunksucht oder eines Kapitalverbrechens bezichtigt hätte, so entsetzt guckte er mich an. Abends, als wir nach der Sendung gemeinsam das Haus verließen, kam er noch einmal darauf zurück und sagte in einem sehr lieben und anteilnehmenden Ton, dem ich anhörte, dass er gerne bereit war, mich sofort vor diesem in seinen Augen schrecklichen Selbstvorwurf in Schutz zu nehmen: «Aber Sie sind doch keine Emanze, Frau Gerster, Sie doch nicht.»

Ich hatte leider keine Zeit, ihn nach dem Bild zu fragen, das er sich von Emanzen gemacht hat. Ich habe daraus nur abermals gelernt: Sich als Feministin zu bezeichnen, schmückt die Frau immer noch nicht, und «Emanze» ist heute so gut ein Schimpfwort wie damals, sogar wenn man sich selbstironisch so nennt, jedenfalls nichts, dessen man sich rühmen sollte oder worauf man stolz sein könnte oder was so gleichgültig hingenommen würde wie die Selbstbezeichnung «Langstreckenläuferin», «Rheinhessin» oder «Mankell-Leserin».

Gibt es überhaupt noch Feministinnen außerhalb der *Emma*-Redaktion? Und außerhalb des rot-grünen Politumfelds und der Gleichstellungsbeauftragtenbürokratien?

Auch in den Universitäten, so hört man, sollen noch ein paar versprengte Exemplare herumlaufen, Dozentinnen und einzelne Professorinnen, die in philo- und theologischen Seminaren am weiblichen Kulturbeitrag in Sprache und Literatur forschen und nach frauenrelevanten Themen in der Bibel suchen. Aber sonst? Außer mir und meinen Freundinnen Jutta und Andrea, die sich nach wie vor ganz bewusst als Feministinnen bezeichnen und auch das Wort Emanze nicht zurückweisen würden, kenne ich nur wenige. In meinem Freundes- und Bekanntenkreis bilden sie jedenfalls eine ziemlich kleine Minderheit.

Was ist mit den anderen, wo sind sie alle, die frauenbewegten Frauen von früher? Waren wir nicht eine Massenbewegung? Ist sie wegen Erfolgs auf der ganzen Linie eingestellt worden? Begegnen wir den Männern überall auf gleicher Augenhöhe, im Job und im Privatleben? Verdienen wir in ähnlichen Positionen dasselbe wie die Männer? Teilen sich heute alle Paare Haus- und Familienarbeit gerecht auf? Fördern Männer hauptsächlich Frauen, auf dass diese demnächst fünfzig Prozent aller Entscheidungspositionen innehaben? Entspricht der Anteil der Professorinnen inzwischen dem der Studentinnen? Und haben sich die viel gerühmten weiblichen Kompetenzen wie Team- und Kommunikationsfähigkeit mittlerweile in den Konzernen und Betrieben durchgesetzt?

Nein? Noch nicht? Wie kommt es dann, dass diese Massenbewegung sich in einer Gesellschaft aufgelöst zu haben scheint, in der Feminismus out und Emanzen verpönt sind und meine beiden Freundinnen und ich uns wie Fossilien aus einer längst versunkenen Ära vorkommen? Oder waren es am Ende vielleicht doch nur ein paar Unentwegte, die das alles miterlebt und mitgemacht haben, während die meisten unserer Zeitgenossinnen darauf bedacht waren, Abstand zu halten?

«Nein», sagt Andrea, «keine Frau unserer Generation

ist an der Emanzipationsdebatte vorbeigekommen. Alle sind wir davon in hohem Maße geprägt, aber viele, die früher protestiert haben, wollen das heute nicht mehr wahrhaben.» Es ist einfach nicht mehr chic, über Feminismus, Frauenbewegung und Emanzipation zu sprechen. Und wir spekulieren über die Gründe, die je nach Frau ganz verschieden ausfallen.

Als Erstes wäre die Karrierefrau zu nennen: «Die kann es sich in ihrer Umgebung gar nicht leisten, sich als Feministin zu outen, damit würde sie sofort jeden Kredit bei den Kollegen verspielen», meint Andrea. Zudem hätten sich die Frauen auf ihrem Karriereweg so stark an männliche Strukturen angepasst, dass sie verdrängen müssten, woher sie kommen, denn als Emanze könne man nun mal in der Männerwelt nicht erfolgreich sein. Frauen wollen schließlich aufgrund ihrer Leistungen anerkannt werden und nicht in den Verdacht geraten, nur eine Quotenfrau oder ein radikales U-Boot zu sein.

Zur zweiten Gruppe gehören die, die sich für die Familie und gegen den Beruf entschieden haben; ihr Interesse, an ihre Thesen von einst erinnert zu werden, ist naturgemäß gering. Als Hausfrau das feministische Banner wehen zu lassen, ist ja auch schwierig. Sie versuchen, wenigstens ihre Söhne zum Mithelfen zu erziehen, und ihre Männer müssen – als kleinster gemeinsamer Nenner – heute im Sitzen pinkeln. Ihre sonstigen Ansprüche haben sie hintangestellt und sind hauptsächlich mit der Verteidigung der Mutterrolle beschäftigt.

Drittens die Schönen und Attraktiven, die sich ewig jung geben und die ewig jung bleiben wollen: Sie rühren schon deshalb nicht an die alten Zeiten, weil sie nicht so alt erscheinen wollen, wie sie tatsächlich sind. Auch genieren sich viele von ihnen, vor jungen Frauen ihre Minderwertigkeitskomplexe und ihre Unsicherheit von früher einzugestehen – jenen jungen Frauen, die so gebildet, so kompetent, so selbstbewusst und so smart daherkommen, als läge ihnen die Welt zu Füßen. Dabei wäre es gerade wichtig, ihnen von den Kämpfen zu erzählen, die wir ausgefochten haben, damit sie kapieren, dass ihr Selbstbewusstsein nicht selbstverständlich ist und dass es uns damals eben noch ganz anders ergangen ist.

Viertens meine ich einen weiteren Grund in der kollektiven Erinnerung an die Frauenbewegung zu erkennen – und die ist bei vielen negativ besetzt, weil sich die radikalen Auswüchse stets besonders stark einprägen: die lila Latzhose; die Männersperrbezirke namens Frauenbuchladen, Frauencafé, Frauenkneipe; der Irrglaube, Frauen seien die besseren Menschen; die sektiererische Abschottung in einer weiblichen Subkultur; die ideologisch begründete Glorifizierung der lesbischen Lebensweise und die zunehmende Entfernung der feministischen Zirkel und Debatten von den wirklichen Problemen der Frauen, vor allem der Frauen mit Kindern. Ganz von der Hand weisen lässt es sich ja nicht: So wie Gewerkschaften selten das Wohl der ungelernten Supermarktkassiererin und der Friseurin im Blick hatten, sondern überwiegend für den männlichen Facharbeiter und dessen Besitzstände kämpften, so kreiste das feministische Denken zunehmend um das Leben der unverheirateten, kinderlosen Journalistin, Lektorin, Autorin oder Filmemacherin.

Dabei umfasste der Feminismus viel mehr, war von viel größerer Wucht und Durchschlagskraft und erreichte viel mehr Menschen, als den meisten bewusst sein dürfte.

Das ist nicht allein das Verdienst der Frauen, die seit den siebziger Jahren dafür kämpfen; dieser Kampf ist älter und knüpft an die Erfolge der Vorkämpferinnen aus dem letzten und vorletzten Jahrhundert an. Wie viel sie bewegt haben, hat eine meiner «Vorbild-Emanzen», die ehemalige Verfassungsrichterin Jutta Limbach, wunderbar auf den Punkt gebracht:

«Im Gegensatz zu unseren Urgroßmüttern dürfen wir politische Versammlungen besuchen, wählen und gewählt werden. Meine Großmutter hat sich noch Männerkleider angezogen, um an politischen Versammlungen teilnehmen zu können.

Im Gegensatz zu unseren Großmüttern durften wir Universitäten besuchen, Ärztinnen, Richterinnen und Professorinnen werden.

Im Gegensatz zu unseren Müttern haben wir ein gleichrangiges elterliches Sorgerecht und das Recht, erwerbstätig zu sein.

Im Gegensatz zu uns Älteren haben unsere Töchter das Recht, ihren Mädchennamen zu behalten, wenn sie heiraten, und sie können – wie vor allem auch der Vater ihres Kindes – Erziehungsurlaub in Anspruch nehmen, wenn sie in den ersten Jahren ihr Kind selbst versorgen wollen.»

Mittlerweile kann man diese Erfolgsliste noch um den Punkt «Männerdämmerung» ergänzen: Am 1. Juli 2003 erschreckte Frank Schirrmacher in der *FAZ* seine Leser mit der Erkenntnis, dass sich fast die gesamte deutsche Bewusstseinsindustrie in weiblicher Hand befinde: «Sabine Christiansen, Sandra Maischberger, Maybrit Illner, Anne Will und Marietta Slomka sind ohne Zweifel die einflußreichsten politischen Vermittlungsinstanzen des Fernsehens ... Die entscheidenden Produktionsmittel zur Massen- und Bewußtseinsbildung in Deutschland liegen mittlerweile in der Hand von Frauen ... Der größte Fernsehbetreiber Europas, der größte Magazinverlag, der größte Buchverlag der Welt, einer der fünf größten Musikkonzerne der Welt, kurzum: der Bertelsmann-Konzern untersteht längst dem Willen einer Frau, Liz Mohns, die die vergangenen Monate seit Thomas Middelhoffs Entlassung dazu nutzte, ihre Macht im Konzern auszubauen. Der größte Zeitungsverlag Europas gehört Friede Springer, die mit äußerster Konsequenz und Entschiedenheit über Jahre hinweg ihre Macht konsolidiert hat. In einer der Zentralen der bundesdeutschen Bewußtseinsindustrie, dem Frankfurter Suhrkamp-Verlag, scheint des Verlegers Witwe, Ulla Berkéwicz, die Macht zu übernehmen.»

Sie hat sie längst übernommen, wie wir inzwischen wissen. Weiter schrieb Schirrmacher: «Ein Kreis mächtiger Frauen um Friede Springer und Ann-Katrin Bauknecht hat sich unterdessen zusammengetan, um privat Angela Merkel zu stützen, die sich ihrerseits bis weit in manche Landesverbände in der Personalpolitik der CDU durchzusetzen beginnt.»

Sie hat sich durchgesetzt, wie sich gezeigt hat. «Die Patriarchen verdämmern, und die Nachfrage nach ihnen sinkt», konstatierte Schirrmacher.

So weit ist es noch nicht; Schirrmacher muss übersehen haben: Anne Will moderierte die Tagesthemen im Wechsel mit Ulrich Wickert, und jetzt tut sie es im Wechsel mit Tom Buhrow. Marietta Slomka wechselt sich mit Claus Kleber und Klaus-Peter Siegloch ab. Die Damen Christiansen, Illner und Maischberger haben zwar eigene Talkshows, aber haben das nicht auch Reinhold Beckmann und Johannes B. Kerner? Und thront nicht über allen und allem Harald Schmidt?

Beruhigend für die Männer ist vielleicht auch: Anne Will moderiert für die ARD, die aus zehn Landesrundfunkanstalten besteht. Neun von ihnen werden von Intendanten regiert und nur eine (demnächst zwei) von einer Intendantin.

Maybritt Illner gehört, wie ich, zum ZDF. An der Spitze dieses größten europäischen Senders steht selbstverständlich ein Mann, mein Intendant Markus Schächter. Der Programmdirektor ist ein Mann. Der Chefredakteur ist ein Mann. Auch die anderen drei Direktoren sind Männer. Und alle ihre Stellvertreter. Unter den sechs Hauptabteilungsleitern gibt es zwei Frauen, unter neun Hauptredaktionsleitern ebenfalls.

Es gibt außerdem noch zweiunddreißig In- und Auslandsstudios, eine Verwaltungsdirektion, vierzehn Verwaltungsräte und siebenundsiebzig Fernsehräte, und wo man auch hinguckt – die Männer haben wenigstens eine Dreiviertelmehrheit.

Das Bild ändert sich nicht beim Blick auf andere Fernsehsender, in den Hörfunk oder in die Zeitungen und Zeitschriften: Überall sieht man sehr viele Frauen, umso mehr, je weiter unten in der Hierarchie sie arbeiten, und umso weniger, je weiter oben. (Von der weit auseinanderklaffenden Gehaltsskala will ich gar nicht sprechen.) Nach der neuesten mir zur Verfügung stehenden Statistik beträgt der Frauenanteil bei Führungspositionen im ZDF 27,1 Prozent. Die Geschäftsleitung ist jedoch – seit Gründung des Senders – traditionsgemäß frauenfrei. Wie auch das Herausgebergremium der *FAZ* übrigens zu hundert Prozent aus Männern besteht.

Ich gestehe: Dieses ewige Zählen der Männlein und Weiblein ist auf Dauer etwas ermüdend. Aber wenn es schon in einer der angesehensten Zeitungen Deutschlands heißt, die Frauen hätten die Macht übernommen, und das bei manchen Vertretern des männlichen Geschlechts den gleichen Schrecken erregt wie früher der Ruf «Die Hunnen kommen!», dann ist es gut, dass ab und zu ein bisschen nachgezählt wird. Nicht zuletzt, um ängstliche Männer zu beruhigen, belegen die Zahlen doch, dass für Hysterie kein Anlass besteht.

Umgekehrt belegen die Zahlen aber auch, dass der Anlass für die Frauen, über ihr Schicksal zu jammern und die männliche Vorherrschaft zu beklagen, allmählich geringer wird. 18 Prozent Frauen in Führungspositionen – das ist noch weit von der 50-Prozent-Marke entfernt, vor zehn Jahren allerdings lag dieser Anteil bei lächerlichen zwei Prozent und vor hundert Jahren: siehe Jutta Limbach.

Eine von uns Fünfzigerinnen ist inzwischen sogar Bundeskanzlerin geworden, hat den wichtigsten Posten ergattert, der hierzulande zu vergeben ist – die Ausnahme, die die Regel bestätigt. Immerhin: Ein Anfang ist gemacht. Und vielleicht ändert sich damit für die jungen Mädchen auch wieder etwas im Vergleich zu uns, denn wir besaßen ein solches Vorbild nicht. Deshalb freuen wir uns über die Bundeskanzlerin aus unserer Generation, wo immer wir politisch stehen.

Es lässt sich also nicht leugnen: Die Frauen sind auf dem Vormarsch, nicht nur in den Medien, sondern überall, und zwar mit wachsendem Tempo.

Doch, doch, wir haben einiges erreicht. Zumindest so viel, dass unsere selbstsicheren Töchter, die wir insgeheim bewundern und auch ein bisschen beneiden, keine Ahnung haben, was ihnen erspart geblieben ist, welch langer Weg hinter den Frauen liegt – und wie viel Leid. Wir waren so erfolgreich, dass junge Frauen glauben, Feminismus und Emanzen seien etwas von gestern.

Deshalb müssen wir ihnen von unserem Kampf erzählen, damit sie nicht naiv in die Welt gehen und eines Tages ernüchtert feststellen, dass sie – eben doch nicht gleichberechtigt – an ihre Grenzen stoßen, an die berühmte gläserne Decke, an der sich schon viele begabte und fähige Frauen den Kopf blutig gestoßen haben beim vergeblichen Versuch, ganz nach oben zu gelangen. Sie müssen wissen, woran es liegt, wenn sie nicht weiterkommen, wenn trotz ihrer Leistungen plötzlich jüngere Männer an ihnen vorbeiziehen und die Karriereleiter erklimmen. Denn damit erklärt sich zugleich, warum es Frauen bis heute nicht geschafft haben, in die Vorstände, ins Topmanagement und an die wirklich einflussreichen und gut bezahlten Jobs zu gelangen. Und sie werden staunen, wie reibungslos es immer noch und immer wieder funktioniert, das Netzwerk der alten und jungen Kumpels, werden erleben, wie viel lieber und leichter Männer mit Männern kommunizieren als mit Frauen, dass sich Männer unter ihresgleichen einfach wohler fühlen und deshalb die guten Jobs lieber ihresgleichen geben als Frauen. Natürlich gibt es auch Männer, die Frauen fördern. Aber das kommt seltener vor, sonst gäbe es ja mehr Frauen an der Spitze.

Das ist die eine Seite. Die, auf die wir Frauen wenig bis keinen Einfluss haben. Die andere Seite aber, die uns zum Nachteil gereicht, liegt in uns selbst begründet, und auch das müssen die Jüngeren unter uns wissen: dass uns Frauen im Zweifel der Einfluss und das Geld nicht ganz so wichtig sind wie den Männern. Dass wir uns – wenn wir uns tatsächlich entscheiden müssen und bereits Kinder da sind – immer noch eher für die Familie entscheiden als für die Karriere. Dass überhaupt unser Leben viel öfter einem Zickzackkurs folgt, als geradlinig verläuft, und dass das auch kein Schaden zu sein braucht. Und sie sollten es sich nicht allzu übel nehmen, wenn sie merken, dass sie entweder überhaupt kein oder allenfalls ein gebrochenes Verhältnis zur Macht haben. Woher sollte es auch kommen?

Das zumindest lehrt uns die Erfahrung mit uns selbst. Die Erfahrung, dass wir zaudern, wenn wir einen Karrieresprung machen könnten, abwägen und grübeln, ob der Preis dafür nicht doch zu hoch ist, ob irgendjemand in unserem Umfeld – Kinder, der Gefährte, sogar an die alten Eltern denken wir – darunter leiden könnte und ob das den Lohn wert ist, der da winkt in Form von mehr Geld, mehr Verantwortung, mehr Einfluss und Sozialprestige. Allzu oft läuft das Ergebnis des Grübelns auf ein «Nein!» hinaus. Und weil wir so sind, wie wir sind, kriegen die jüngeren Frauen häufig lieber gar keine Kinder mehr und machen ihre Karriere wenigstens ohne schlechtes Gewissen.

Denn das schlechte Gewissen, das verfolgt Frauen noch immer auf Schritt und Tritt, egal, wie sie sich entscheiden:

im Beruf, weil sie wieder die Schulaufführung des Sprösslings wegen einer angeblich wichtigen Konferenz verpassen, die sich dann doch nur als das übliche Gespreize der sich selber gern reden hörenden Platzhirsche erweist, oder zu Hause, im sogenannten Erziehungs-«Urlaub», wo sie am Sandkasten das sichere Gefühl beschleicht, gerade den Anschluss in der Berufswelt zu verpassen – oder im täglichen Spagat zwischen Halbtagsjob und Familie, wenn sie permanent empfinden, mit der Arbeit nicht nachzukommen und keiner Seite gerecht zu werden.

Und weil das so ist mit dem schlechten Gewissen, mit dem komischerweise fast ausschließlich die Mütter, selten bis nie aber die Väter ausgestattet sind, ziehen wir Frauen uns bis heute allein den Schuh an, für die Familie und für die Erziehung der Kinder verantwortlich zu sein, und falls wir berufstätig sind, auch dafür, wie wir das mit unserem Job in Einklang bringen. Die Männer, die Wirtschaft, den Staat, die konservativen Leitartikler, die bis eben noch die Bedeutung der Mutter als der einzigen und wahren und unersetzlichen Bezugsperson für die Kleinkinder beschworen – sie alle hat es all die Jahre nicht interessiert, wie wir berufstätigen Frauen das geschilderte Dilemma lösen. Nur wenn sich eine von uns «trotz Kindern» als so kompetent erweist, dass sie nicht mehr zu übersehen ist, flackert einen kurzen Moment lang das Interesse am Privaten auf – in der fürsorglichen Frage, die alle Frauen gestellt bekommen, die auf der Karriereleiter eine Stufe nach oben klettern: «Denken Sie, dass Sie das schaffen können? Sie haben schließlich Kinder», heißt es dann. Oder auch: «Wie wollen Sie das Problem denn lösen?»

Ich selbst habe in den unzähligen Interviews, in denen ich danach gefragt wurde, wie ich Nachrichtenjob und Familie unter einen Hut bekomme, immer wieder mit der schlichten Antwort aufgewartet, dass ich ja nicht allein zurechtkommen muss, sondern einen Mann an meiner Seite habe. Allein diese Selbstverständlichkeit verblüffte bereits: dass mein Mann die Hälfte aller familiären Pflichten und Aufgaben übernommen hat. Auf Kosten seiner Festangestelltenkarriere, das muss dazu gesagt werden, aber auf die habe ich ebenfalls verzichtet.

Mein Mann wird für seine Entscheidung, zu gleichen Teilen Familienvater und Journalist zu sein, von Frauen überschwänglich gelobt, und ich werde – beneidet. Seine humorvoll erzählten Hausmann-Erfahrungen erregen bei unseren gemeinsamen Lesungen mit Abstand die größten Sympathien und Lacher. Während ich mit exakt denselben Erlebnissen keinen Blumentopf gewinnen könnte. Wie sollte ich auch etwas komisch schildern können, was von unsereinem seit Jahrtausenden selbstverständlich erwartet wird? Woher sollte meine Distanz zu dem ganzen häuslichen Theater kommen, die Perspektive von schräg oben, die alles ein wenig anders aussehen lässt als gewohnt und die für den Humor unabdingbar ist? So wie alle erfolgreichen Erziehungskolumnen von Männern geschrieben wurden, ja, nur geschrieben werden konnten – wie der Ausflug in eine ihnen eigentlich fremde Welt: Daraus resultiert die wunderbare Komik ihres Erzählens. Und wir Frauen lachen gerne über sie und mit ihnen, kommen uns doch die Erlebnisse der Männer zu Hause und mit ihren Kleinkindern seltsam vertraut und witzig-fremd in einem vor. Männer mokieren sich eher heimlich über jene Geschlechtsgenossen, die einen in ihren Augen so radikal anderen Lebensentwurf als sie selber leben, und fühlen sich ihnen überlegen. Dabei merken sie gar nicht, wie eng und klein ihre aufs rein Männliche beschränkte Welt in Wahrheit ist.Und da sie es nicht merken, werden sie den Mann mit der erfolgreichen Frau auch nie beneiden – aus Selbstschutz. Anerkennung kommt also selten, und wenn, dann nur von Männern, deren Selbstbewusstsein groß ist.

All das und die ewige Frage nach dem Hut, unter den

wir alles bekommen müssen, zeigt uns Frauen auch, wie vieles noch im Argen liegt in diesem für das Leben so bedeutsamen Feld.

Seit Jahrzehnten kämpfen wir nun für die Hälfte von allem für uns. Das gelingt, solange Frauen sich auf ihren Beruf konzentrieren, immer besser.

Doch wenn wir uns ansehen, wie die erfolgreichen Frauen privat leben, fällt auf: Sie haben viel seltener Kinder als Männer in vergleichbaren Führungspositionen, nur jede Zehnte von ihnen lebt mit Kindern unter zehn Jahren zusammen, bei den Männern hingegen ist es jeder Fünfte.

Es ist erschreckend festzustellen, in welchem Ausmaß Ehepaare, bei denen beide Partner gleich gut qualifiziert sind, nach der Geburt eines Kindes in die klassische Rollenverteilung zurückfallen – frei nach Schiller: «Der Mann muss hinaus / Ins feindliche Leben ... Und drinnen waltet / Die züchtige Hausfrau, / Die Mutter der Kinder.» Ein ganzes Drittel der Frauen findet die angeblich freigehaltene Arbeitsstelle nach ihrem «Erziehungsurlaub» besetzt, verpasst den Anschluss und geht – mit all den universitär und familiär erworbenen Qualifikationen – der Volkswirtschaft unwiederbringlich verloren. Das böse Wort von der «Babyfalle» hat mir nie gefallen, weil ein Baby ja ein großes Glück ist, eigentlich. Leider beschreibt es in der denkbar knappsten Form exakt, wie sich die Geburt eines Kindes auf die Karriere einer Frau auswirken kann und oft tatsächlich auswirkt. Es ist die deutsche Wirklichkeit im ersten Jahrzehnt des neuen Jahrtausends.

Und wenn ich dies auch noch in der Generation meiner Nichten und Neffen beobachte, der heute Dreißig- und Vierzigjährigen, dann bin ich doch ein wenig desillusioniert über all die Jahre unseres feministischen Kämpfens. Wie viele Seiten wurden vollgeschrieben, wie viele

Beiträge gesendet, wie viele Diskussionsrunden veranstaltet in den letzten dreißig, fünfunddreißig Jahren – herausgekommen ist, was die Emanzipation der Männer betrifft, erstaunlich wenig. Die scheint nämlich ganz auf der Strecke geblieben zu sein. Es genügt zu erwähnen, dass lediglich ein Prozent aller Väter es für wichtig und notwendig hält, eine berufliche Auszeit für das Kind zu nehmen. Und dass von einer partnerschaftlichen Aufteilung der Hausarbeit bei der großen Mehrheit keine Rede sein kann.

Wie kommt das? Wo sind die «neuen Männer» der frühen achtziger Jahre alle hin, die sich zärtlich um ihre Babys kümmerten und ihren Frauen den Rücken freihielten? Ich sehe sie nicht, ich lese nichts mehr über sie, und ich fürchte, es handelt sich nach wie vor um eine derart kleine Minderheit, dass sie weder die Quote erwerbstätiger Mütter in die Höhe treiben noch selber statistisch ins Gewicht fallen.

«Was ist nur mit den Männern los?», fragte sich auch der Kollege Nils Minkmar in der *Frankfurter Allgemeinen Sonntagszeitung* vom 2. Mai 2006 und stellte fest: «Männer, die ab der zweiten Hälfte der sechziger Jahre in der Bundesrepublik geboren wurden, gehören zu einer der privilegiertesten sozialen Gruppen, die je auf diesem Planeten gelebt haben. Es sind in der überwiegenden Mehrheit Wunschkinder. An keinem einzigen Tag der fast vier Jahrzehnte ihres Lebens gab es weniger als drei Mahlzeiten. Die medizinische Versorgung war vom ersten Tag an die beste. Viele haben nicht einen einzigen Tag Uniform getragen. Bildung wurde ernst genommen, stets perfektioniert und reformiert. Aber was ist dabei herausgekommen? Erst einmal jede Menge Eigensinn.»

Mit anderen Worten: Keine männliche Generation zuvor ist derart verwöhnt worden wie diese. Und von wem? Es läuft auf ein banales Wort hinaus: Jeder Mann hat eine

Mutter. Mütter aber sind in Deutschland für alles verantwortlich: für die Kinder, für den Haushalt, und wenn sie berufstätig sind, für alles zusammen. Genauso wachsen Männer auf – bis heute: umsorgt und umhegt von der Hausfrau-Mutter, die die kleinen Jungs im Extremfall nach dem Baden in die vorgewärmten Handtücher hüllt, bevor sie ihnen vor dem Fernseher die mundfertig geschnittenen Butterbrote serviert, wie es Florian Illies in *Generation Golf* beschreibt. Wenn Söhne sehen, dass der Vater sich darauf beschränkt, den Müll rauszutragen und den Rasen zu mähen, werden sie kaum danach streben, es selber einmal anders zu handhaben.

Falls die eigene Mutter aber arbeitet und gereizt ist vor lauter Überforderung und falls sich die Eltern womöglich dauernd streiten wegen der Belastungen oder sich – wie in jedem dritten Fall – scheiden lassen, so wird der Sohn im Zweifel lieber auf eigene Kinder verzichten, als sich und seiner Partnerin denselben Stress zumuten. Denn auch das wissen wir ja inzwischen: Es sind insbesondere die Männer, die sich dem Kinderkriegen verweigern. «Ein Drittel aller Männer zwischen 33 und 52 Jahren lebt derzeit partner- und kinderlos, bei den Frauen nur ein Fünftel», heißt es in der *FAZ* vom 4. April 2006. Ich bin überzeugt, das hängt auch damit zusammen, dass Männer in diesem Land in jungen Jahren nicht lernen, im Haushalt mit anzupacken. Wer als Kind von seiner Mutter bedient wurde, dem wird es später verdammt schwerfallen, mehr zu tun, als nach dem Essen mal einen Teller in die Küche zu tragen – und selbst das ist, wie ich bei nahezu jeder Esseneinladung bei uns und bei anderen beobachte, keineswegs selbstverständlich: Die Männer lassen gern den weiblichen Gästen den Vortritt, wenn es darum geht, den Gastgebern beim Abtragen der Schüsseln und Teller zu helfen. Dass der Mann einer ebenfalls berufstätigen Frau regelmäßig kochte oder die Wäsche übernähme oder den

Einkauf, das Aufräumen, das Versorgen der Kinder – ich sehe es weder in meiner Generation noch bei den Jüngeren.

Diese scheinen noch viel konsequenter individualisiert zu sein, als wir es je anstrebten, scheinen mehr denn je nach ihren persönlichen Bedürfnissen zu leben, eine Generation des Genießens und Abwartens im Wohlstand. Worauf und warum gewartet wird, lässt Minkmar den Sozialpsychologen Stephan Grünewald sagen, der in seinem Buch *Deutschland auf der Couch* bei den deutschen Männern «einen fatalen Hang zum ‹schicksallosen Alltag› feststellt, also die Weigerung davor, die mitunter schmerzvollen Konsequenzen großer Entscheidungen zu ertragen, Krisen- und Entwicklungsprozesse durchzustehen».

Doch auch Frauen gehören zu den Abwartern, den Spätzündern, zu jenen, die, wenn es um existenzielle Entscheidungen wie eine Familiengründung geht, gern sagen: Jetzt noch nicht! Im Magazin der *Süddeutschen Zeitung* vom 24. März 2006 beschreibt Sabine Magerl ihr Lebensgefühl am Tag des siebenunddreißigsten Geburtstags. Sie sitzt mit ihrem Freund in der Küche beim Frühstück und stellt plötzlich fest: «Wir hatten keinen Namen für unser gemeinsames Leben, nicht geheiratet, irgendwie auch kein Ziel, wir waren nirgendwo angekommen.» Ein Kind, eine Familie hatten sie sich zwar immer gewünscht, aber in so weiter Ferne, dass sie gar nicht merkten, dass es dafür fast schon zu spät war. Die Frage, warum man kein Kind bekommen habe, nennt Magerl das größte Tabu ihrer Generation, und sie vermutet: «Vielleicht hätte ein Kind bedeutet, endlich erwachsen zu werden.»

Ein Kind aber könnte nicht nur eine Belastung sein, wie junge gut situierte Paare oft befürchten: Ein Kind *ist* eine Belastung. Es fordert unendlich viel Kraft und Ausdauer und Organisation. Und vor allem fordert es von uns, das aufzugeben, was wir als junge Menschen mehr als alles lieben: spontan zu leben, zu tun, was uns gerade einfällt – das ist mit einem Kind vorbei. Das lässt sich in unserer hedonistischen Gesellschaft nur ertragen, wenn nicht einer allein es ausbaden muss. Da jedoch hapert es eben bei den meisten Männern, denen der Soziologe Ulrich Beck zwar «verbale Aufgeschlossenheit» attestiert, allerdings «bei weitgehender Verhaltensstarre». Sabine Magerl übersetzt: Man kann gut für Emanzipation und Gleichberechtigung sein, solange man keine Verantwortung übernehmen muss.

Auch Minkmar nennt als einen der Gründe für diese Haltung «die überbeschützenden Mütter». Mütter, die es in dieser Form vielleicht nur in Deutschland gibt. Denn die Mutterideologie ist (ein Erbe der Nazis) bei uns besonders ausgeprägt. Und wenn Frauen um ihre wenigen Kinder herumspringen wie um das Goldene Kalb und ihnen fürsorglich alles abnehmen, was sie früh selbständig und kooperativ machen könnte – und dazu neigen Hausfrauen-Mütter in besonderem Maße und noch mehr, wenn es sich um einen Sohn handelt –, dann braucht man sich über die oben zitierten Folgen nicht zu wundern.

In dieser Hinsicht würden Krippen mit gut ausgebildeten Erziehern beiderlei Geschlechts übrigens Wunder wirken. Nicht nur, weil sie die Eltern entlasteten, sondern vor allem, weil Kinder dort, wenn ein gutes Konzept vorhanden ist, in einem gemeinschaftlichen Sinne erzogen werden, der den natürlichen Egoismen und Egozentrismen der kleinen Erdenbürger so deutlich entgegenwirkt wie in der fast ausgestorbenen Großfamilie. Das jedenfalls habe ich bei den beiden Jüngsten in meiner Familie beobachtet, den Krippenkindern meines Neffen, die uns schon im Alter von zwei und drei mit ihrer gelassenen Selbständigkeit verblüfften.

Aber noch wird in unserem Land der typische Glaubenskrieg darüber ausgefochten, ob nicht doch die hauptamtliche Mutter für die Kinder am besten sei statt der Berufstätigen, die ihrem Kind auch andere Bezugspersonen und vor allem viele andere Kinder gönnt beziehungsweise zumutet, ein Glaubenskrieg, in dem der Mann als Erzeuger und verantwortlicher Vater keine Rolle spielt. Nicht zuletzt dieser einseitigen Debatte verdanken wir Frauen, dass wir so oft das Gefühl hatten, uns um alles kümmern, uns überfordern zu müssen, um nicht zusätzlich zur Kritik an unserer egoistischen «Selbstverwirklichung» im Beruf noch obendrein als «Rabenmutter» denunziert zu werden.

Die Folgen haben wir in Deutschland lange nicht begriffen: PISA war der erste Schock, die Geburtenzahlen, die uns fast ans Ende der europäischen Statistik verweisen, der zweite. Und dass das eine mit dem anderen und schließlich auch mit der Emanzipation der Frauen aufs engste zusammenhängt, das soll hier nochmal in aller Kürze verdeutlicht werden.

PISA hat gezeigt, was aus einem Land mit einem einst hervorragenden Bildungssystem wird, wenn dem Staat Subventionen für die Wirtschaft wichtiger sind als die Bildung seiner Kinder und das Leben seiner Familien. Einem Land, das es bis jetzt nicht für nötig hielt, jedem Kind einen kostenlosen Platz im Kindergarten zu verschaffen, von Kinderkrippen und Ganztagsschulen für alle, die sie in Anspruch nehmen wollen oder müssen, ganz zu schweigen. Und das, obwohl wir mittlerweile wissen, wie entscheidend die frühe Erziehung und Förderung unserer Kinder ist.

Dem Staat waren aber nicht nur die Kinder und ihre Förderung offenbar gleichgültig, sondern ebenso die Frauen und deren Recht auf Ausübung eines Berufs, weil die Politiker in den vergangenen Jahrzehnten der Meinung waren: Die Frau gehört ins Haus und an den Herd, und wenn sie partout arbeiten und Kinder haben will, muss sie sehen, wie sie zurechtkommt. Kinder waren Privatvergnügen.

Daraus haben dann Frauen und Männer ganz unterschiedliche Schlüsse gezogen. Die Frauen, die Kinder wollten, dachten: Wir sind qualifiziert, wir sind emanzipiert, aber Kinder gehören zum Leben, warum also nicht beides wagen, Beruf *und* Familie – und ihr, Männer, helft uns dabei! Und die Männer sagten sich: Natürlich wollen wir kein Heimchen am Herd mehr, wir sind modern, und emanzipierte Frauen sind praktisch, sie können gutes Geld verdienen, sind selbständig und hängen auch schon mal eine Lampe auf, also lasst uns gut und partnerschaftlich zusammenleben, nur verschont uns mit eurem blöden Haushalt und eurem Babygeschrei. Zehn Jahre Party-Verzicht, kratzfeste Billigmöbel und Babysitter-Organisieren – nein danke. Dann muss es eben ohne Kinder gehen, brauchen wir sowieso nicht unbedingt zu unserem Glück. Und weil Männer den Kinderwunsch ihrer Frauen oft ins Leere laufen ließen oder sich regelrecht weigerten, beim Kinderaufziehen mitzuwirken, haben schließlich die Frauen die Konsequenz gezogen, mit der Einstellung: Wenn uns der Staat nicht helfen will beim Großziehen unserer Kinder, die uns sowieso eine Menge Geld und womöglich die Karriere kosten, wenn das alles so schwierig ist mit Beruf und Kindern und womöglich an mir allein hängen bleibt – dann lasse ich es halt.

Inzwischen hat sich der Wind gedreht, und das verdanken wir – der Wirtschaft. Denn den Managern dämmert allmählich, dass ihnen die qualifizierten Frauen fehlen, wenn die denn doch Kinder kriegen und nicht mehr an den Arbeitsplatz zurückkehren, dass ihr aber, falls sich noch mehr Männer und Frauen für ein Leben ohne Kinder entscheiden, in naher Zukunft die BMW-Fahrer und Häuslebauer und Versicherungskunden ausgehen werden und der qualifizierte Nachwuchs für die Unternehmen sowieso. Alle anderen Folgen – Zusammenbruch unserer Sozialsysteme, Vereinsamung von Kindern, zunehmende Alterung der Gesellschaft – sind sattsam beschrieben und allgemein bekannt.

Deshalb steuert inzwischen die Wirtschaft die Debatte, während sich die beiden Volksparteien in der Großen Koalition noch gegenseitig in den Arm fallen bei möglichen Reformen, und engagiert sich nach Kräften für eine neue Balance zwischen Arbeit und Leben, denn sie hat zweierlei begriffen: Sie braucht die gut ausgebildeten Frauen, *und* sie braucht Kinder – in manchen Unternehmen scheint es mit einem Mal erstaunliche Bemühungen um eine familienfreundliche Unternehmenspolitik zu geben.

Und langsam setzt sich offenbar auch bei den Politikern die Erkenntnis durch, dass Familien nicht «subventioniert» werden müssen, sondern die Ausgaben für Kinder, ihre Bildung und ihr Leben in den Familien volkswirtschaftlich dringend gebotene Investitionen in die Zukunft bedeuten.

Jetzt erst ist das Thema da angekommen, wo es hingehört: Es ist raus aus der «Frauenecke» und mittendrin in der Gesellschaft.

So erfreulich diese Entwicklung ist – wegen der Renten und für die Wirtschaft Kinder zu kriegen, das wäre nun doch ein ganz trauriger Grund. Kinder als Pflichtprogramm? Horror. Nein, die Diskussion, wie sie in Deutschland geführt wird, macht keine Lust auf Kinder, erzeugt auch keine kinderfreundlichere Welt, führt uns nicht weiter.

Ebenso wenig hilft es, denjenigen, die sich bewusst für ein Leben ohne Kinder entscheiden, Egoismus vorzuwerfen. Wenn wir uns schon auf diese pseudomoralische Ebene begeben wollen, dann müssen wir uns auch fragen lassen, welches Motiv wir denn hatten, um Kinder in die Welt zu setzen, etwa Altruismus? Glauben wir doch selber nicht.

Kinder setzt man nicht in die Welt, um sich zu opfern, sondern um sich selbst in ihnen wiederzuerkennen und zu spiegeln und in ihnen irgendwie weiterzuleben. Man bekommt Kinder, weil Weihnachten ohne sie trostlos ist. Man hat sie, weil Altwerden ohne sie noch schwieriger wäre, als es eh schon ist; man hat sie, weil man glaubt, seinen eigenen körperlichen Verfall besser ertragen zu können, wenn man sieht, dass die schwindende Energie irgendwie in die Kinder übergeht; man hat sie, weil man der Illusion verfallen ist, wenigstens sie würden sich zu dem edlen Bild, das man sich vom Menschen macht und selber nicht erfüllt, hinaufentwickeln.

Und nicht zuletzt hat man sie, weil man durch sie wieder an seine eigene Kindheit und Jugend erinnert wird und sein eigenes Aufwachsen noch einmal nacherlebt, die Bücher noch einmal liest, die man als Kind und Teenager gelesen hat, die Probleme, die man in Kinderfreundschaften, in der Schule und in der Pubertät durchlitten hat, noch einmal durchleidet, diesmal aber aus der Elternperspektive, in einer anderen Zeit, unter anderen Bedingungen.

Man verknöchert ja mit zunehmendem Alter, und Kinder sind ein wirksames Wundermittel dagegen. Denn sie halten ihre Eltern geistig fit und körperlich auf Trab, indem sie einen permanent fordern und herausfordern und man sich mit ihnen und mit dem, was sie beschäftigt, auseinandersetzen muss. So muss ich zum Beispiel die Frage entscheiden, ob ich für das Schulfest einen Kuchen beisteuere, den ich a) selbst backe, um gut dazustehen, oder b) kaufe und damit etwas weniger gut dastehe oder ob ich mich c) mit einer Spende ganz von dieser Verpflichtung freikaufe, wobei die Wirkung dessen fraglich ist. Ich muss, während ich eigentlich dieses Buch zu Ende schreiben will, stundenlang mit der sechzehnjährigen Tochter diskutieren, ob sie zu ihrem Abschiedsfest vor einem USA-

Schulaufenthalt fünfundzwanzig Leute, wie ich für angemessen halte, einladen darf oder die von ihr gewünschten achtzig. (Nach zwei Wochen haben wir uns übrigens auf vierzig geeinigt, dafür findet das Fest im örtlichen Park mit Grillstation und nicht bei uns zu Hause statt.) Ohne Kinder würde ich auch nicht gezwungen, dann, wenn wir mal Lust auf einen Film haben und ich schon die Fellini-Kassette zücke, statt *La dolce vita* mit meinem Sohn mindestens drei *Simpsons*-Folgen hintereinander anzusehen, und so wäre mir wahrscheinlich entgangen, wie witzig und intelligent diese Zeichentrickserie ist. Ich hätte vermutlich kaum je etwas von den Bands *The White Stripes, Franz Ferdinand* oder den *Ärzten* gehört und keine Ahnung, was in Kindergärten und Schulen los ist und ob «Vans» oder «Chucks» gerade cool sind.

Wir sind unseren Kindern erfahrene Ratgeber und Widerpart, Helfer bei ihrer Entwicklung, der wir oft auch nur überrascht zuschauen; und dabei entwickeln wir uns selber weiter, erhalten das eigene Denken jung, obwohl oder weil wir vieles anders sehen als die Kinder und als man es früher gesehen hat. Aber aus diesen Unterschieden und Gemeinsamkeiten schlägt unser Geist Funken. Und solange man geistig fit ist, ist man noch nicht alt.

Überhaupt sind Kinder das beste Anti-Aging-Programm, das ich kenne. Ohne Kinder würde ich mich Tag und Nacht um meine Karriere, um meine Ehe, um meine Gesundheit, mein Alter und mein Aussehen sorgen. Ohne Kinder würde ich zwar all das Geld sparen, das mich Nachhilfe- und Klavierstunden, Klamotten, Schulbücher, Handys und iPods kosten, dafür würde ich das Geld vermutlich für Wochenendtrips nach Barcelona oder Paris ausgeben und dort teure Kleider kaufen, die ich gar nicht brauche, und es käme finanziell auf dasselbe raus. Ohne Kinder würde ich öfter darüber nachdenken, warum mich der oder jene weniger freundlich als sonst grüßt, warum ich zu dieser Party nicht eingeladen und bei jener Stellenbesetzung übergangen wurde. Auch das täte mir nicht wirklich gut.

Kurz, Kinder halten uns von vielen wesentlichen und noch mehr unwesentlichen Dingen ab, indem sie einfach da sind. Und die Fülle plötzlicher Entscheidungen, die zu treffen sind, die unaufschiebbaren Gespräche über Schulsorgen, Liebeskummer und dringende Wünsche fördern nicht nur unsere Fähigkeit, zuzuhören und schnell zu reagieren, sondern auch unser Organisationstalent, unsere Einfühlungsgabe, unsere Problemlösungskompetenz und damit unsere Präsenz im Hier und Jetzt.

In der *FAZ* vom 14. Juli 2006 las ich ein eindrucksvolles Interview mit einer eindrucksvollen Frau, der neunfachen (!) Mutter und siebenfach (!) geschiedenen schwedischen Autorin Anna Wahlgren. Darin erklärt sie, warum bei uns heute so wenig Kinder geboren werden: weil wir sie im Zuge der Industrialisierung, der Trennung von Arbeit und Leben systematisch an den Rand gedrängt haben, weil die Arbeitswelt von Männern für Männer geschaffen wurde und Kinder darin keinen Platz bekamen und weil die Frauen, als sie anfingen, sich in der Arbeitswelt zu behaupten, es den Männern gleichtaten und ebenfalls keinen Platz mehr für Kinder sahen.

Das aber wäre die Aufgabe der Frauenbewegung, sagt Wahlgren: Eine Arbeitswelt zu fordern und zu schaffen, die offen für Kinder ist, an der Kinder teilhaben können, einen gemeinsamen Ort, an dem es möglich ist, Arbeit und Kinder miteinander zu verbinden. Denn: «Leben mit Kindern ist gemütlicher als ohne sie. Man merkt das übrigens richtig, wenn man über fünfzig ist und ein wenig Ruhe hat, vielleicht alleine ist. Dann wird klar, wie wichtig diese Runde von Menschen ist, die unverbrüchlich zu einem gehören, die Familie.»

Wie erfolgreich war also die Frauenbewegung alles in allem? Ach, ersparen wir uns die Wertung. Es ist ja viel zu früh dafür. In der Geschichte der Menschheit sind die letzten dreißig, vierzig Jahre nur ein Atemhauch. Für uns Fünfzigjährige allerdings bedeuten sie fast unser ganzes Leben, und jede von uns weiß, dass ihr Leben heute ohne den Kampf der Feministinnen völlig anders aussähe.

Aber wir wissen eben auch, was hinter uns liegt. Wie unsicher wir mit zwanzig und auch noch mit dreißig waren, wie gering unser Selbstbewusstsein ausgeprägt war, wie viel versteckte und offene Frauenfeindlichkeit wir im Laufe der Jahre zu spüren bekommen haben, wie wir gekämpft haben um jeden Millimeter Fortschritt – das müssen wir den jungen Frauen erzählen. Denn sonst können sie gar nicht wertschätzen, was Feministinnen alles verändert haben. Darauf und auf den Weg, den wir persönlich zurückgelegt haben, können wir stolz sein. Aber die Frauen der nachfolgenden Generation müssen wissen, welche großen Hindernisse es immer noch zu überwinden gilt, dass es, wenn sie Kinder wollen, zwei dafür braucht, die an einem Strang ziehen, und dass es alles andere als leicht ist, *alles* im Leben zu wollen: Beruf und Kinder und eine glückliche Partnerschaft.

Aber weniger als *alles* sollte man nie wollen.

AUSBLICK: Gelassen ins sechste und siebte Lebensjahrzehnt

Und nun? Wie sieht die Bilanz aus für uns Frauen von fünfzig? Glaubt man der Großmutter von Irene Dische *(Großmama packt aus)*, liegen die besten Jahre erst noch vor uns, denn im hohen Alter sagt sie:

«Ihr jungen Leute! Freut euch eurer Jugend nicht zu früh, denn vor euch liegt ein langer Weg voller Tücken, bis ihr die Herrlichkeit des Lebens zuletzt erreicht. Die ersten Jahrzehnte des Lebens sind ein langer, zermürbender, erniedrigender Kampf, wenigstens für einen Augenblick mal den Schalthebel in die Hand zu bekommen … Wenn man sich endlich beruhigt und mit seinem Los abgefunden hat, ist man im mittleren Alter und dem Glück schon ein gutes Stück näher, aber noch hat man ein paar anstrengende Jahre des Sehnens und Bereuens vor sich. Und der Geschlechterkampf tritt im mittleren Alter in seine wahrhaft heiße Phase. Männer und Frauen mittleren Alters haben Angst voreinander. Die Frauen entdecken an ihren Männern und die Männer an ihren Frauen den Verfall, den sie an sich selbst nicht wahrhaben wollen. Die Folge davon sind allgemeine Wut und Autounfälle. Wenn mittelalte Männer eine mittelalte Frau sehen, geben sie Gas, versuchen, sie zu schneiden, überholen sie – alles bloß, um ihrer Wut Ausdruck zu geben. In Läden stoßen sie die mittelalte Frau beiseite. Bei Partys wollen sie nicht neben ihr sitzen. Sie tun so, als sei sie nicht da.»

Man muss wissen: Irene Disches Großmutter war zu einer anderen Zeit fünfzig als wir. Für die meisten fünfzigjährigen Frauen von heute dürfte die Bilanz etwas besser ausfallen. Zwar habe ich keine Frau getroffen, die jubelte, weil sie endlich fünfzig wurde, aber ich kenne auch keine, die sich deshalb aus dem Fenster stürzen würde. Und nicht nur das: Unterm Strich waren alle, die ich befragt habe, zufriedener als in jüngeren Jahren.

Viele von ihnen betonten, wie viel Energie und Kraft sie in sich spüren, wie gesund und sportlich sie jetzt – anders als in ihrer Jugend – leben, wie gut sie sich körperlich fühlen, vor allem, wenn die Wechseljahre mal überstanden sind. Selbstbewusster sind sie obendrein. Und ausgeglichener. Alles Frauen, die wissen, was sie geleistet haben und immer noch leisten, Frauen, die mitten im Leben stehen.

Sie genießen es, sicherer aufzutreten und souveräner mit Angriffen umgehen zu können. Sie können die Dinge leichter einordnen, lassen sich nicht mehr so schnell ins Bockshorn jagen, sind kritischer und gleichzeitig weniger kränkbar als früher – jedenfalls im Prinzip. Sie freuen sich daran, sehr viel freier geworden zu sein, weil sie nicht mehr so auf den Mann fixiert und auch generell unabhängiger vom Urteil anderer geworden sind. Gleichzeitig können sie – dank ihrer Erfahrung – Wichtiges von Unwichtigem unterscheiden und das Wichtige, nämlich die Liebe, die Familie und die Freundschaft, entsprechend wertschätzen.

Auch den Humor, für den ja wiederum eine gewisse Distanz zur Welt unabdingbar ist, haben viele von ihnen erst in diesen Jahren wiedergefunden, nachdem die Zeit der Kämpfe weitgehend vorbei ist. Sie kennen sich nun besser und fühlen sich ganz wohl in ihrer Haut, die ihnen lieb und vertraut ist, selbst wenn sie faltig wird.

Und dieses Problem mit den Falten vergeht auch noch, wie Disches Großmutter weiß, denn irgendwann wird das irrelevant, weil man das alles hinter sich lässt: «Wie das Fegefeuer ist auch das mittlere Alter von begrenzter Dauer.

Marschiert nur weiter, eurem Ziel entgegen! Dem magischen Alter ab Siebzig. Da wird das Leben selbst zur Kostbarkeit.»

Nach siebzig breche der Kampf zwischen den Geschlechtern plötzlich ab. Friedenszeit herrsche. Näher komme man auf Erden dem Paradies nicht. Männer und Frauen hörten auf, voneinander das Unmögliche zu verlangen. Mehr noch: «Die Beziehungen werden liebenswürdiger. Die Karriere bietet keine Nebenwege mehr. Es gibt nur noch die Freude am anderen. Und wenn es keinen anderen mehr gibt, dann gibt es immer noch die heftigste Freude von allen, die Freude an sich selbst.»

Das ist doch eine Aussicht. Nein, es muss uns nicht bange sein.